趙爾巽等撰

清史稿

第四一册

卷四三六至卷四五七（傳）

中華書局

清史稿卷四百三十六

列傳二百二十三

沈桂芬　李鴻藻　翁同龢　孫毓汶

沈桂芬，字經笙，順天宛平人，本籍江蘇吳江。道光二十七年進士，選庶吉士，授編修。咸豐二年，大考一等，擢庶子。累遷內閣學士。先後典浙江、廣東鄉試，督陝甘學政，充會試副總裁。八年，丁父憂。服闋，補原官。晉禮部左侍郎。同治二年，出署山西巡撫，明年，實授。連上移屯、練兵諸疏，並稱旨。桂芬以山西民食不敷，自洋藥弛禁，栽種罌粟，糧價踴增。於是刊發條約，飭屬嚴禁。疏陳現辦情形，上韙之，頒行各省，著爲令。旋丁母憂。六年，起禮部右侍郎，充經筵講官，命爲軍機大臣。歷戶部、吏部，擢都察院左都御史，兼總理各國事務大臣。遷兵部尚書，加太子少保。光緒元年，以本官協辦大學士。京畿旱，編修何金壽援漢代天災策免三公爲言，請責斥樞臣，諭交部議。桂芬坐革職，特旨改爲革職留任。旋復原官，充翰林院掌院學士，晉太子太保。桂芬遇事持重，自文祥逝後，以諳究外情稱。日本之滅琉球也，廷論多主戰，桂芬獨言勞師海上，易損國威，力持不可。及與俄人議還伊犂，崇厚擅訂約，朝議紛然；桂芬委曲斡旋，易使往議，改約始定，而言者猶激論不已。桂芬久臥病，六年，卒，年六十有四，贈太子太傅，謚文定。

桂芬躬行謹飭，爲軍機大臣十餘年，自奉若寒素，所處極湫隘，而未嘗以清節自矜，人以爲難云。

李鴻藻，字蘭孫，直隸高陽人。咸豐二年進士，選庶吉士，授編修。典山西鄉試，督河南學政。十年，上擇儒臣爲皇子師，大學士彭蘊章以鴻藻應。召來京，明年，特詔授大阿哥讀。穆宗登極，皇太后懿旨命直弘德殿。同治元年，擢侍講。累遷內閣學士。署戶部左侍郎。四年，命直軍機。五年，授禮部右侍郎。遭母憂，皇太后懿旨，援雍正、乾隆年大臣孫嘉淦等故事，命鴻藻開缺守孝，百日後仍授讀，兼參機務。並諭：「移孝作忠，勿以守禮固辭。」鴻藻懇終制，不允。倭仁等亦代爲陳請，仍命恭親王傳諭慰勉。鴻藻連疏稱疾，遂得賜告，卒終制始出。

七年，捻擾畿疆，鴻藻方里居，以各路統兵大員事權不一，疏請特派親王爲大將軍，坐鎮京師，以固北路；左宗棠、李鴻章爲參贊大臣，分紮保定、河間東西兩路，各率所部兵勇相機剿辦；陳國瑞爲幫辦軍務，專統一軍爲游擊之師；直隸總督官文專顧省城，籌備諸軍餉需，以資接濟；丁寶楨駐紮直、東交界，防賊東竄；李鶴年駐紮直、豫交界，防賊南竄；直、晉交界，由左宗棠等分撥勁旅扼要駐紮；並請敕下各該大臣和衷商辦，迅奏膚功。奏入，上遂命各路統兵大臣均歸恭親王節制。旋起禮部左侍郎，仍直弘德殿及軍機如故。

十年，擢都察院左都御史，加太子少保。時有修葺圓明園之旨，朝臣同起力爭。鴻藻亦言：「粵、捻初平，回氛方熾，宜培養元氣，以固根本。不應虛糜帑糈，爲此不急之務。」乃止。十三年，上有疾，命代批答章奏；旋崩，自劾輔導無狀，罷弘德殿行走。

光緒二年，命兼總理各國事務衙門。尋丁本生母憂，服闋，起故官，以兵部尙書協辦大學士，調吏部。時崇厚與俄擅定伊犂約，鴻藻堅持不可，爭於廷。卒治崇厚罪，議改約。及法越啓釁，言路愈奮發，劾罷樞臣。鴻藻謫遷內閣學士。後復累遷禮部尙書。

十三年，河決鄭州，上命鴻藻馳往督辦。先是河道總督李鶴年、河南巡撫倪文蔚議於西壩興工，鴻藻至，仍之。又續興東壩工。疊遇奇險，皆力爲固守。會伏秋汛至，西壩失事，請暫停工。上以鴻藻督率無方，革職留任；並奪李鶴年河道總督，命鴻藻暫行署理。尋回京，復以禮部具奏典禮漏繕籤改日期，再議革職，上特寬免。大婚禮成，復原官。

二十年，日韓事棘，命鴻藻商辦軍務，再授軍機大臣。與翁同龢皆主戰，並爭和約，卒不能阻。旋以禮部尚書協辦大學士，調吏部。歷蒙頒賞書畫及諸上方珍物。充鄉試、會試、殿試等閱卷大臣。二十三年，以病乞假，疾篤，賞給藥餌，命御醫往視。卒，年七十有八。遺疏入，上震悼，予謚文正，贈太子太傅。子焜瀛、煜瀛，均賞給郎中。

鴻藻性至孝，爲學守程朱，務實踐，持躬儉約。傅穆宗十餘年，盡心啓沃。一日，穆宗學書，故爲戲筆。鴻藻立前捧上手曰：「皇上心不靜，請少息。」穆宗改容謝之。其在樞府，獨守正持大體。御史王鵬運諫止修頤和園，幾獲重譴，鴻藻力解之，得免。德宗間日一往頤和園侍起居，時留駐蹕。言官有言其不便者，太后大怒，欲黜之，鴻藻謂如此必失天下臣民之望，乃止。所薦引多端士。朝列有清望者，率倚以爲重，然亦不免被劾持云。

翁同龢，字叔平，江蘇常熟人，大學士心存子。咸豐六年一甲一名進士，授修撰。八年，典試陝甘，旋授陝西學政，乞病回京。同治元年，擢贊善。典山西試。父憂歸，服闋，轉中允。命在弘德殿行走，五日一進講，於簾前說治平寶鑑，兩宮皇太后嘉之。累遷內閣學士。母憂服闋，起故官。同龢居講席，每以憂勤惕厲，啓沃聖心。當八年武英殿之災也，恭錄康熙、嘉慶兩次遇災修省聖訓進御，疏言：「變不虛生，遇災而懼。宜停不急之工，惜無名之費。開直臣忠諫之路，杜小人倖進之門。」上覽奏動容。又圓明園方興工，商人李光昭矇報木價，爲李鴻章所劾論罪。廷臣多執此入諫，恭親王等尤力諍，上不懌。同龢面陳江南輿論，中外人心惶惑，請聖意先定，待時興修。乃議定停園工，並有停工程、罷浮費、求直言之諭。

光緒元年，署刑部右侍郎。明年四月，上典學毓慶宮，命授讀，再辭，不允。旋遷戶部，充經筵講官，晉都察院左都御史。遷刑部尙書，調工部。六年，廷臣爭俄約久不決，懿旨派惇親王、醇親王及同龢與潘祖蔭每日在南書房看摺件電報，擬片進呈取進止，至俄約改定始止。八年，命充軍機大臣。十年，法越事起，同龢主一面進兵，一面與議，庶有所備。又言劉永福不足恃，非增重兵出關不可。旋與軍機王大臣同罷，仍直毓慶宮。前後充會試總裁、順天鄉試考官，兩蒙賜「壽」，加太子太保，賜雙眼花翎、紫韁。嘗請假修墓，傳旨海上風險，命馳驛回京，恩眷甚篤。

二十年，再授軍機大臣。懿旨命撤講，上請如故。同龢善伺上意，得遇事進言。上親政久，英爽非復常度，剖決精當。每事必問同龢，眷倚尤重。時日韓起釁，同龢與李鴻藻主戰，孫毓汶、徐用儀主和。會海陸軍皆敗，懿旨命赴天津傳諭李鴻章詰責之，同龢並言太后意決不卽和。歸薦唐仁廉忠赤可用，請設巡防處籌辦團防。於是命恭親王督辦軍務，同龢、鴻藻等會商辦理。上嘗問諸臣：「時事至此，和戰皆無可恃！」言及宗社，聲淚並發。及和議起，同龢與鴻藻力爭改約稿，並陳：「寧增賠款，必不可割地。」上曰：「臺灣去，則人心皆去。朕何以爲天下主？」毓汶以前敵屢敗對，上責以賞罰不嚴，故至于此。諸臣皆引咎。上以和約事徘徊不能決，天顏憔悴。同龢以俄、英、德三國謀阻割地，請展期換約，以待轉圜。與毓汶等執爭，終不可挽，和約遂定。明年，兼總理各國事務大臣。二十三年，以戶部尚書協辦大學士。

二十四年，上初召用主事康有爲，議行新政。四月，硃諭：「協辦大學士翁同龢近來辦事多不允協，以致衆論不服，屢經有人參奏。且每於召對時諮詢事件，任意可否，喜怒見於詞色，漸露攬權狂悖情狀，斷難勝樞機之任。本應查明究辦，予以重懲；姑念其在毓慶宮行走有年，不忍遽加嚴譴。翁同龢著卽開缺回籍，以示保全。」八月，政變作，太后復訓政。十月，又奉硃諭：「翁同龢授讀以來，輔導無方，往往巧藉事端，刺探朕意。至甲午年中東之役，信口侈陳，任意慫慂。辦理諸務，種種乖謬，以致不可收拾。今春力陳變法，濫保非人，罪無可逭。事後追維，深堪痛恨！前令其開缺回籍，實不足以蔽辜，翁同龢著革職，永不敍用，交地方官嚴加管束。」三十年，卒於家，年七十有五。宣統元年，詔復原官。後追謚文恭。

同龢久侍講幃，參機務，遇事專斷。與左右時有爭執，羣責怙權。晚遭讒沮，幾獲不測，遂斥逐以終。著有瓶廬詩稿八卷、文稿二十卷。其書法自成一家，尤爲世所宗云。

孫毓汶，字萊山，山東濟寧州人，尚書瑞珍子。咸豐六年，以一甲二名進士授編修。八年，丁父憂。十年，以在籍辦團抗捐被劾，革職遣戍。恭親王以毓汶世受國恩，首抗捐餉，深惡之。同治元年，以輸餉復原官。五年，大考一等一名，擢侍講學士。先後典四川鄉試，督福建學政。光緒元年，丁母憂。服闋，起故官。尋遷詹事，視學安徽。擢內閣學士，授工部左侍郎。十年，命赴江南等省按事。時法越事起，毓汶以習於醇親王，漸與聞機要。適奉硃諭盡罷軍機王大臣，毓汶還，遂命入直軍機，兼總理各國事務大臣。時當國益厭言路紛囂，出張佩綸等會辦南北洋、閩海軍務，餘亦因事先後去之，風氣爲之一變。十五年，擢刑部尚書，尋調兵部，加太子少保。歷典會試、順天鄉試，賞黃馬褂、雙眼花翎、紫韁。二十年，中日媾和，李鴻章遣人齎約至。廷臣章奏凡百上，皆斥和非計。翁同龢、李鴻藻主緩，俄、法、德三國亦請毋遽換約。毓汶素與鴻章相結納，力言戰不可恃，亟請署，上爲流涕書之，和約遂成。明年，稱疾乞休。二十五年，卒，予謚文恪。

毓汶權奇饒智略，直軍機逾十年。初，醇親王以尊親參機密，不常入直，疏牘日送邸閱，謂之「過府」。諭旨陳奏，皆毓汶爲傳達。同列或不得預聞，故其權特重云。

論曰：光緒初元，復逢訓政，勵精圖治，宰輔多賢，頗有振興之象。首輔文祥既逝，沈桂芬等承其遺風，以忠懇結主知，遇事能持之以正，雖無老成，尙有典型。及甲申法越、甲午日韓，外患內憂，國家多故。慈聖倦勤，經營園囿，稍事游幸，而政紀亦漸弛矣。鴻藻久參樞密，眷遇獨隆。桂芬以持重見賞，同龢以專斷致嫌。毓汶奔走其間，勤勞亦著，大體彌縫，賴以無事。然以政見異同，門戶之爭，牽及朝局，至數十年而未已。賢者之責，亦不能免焉。

清史稿卷四百三十七

列傳二百二十四

榮祿　王文韶　張之洞　瞿鴻禨

榮祿，字仲華，瓜爾佳氏，滿洲正白旗人。祖喀什噶爾幫辦大臣塔斯哈，父總兵長壽，均見忠義傳。

榮祿以廕生賞主事，隸工部，晉員外郎。出爲直隸候補道。同治初，設神機營，賞五品京堂，充翼長，兼專操大臣。再遷左翼總兵。用大學士文祥薦，改工部侍郎，調戶部，兼總管內務府大臣。穆宗崩，德宗嗣統。榮祿言於恭親王，乃請頒詔，俟嗣皇帝有子，承繼穆宗。其後始定以紹統者爲嗣。光緒元年，兼步軍統領。遷左都御史，擢工部尚書。慈禧皇太后嘗欲自選宮監，榮祿奏非祖制，忤旨。會學士寶廷奏言滿大臣兼差多，乃解尚書及內務府差。又以被劾納賄，降二級，旋開復，出爲西安將軍。二十年，祝嘏留京，再授步軍統領。日本搆釁，恭親王、慶親王督辦軍務，榮祿參其事。和議成，疏薦溫處道袁世凱練新軍，是曰「新建陸軍」。授兵部尙書、協辦大學士。疏請益練新軍，而調甘肅提督董福祥軍入衞京師。

二十四年，晉大學士，命爲直隸總督。是時上擢用主事康有爲及知府譚嗣同等參預新政，議變法，斥舊臣。召直隸按察使袁世凱入覲，超授侍郎，統練兵。榮祿不自安。御史楊崇伊奏請太后再垂簾，於是太后復臨朝訓政，召榮祿爲軍機大臣，以世凱代之。命查拿康有爲，斬譚嗣同等六人於市。以上有疾，詔徵醫。復命榮祿管兵部，仍節制北洋海陸各軍。榮祿乃奏設武衞軍，以聶士成駐蘆臺爲前軍，董福祥駐薊州爲後軍，宋慶駐山海關爲左軍，世凱駐小站爲右軍，而自募萬人爲中軍，駐南苑。時太后議廢帝，立端王載漪子溥儁爲穆宗嗣，患外人爲梗，用榮祿言，改稱「大阿哥」。

二十六年，拳匪亂作，載漪等稱其術，太后信之，欲倚以排外人。福祥率甘軍攻使館，月餘不下。榮祿不能阻，載漪等益横，京師大亂，駢戮忠諫大臣。榮祿踉蹌入言，太后厲色斥之。聯軍入京，兩宮西幸，駐蹕太原。榮祿請赴行在，不許，命爲留京辦事大臣。已而詔詣西安，既至，寵禮有加，賞黄馬褂，賜雙眼花翎、紫韁。隨扈還京，加太子太保，轉文華殿大學士。二十九年，卒，贈太傅，謚文忠，晉一等男爵。

榮祿久直內廷，得太后信仗。眷顧之隆，一時無比。事無鉅細，常待一言決焉。

王文韶，字夔石，浙江仁和人。咸豐二年進士，銓戶部主事。累遷郎中，出爲湖北安襄鄖荊道。左宗棠、李鴻章皆薦其才。擢按察使，遷湖南布政使。同治十年，署巡撫。黔苗亂熾，桂東淪寇域。文韶條上援黔、防境機宜，以兵事屬按察使席寶田，督其部將蘇元春、龔繼昌等進勦，斬首逆張秀眉烏鴉坡，黔境平。文韶繪苗疆要塞圖，上之朝。十一年，除眞。寧遠莠民倡亂，耒陽朱鴻英復妄稱明裔搆衆，先後檄道員陳寶箴討平之。光緒元年，遣總兵謝晉鈞平新化、衡、永土寇。撫湘六年，內治稱靜謐焉。入權兵部侍郎，直軍機。會歲旱，各省籲災，中旨罪己。文韶亦自陳無狀，詔革職留任。旋除禮部侍郎，兼總理衙門行走。八年，御史洪良品、鄧承修劾雲南軍需案，文韶坐失察，奪二級。乞養歸，終母喪，還前除。

十五年，授雲貴總督。武定會匪陷富民、祿勸，人心恟懼。文韶斬獲叛將，三日而定。無何，鎮邊夷亂起，檄迤南道劉春霖分道進攻，拓地三百里。徙建廳城於猛朗，募勇屯墾。改臨安猛丁歸流，移府經歷駐其地。其餘寇亂及土族叛服不常，皆隨時殄滅。

初，英、法幷緬、越後，西南緣邊防務益棘。文韶綏靖各路土司，令自爲守。會日韓啓釁，詔入都詢方略。既至，奉幫辦北洋之命。鴻章赴日議和，文韶權直隸總督、北洋大臣。和議成，實授。時關內外主客軍四百餘營，酌留湘、淮、豫三十營，餘悉散遣，士卒帖然。建議籌修旅大礮臺，謂：「旅順舊臺密於防前，疏於防後，敵自大連灣入，遂失所茈；大連舊臺專顧防海，未及防陸，敵自金州登岸，遂不能支。今重整海防，必彌其罅隙。」又請加意水師、武備各學堂，以儲將才，嫺武幹，俟財力稍足，徐圖擴充。又陳河運漕糧積弊，請蘇漕統歸海運，他若勘吉林三姓金礦、磁州煤礦，踵鴻章後次第成之，而京漢鐵路亦興築於是時矣。又奏設北洋大學堂、鐵路學堂、育才館、俄文館，造就甚衆。

二十四年，入贊軍機，以戶部尚書協辦大學士。二十六年，拳匪仇教，文韶力言外衅不可啓，不見納。宮車既出，三日，始追及懷來。自聯軍犯京，事急，兩宮召軍機，惟文韶一人入見，諭必侍行。至是立召對，泣慰之，遂隨扈，自晉入秦，晉體仁閣大學士。明年，改外務部會辦大臣，旋賞黃馬褂。署全權大臣，命先還京，佐辦中俄條約。交還東三省及關外鐵路，事寧，賞雙眼花翎。充政務處大臣，督辦路礦總局。轉文淵閣，晉武英殿。三十一年，免直軍機。明年，稱疾乞休。

文韶歷官中外，詳練吏職，究識大體，然更事久，明於趨避，亦往往被口語。三十四年，鄉舉重逢，賜太子太保。其冬，卒，年七十九，晉贈太保，謚文勤。

張之洞，字香濤，直隸南皮人。少有大略，務博覽爲詞章，記誦絕人。年十六，舉鄉試第一。同治二年，成進士，廷對策不循常式，用一甲三名授編修。六年，充浙江鄉試副考官，旋督湖北學政。十二年，典試四川，就授學政。所取士多雋才，游其門者，皆私自喜得爲學塗徑。光緒初，擢司業，再遷洗馬。之洞以文儒致清要，遇事敢爲大言。俄人議歸伊犁，與使俄大臣崇厚訂新約十八條。之洞論奏其失，請斬崇厚，毀俄約。疏上，乃褫崇厚職治罪，以侍郎曾紀澤爲使俄大臣，議改約。六年，授侍講，再遷庶子。復論紀澤定約執成見，但論界務，不爭商務，並附陳設防、練兵之策。疏凡七八上。往者詞臣率雍容養望，自之洞喜言事，同時寶廷、陳寶琛、張佩綸輩崛起，糾彈時政，號爲清流。七年，由侍講學士擢閣學。俄授山西巡撫。當大祲後，首劾布政使葆亨、冀寧道王定安等黷貨，舉廉明吏五人，條上治晉要務，未及行，移督兩廣。

八年，法越事起，建議當速遣師赴援，示以戰意，乃可居間調解。因薦唐炯、徐延旭、張曜材任將帥。十年春，入覲。四月，兩廣總督張樹聲解任專治軍，遂以之洞代。當是時，雲貴總督岑毓英、廣西巡撫潘鼎新皆出督師，尚書彭玉麐治兵廣東。越將劉永福者，故中國人，素驍勇，與法抗。法攻越未能下，復分兵攻臺灣，其後遂據基隆。朝議和戰久不決，之洞至，言戰事氣自倍，以玉麐夙著威望，虛己聽從之。奏請主事唐景崧募健卒出關，與永福相犄角。朝旨因就加永福提督、景崧五品卿銜，炯、延旭亦皆已至巡撫，當前敵，被劾得罪去，並坐舉者。之洞獨以籌餉械勞，免議。廣西軍既敗於越，朝旨免鼎新，以提督蘇元春統其軍，而之洞復奏遣提督馮子材、總兵王孝祺等，皆宿將，於是滇、越兩軍合扼鎮南關，殊死戰，遂克諒山。會法提督孤拔攻閩、浙，礮毀其坐船，孤拔殪，而我軍不知，法願停戰，廷議許焉。授李鴻章全權大臣，定約，以北圻爲界。敍克諒山功，賞花翎。

之洞恥言和，則陰自圖强，設廣東水陸師學堂，創槍礮廠，開礦務局。疏請大治水師，歲提專欵購兵艦。復立廣雅書院。武備文事並舉。十二年，兼署巡撫。於兩粵邊防控制之宜，輒多更置。著沿海險要圖說上之。在粵六年，調補兩湖。

會海軍衙門奏請修京通鐵路，臺諫爭陳鐵路之害，請停辦。翁同龢等請試修邊地，便用兵；徐會澧請改修德州濟寧路，利漕運。之洞議曰：「修路之利，以通土貨、厚民生爲最大，徵兵、轉餉次之。今宜自京外盧溝橋起，經河南以達湖北漢口鎮。此幹路樞紐，中國大利所萃也。河北路成，則三晉之轍接於井陘，關隴之驂交於洛口；自河以南，則東引淮、吳，南通湘、蜀，萬里聲息，刻期可通。其便利有數端：內處腹地，無慮引敵，利一；原野廣漠，墳廬易避，利二；廠盛站多，役夫賈客可舍舊圖新，利三；以一路控八九省之衢，人貨輻輳，足裕餉源，利四；近畿有事，淮、楚精兵崇朝可集，利五；太原旺煤鐵，運行便則開採必多，利六；海上用兵，漕運無梗，利七。有此七利，分段分年成之。北路責之直隸總督，南路責之湖廣總督，副以河南巡撫。」得旨報可，遂有移楚之命。大冶產鐵，江西萍鄉產煤，之洞乃奏開鍊鐵廠漢陽大別山下，資路用，兼設槍礮鋼藥專廠。又以荆襄宜桑棉麻枲而饒皮革，設織布、紡紗、繅絲、製麻革諸局，佐之以隄工，通之以幣政。由是湖北財賦稱饒，土木工作亦日興矣。

二十一年，中東事棘，代劉坤一督兩江，至則巡閱江防，購新出後膛礮，改築西式礮臺，設專將專兵領之。募德人教練，名曰「江南自强軍」。采東西規制，廣立武備、農工商、鐵路、方言、軍醫諸學堂。尋還任湖北。時國威新挫，朝士日議變法，廢時文，改試策論。之洞言：「廢時文，非廢五經、四書也，故文體必正，命題之意必嚴。否則國家重敎之旨不顯，必致不讀經文，背道忘本，非細故也。今宜首場試史論及本朝政法，二場試時務，三場以經義終焉。各隨場去留而層遞取之，庶少流弊。」又言：「武科宜罷騎射、刀石，專試火器。欲挽重文輕武之習，必使兵皆識字，勵行伍以科舉。」二十四年，政變作，之洞先著勸學篇以見意，得免議。

二十六年，京師拳亂，時坤一督兩江，鴻章督兩廣，袁世凱撫山東，要請之洞，同與外國領事定保護東南之約。及聯軍內犯，兩宮西幸，而東南幸無事。明年，和議成，兩宮回鑾。論功，加太子少保。以兵事粗定，乃與坤一合上變法三疏。其論中國積弱不振之故，宜變通者十二事，宜采西法者十一事。於是停捐納，去書吏，考差役，恤刑獄，籌八旗生計，裁屯衞，汰綠營，定礦律、商律、路律、交涉律，行銀圓，取印花稅，擴郵政。其尤要者，則設學堂，停科舉，獎游學。皆次第行焉。

二十八年，充督辦商務大臣，再署兩江總督。有道員私獻商人金二十萬爲壽，請開礦海州，立劾罷之。考鹽法利弊，設兵輪緝私，歲有贏課。明年，入覲，充經濟特科閱卷大臣，釐定大學堂章程，畢，仍命還任。陛辭奏對，請化除滿、漢畛域，以彰聖德，遏亂萌，上爲動容。旋裁巡撫，以之洞兼之。三十二年，晉協辦大學士。未幾，內召，擢體仁閣大學士，授軍機大臣，兼筦學部。三十四年，督辦粵漢鐵路。

德宗暨慈禧皇太后相繼崩，醇親王載灃監國攝政。之洞以顧命重臣晉太子太保。逾年，親貴寖用事，通私謁。議立海軍，之洞言海軍費絀可緩立，爭之不得。移疾，遂卒，年七十三，朝野震悼。贈太保，謚文襄。

之洞短身巨髯，風儀峻整。蒞官所至，必有興作。務宏大，不問費多寡。愛才好客，名流文士爭趨之。任疆寄數十年，及卒，家不增一畝云。

瞿鴻禨，字子玖，湖南善化人。同治十年進士，授編修。光緒元年，大考一等，擢侍講學士。久乃遷詹事，晉內閣學士。先後典福建、廣西鄉試，督河南、浙江、四川學政。所行皆本功令，律下尤嚴。

朝鮮戰事起，我師出平壤。鴻禨上四路進兵之策，請兼募沿海漁人蜑戶編爲舟師，使敵備多力分，庶可制勝。及和議成，鴻禨方自蜀還，復奏言秦中地形險要，請豫建陪都。日本增兵遼東，鴻禨以敵情叵測，請敕劉坤一、王文韶簡練勁旅，不可專任淮軍。適坤一奏劾山西將賀星明侵餉，革職，鴻禨言：「刑賞治天下之大柄，軍紀廢弛已久，宜嚴懲以儆其餘。」又：「葉志超、龔照嶼等敗軍辱國，罪當死。和約既定，勢不能與勾，宜籍其財產，或令巨款捐贖，然後貸其一死。」皆不報。旋遷禮部侍郎，出督江蘇學政。請罷武科。

兩宮西狩，鴻禨差竣詣行在，道授左都御使，晉工部尚書，仍以西安陪都爲言。既至，命直軍機，兼充政務處大臣。請以策論試士，開經濟特科，汰書吏，悉允行。改總理各國事務衙門爲外務部，班六部上，以鴻禨爲尚書。時方與各國議和，鴻禨治事明敏，諳究外交，承旨擬諭，語中竅要，頗當上意焉。扈蹕回鑾，賞黃馬褂，加太子太保。

自新政議起，興學、通商、勸工諸政，有司多借端巧取。鴻禨請降旨禁革苛派，任民間自辦。又請旨以戶部正雜諸款供地方正用，宮中歲費，遵先朝定例，量入爲出，不便自戶部增撥。裁汰內務府冗員，用節糜費。充中日議約全權大臣。是時中外咸以立憲爲請，朝廷下詔豫備憲政始基，勗天下以忠君尊孔、尙公尙武尙實，用鴻禨言也。三十二年，協辦大學士。特旨派議改官制大臣，鴻禨以樞廷事冗辭。旋命與大學士孫家鼐復核，頗有裁正焉。鴻禨持躬清刻，以儒臣驟登政地，銳於任事。素善岑春煊，春煊入朝，留長郵傳部。密疏劾慶親王奕劻，奕劻惡春煊，遂及鴻禨。會鴻禨因直言忤太后旨，侍講學士惲毓鼎劾以攬權恣縱，遂罷斥歸里。辛亥，湘變起，流寓上海，旋卒。後追謚文愼。

論曰：德宗親政，憤於外侮，思變法自强。乃以輔導無人，戊戌黨禍，庚子匪亂，遂相繼而作。太后再出垂簾，初堅復舊，繼勉圖新。宣統改元，議行憲政。政體旣變，國本遂搖，而大勢不可問矣。榮祿屢參大變，文韶久達世務。鴻禨後起，參議立憲，終以失寵太后，不免放斥。唯之洞一時稱賢，而監國攝政，親貴用事，欲挽救而未能，遂以憂死。人之云亡，邦國殄瘁，尙何言哉？

清史稿卷四百三十八

列傳二百二十五

閻敬銘　張之萬　鹿傳霖　林紹年

閻敬銘，字丹初，陝西朝邑人。道光二十五年進士，選庶吉士，散館改戶部主事。咸豐九年，湖北巡撫胡林翼奏調赴鄂，總司糧臺營務。累遷郎中，擢四品京堂。林翼請病，復疏薦敬銘才，授湖北按察使。同治元年，嚴樹森繼爲巡撫，亦推敬銘湖北賢能第一，署布政使。以丁本生父憂歸，命治喪畢赴軍，未行，詔署山東鹽運使，擢署巡撫，疏乞終制，不許。時山東教匪入新泰，捻、幅各匪犯鄒、曲阜，降衆竄陽穀、聊城。敬銘既受任，檄總兵保德等進剿，而自督軍規淄川，克之。已革參將宋景詩引降衆屯東昌，復叛，飭按察使丁寶楨討之。景詩竄莘，敬銘檄軍防運河，令之曰：「使一匪濳渡者，殺無赦！」而自移軍博平。已而保德、寶楨連敗賊唐邑馬橋，克王家海，別軍克甘官屯，賊遁開州。事平，再請終制，仍不許。三年，服除，實授。

奏言抽調綠營兵練騎隊，朝旨允行，令即遣散募勇。敬銘言：「東省變故頻仍，亂甫定，降衆未必革心。綠營廢弛已久，驟裁勇易啓戎心。臣不敢爲節嗇帑項浮詞遺後患。」又言：「兵之能强，端恃將領。將領之材，亦資汲引。如胡林翼、曾國藩、左宗棠倡率鄉里，楚將之名遂著。前者僧格林沁奏稱不宜專用南勇，啓輕視朝廷之漸。老成謀國，瞻言百里。自古名將，北人爲多。臣北人也，恥不知兵。以在軍久，見諸軍之成敗利鈍，必求其所以然之故。深知不求將而言兵，有兵與無兵等。今北方雖所在募勇，皆烏合耳。爲將者貪婪欺飾，不知尊君親上爲何事，使握兵符，民變兵譁，後患滋大。故欲强兵必先儲將。北人之智勇兼備者，推多隆阿。請飭多隆阿募北方將士，敎之戰陣，擇其忠勇者，補授提、鎭、參、游，俾綠營均成勁旅，何必更募勇丁？」時捻患熾，臺臣議行團練。敬銘言：「斂鄉里之財以爲餉，集耕種之民以爲兵，於事有害無益，不如力行堅壁清野之法。」事遂寢。

四年，僧格林沁戰歿曹州，賊勢張，益趨張秋南，將犯省城。敬銘督師東昌，還軍禦之，增設礮划防河，賊折而東。移軍兗州，賊竄豐、沛。乃檄總兵楊飛熊間道趨滕，防賊還竄。賊果入湖濱，以飛熊扼運河，不得逞，竄徐州。明年，賊入鉅野，游擊王心安失利。敬銘方臥疾，强起視師東平。兗沂曹濟道文彬督團勇擊賊，賊引去。敬銘赴濟寧，會曾國藩商定分扼黃、運之議。賊復大股趨鉅野、金鄉，分擾運西。遣知府王成謙等要擊，而自督軍巡河，露宿四晝夜，賊連敗，始西遁。有張積中者，結寨肥城黃崖，集衆自保，以不受撫，夷之。六年，移疾歸，居久之，以工部侍郎召，不起。

光緒三年，山西大飢，奉命察視賑務。奏劾侵帑知州段鼎耀，置之法。請裁減山、陝諸省差徭，並追彈尙書恩承、童華前奉使四川過境擾累狀，均下吏議。八年，起戶部尙書，甫視事，以廣東布政使姚覲元、荆宜施道董儁漢賄結前任司員骫法，咸劾罷之。兼署兵部。疏陳興辦新疆屯田。明年，充軍機大臣、總理衙門行走，晉協辦大學士。十一年，授東閣大學士，仍筦戶部，賜黃馬褂。自陳衰老，辭軍機大臣。時上意將修圓明園，而敬銘論治以節用爲本，會廷議錢法，失太后旨，因革職留任。十三年，復職，遂乞休，章四上，乃得請。十八年，卒，贈太子少保，諡文介。

敬銘質樸，以潔廉自矯厲，雖貴，望之若老儒。善理財，在鄂治軍需，足食足兵，佐平大難。及長戶部，精校財賦，立科條，令出期必行。初直樞廷，太后頗信仗之，終以戇直早退云。

張之萬，字子青，直隸南皮人。道光二十七年，以一甲一名進士授修撰。咸豐二年，出督河南學政。粤賊破歸德，近偪開封，之萬條上防剿事宜，多允行。俄，召還，授鍾郡王讀。由侍讀累遷內閣學士。同治元年，擢禮部侍郎，兼署工部。嘗被詔偕太常寺卿許彭壽等彙輯前代帝王及垂簾事蹟可法戒者上之，錫名治平寶鑑。會河南州縣以苛派擅殺爲御史劉毓楠奏劾，命之萬往按，得實，巡撫鄭元善以下降黜有差，即以之萬署巡撫事。疏陳軍興財匱，請仿湖北變通漕折，言：「汴漕一石舊折銀四兩，今請令州縣留辦公費七錢，實解司庫三兩三錢，以二兩購米實倉，餘一兩充汴餉，其三錢爲通省公費。」允行。

捻酋陳大喜犯南陽，之萬親赴汝州督師。大喜竄阜陽，勾結皖捻，一由岳城趨楊莊偪雷堰，一入張岡，總兵張曜馳擊破之。團練大臣毛昶熙諸軍相繼至，連戰皆捷，斬逆酋張鳳舞，汝南肅清。之萬駐軍許州，既分遣諸將設防，自引軍還省；而亳捻乘虛襲許，陷兩寨，坐降二級留任。西捻張總愚竄鄧州，藍大順走西坪，謀與合。張曜既敗總愚重陽店，乘勝襲西坪，大順亦敗走。之萬復進汝州。三年，移屯南陽，賊犯開封，還軍擊走之。四年，遷河道總督。僧格林沁戰歿曹州，督兵大臣皆獲咎。之萬亦革職留任，以助防省城功，給二品頂戴。五年，移督漕運。捻入徐州，之萬以裏下河爲財賦所出，嚴防清、淮及六塘河諸要地。六年，淮軍獲賴文光於揚州，東捻平。捷聞，賜之萬花翎、頭品頂戴。七年，會剿西捻，總愚溺死，東南大定。之萬疏陳江北善後事宜。九年，調江蘇巡撫。遷浙閩總督，以母老乞養歸。

光緒八年，起兵部尚書，調刑部。十年，入軍機，兼署吏部，充上書房總師傅、協辦大學士。十五年，授體仁閣大學士，轉東閣。賜雙眼花翎、紫韁。二十年，免直軍機。

之萬入直凡十年，領樞密者爲禮親王世鐸，治尚安靜，故得無事。及日韓事棘，之萬乃先罷退。又二年，以病致仕。卒，年八十七，贈太傅，謚文達。

鹿傳霖，字滋軒，直隸定興人。父丕宗，官都匀知府，死寇難，謚壯節，傳霖其第五子也。當丕宗守都匀時，叛苗屬聚城下，傳霖方率健卒迎餉，聞警，馳還助城守，相持十閱月，援絕城陷。傳霖投總督告父死狀，大兵攻復都匀，奉父母遺骸歸葬，時年甫二十，由是知名。以舉人從欽差大臣勝保征捻，授同知。同治元年，成進士，選庶吉士，散館改廣西知縣。以督剿柳、雒土匪功，賜孔雀翎，擢桂林知府。光緒四年，調廉州。時李揚才將叛擾越南，急捕之，立散其黨。旋升惠潮嘉道。擢福建按察使，調四川，遷布政使。九年，授河南巡撫，清釐州縣納糧積弊，歲增三十餘萬。十一年，調陝西，引疾歸。十五年，再出撫陝。值黃河西嚙，將與洛通。傳霖增築石壩三十餘座，得無患。中日搆衅，遣兵入衞，命兼攝西安將軍。二十一年，擢四川總督。蜀故多盜，特立一軍捕治之。夔、萬大飢，發上游積穀，又採湖北糧米平糶。

是時英、俄交窺西藏，藏番恃俄援，梗英畫界。英嗾廓爾喀與藏搆兵，而瞻對土民苦藏官苛虐，思內附。傳霖以瞻對爲蜀門戶，瞻不化服，無以威藏番；藏番不聽命，則界無時定。而英之忌俄者益急圖藏，藏亡瞻必隨亡，行且及於蜀。會朱窩、章谷土司爭襲事起，傳霖檄知府羅以禮、知縣穆秉文往諭，以提督周萬順統防邊各軍進駐打箭鑪。瞻酋仔仲則忠札霸以兵侵章谷，抗我軍。傳霖乘機進發，迭克諸要害。各土司讋服，率兵聽調。渡雅龍江抵瞻巢，斬馘過當，盡收三瞻地，乃請歸流改漢，條陳善後之策，疏十數上。會成都將軍恭壽、駐藏辦事大臣文海交章言其不便，達賴復疏訴於朝，廷議中變，傳霖解職去。

二十四年，召授廣東巡撫，旋移江蘇，攝兩江總督。二十六年，拳匪亂作，傳霖募三營入衞，奔及乘輿於大同。至太原，授兩廣總督。旋命入直軍機，從幸長安。擢左都御史，遷禮部尚書，兼署工部。明年，回蹕，兼督辦政務大臣。凡疏陳加賦括財、損民以益上者，傳霖率擯勿用；而務汰冗費，去中飽，並奏罷不急之工：均報可。有詔自後宮內供需皆取給內務府，戶部專掌軍國大計，實傳霖發之也。三十年，轉吏部。三十二年，新官制成，乃退直，專治部事。尋仍入直，解部務，以尚書協辦大學士。命查辦歸化城墾務大臣貽穀，論遣戍，參劾不職者數十人。

宣統嗣立，與攝政醇親王同受遺詔，加太子少保，晉太子太保。歷拜體仁閣、東閣大學士，兼經筵講官。二年春，疾作，章四上，皆溫諭慰留。七月，卒，年七十五，贈太保，諡文端。

傳霖起外吏，知民疾苦。所至廉約率下，尤惡貪吏，雖貴勢不稍貰。其在軍機，凡事不苟同，喜扶持善類。晚病重聽，屢乞休不獲，居恆鬱鬱云。

林紹年，字贊虞，福建閩縣人。同治十三年進士，以編修歷充鄉會試同考官。光緒十四年，改御史。時議修頤和園，先是疆吏籌設海軍經費，輸存北洋，及園工興，陰移其費以助工，號爲「進獻」。紹年極陳：「生民疲敝，當以儉化天下，使督撫愛養百姓。若誅求進獻，未足以言忠。請卽下詔停輸，還所進奉。」得旨嚴飭。會以憂去，服除，補山西監察御史。疏嚴門禁，杜宦寺交通之漸。十九年，陝西考官丁維禔夤緣內監得試差，復疏論之。

俄，授雲南昭通府知府。邊瘠難治，土目祿爾泰橫暴，睚眦殺人，莫敢訴，猝捕戮之，衆慴而定。期年劾罷文武吏不職者五人。調攝雲南府，甫受事，安寧州盜劫貨戕人於塗，州牧以總督崧蕃怒緝捕不力，妄繫平民二十餘。紹年覆按，疑其枉，謁總督廷爭，卒獲正犯，出二十餘人者於死。崧蕃愧謝，密疏薦紹年可大用。擢迤南道，未之任，擢貴州按察使。

二十六年，遷雲南布政使，就擢巡撫，兼署雲貴總督。廣西游匪侵滇邊，遣將擊卻之。招撫八達河村民之陷匪者，以斷賊接濟，益大出兵合剿。滇境旣淸，乃以全力赴援廣西，而蒙自土匪乘閒復發，連陷臨安、石屏。紹年會商總督丁振鐸，檄按察使劉春霖扼通海，廣南軍躡其後，不兩月事平。疏言督撫同城任事非便，自請裁缺，從之。移撫貴州，而湖北、廣東兩巡撫旋亦議裁。印江團首呂志禮、楊鑫不相能，積十餘載，相殘殺。紹年至，以兵脅之降，仍擁衆不散，遂案誅之。

紹年默察大勢，非立憲不足以救亡，請預定政體以繫人心，不報。三十一年，移廣西。明年，內召，以侍郎充軍機大臣，兼署郵傳部尙書，授度支部侍郎。時黑龍江新設行省，驟擢道員段芝貴爲巡撫。紹年言芝貴望輕，不稱邊帥任。御史趙啓霖劾芝貴，因及慶親王奕劻子載振納賄漁色事，命大臣按驗所劾，稱無左證，褫啓霖職，而芝貴亦由是罷。紹年言御史風聞言事，啓霖無罪，爭之不得，遂稱疾。

出爲河南巡撫。以州縣吏罄貲遠宦，人地不習，無益於杜弊。請援漢、唐故事，免避本籍。部議自縣丞以下，如所請行。益飭吏治，得朝貴請託書輒焚之。兩疏糾彈百餘人。調倉場侍郎。

宣統元年，徙民政部侍郎。時奕劻握政柄，陝西巡撫恩壽與有連，總督升允劾其贓私，不報。俄，解升允職。紹年召對論其事，以爲賞罰不當，則是非不明。退復具疏言之，不省。二年，充經筵講官，署學部侍郎，改弼德院顧問大臣。以病請告。卒，年六十八，諡文直。

論曰：同、光以後，世稱軍機權重，然特領班王大臣主其事耳。次者僅乃得參機務。光、宣之際，政既失馭，權乃益紛，雖當國無以爲治焉。敬銘質樸，之萬練達，傳霖廉約，紹年勁直，其任封疆、治軍旅多有績，而立朝不復有所建樹。敬銘初欲得君專國政，爲勢所限，終不能行其志，世尤惜之。

清史稿卷四百三十九

列傳二百二十六

景廉　額勒和布　許庚身　錢應溥　廖壽恆
榮慶　那桐　戴鴻慈

景廉，字秋坪，顏札氏，隸滿洲正黃旗。父彥德，官綏遠城將軍。景廉，咸豐二年進士，由編修五遷至內閣學士。典福建鄉試，擢工部侍郎，賜奠朝鮮。八年，授伊犂參贊大臣。故事，哈薩克貿易訖卽行。後以貨滯鬻，許二三人守以度歲，漸成聚落，周二里許。景廉謂禍伏肘腋，毀之便，將軍憚不敢發。會將軍卒，景廉攝任，疏陳利害，請以便宜從事，卒毀之。詔下，如所請。塔爾巴哈臺參贊大臣英秀、阿克蘇辦事大臣綿性、葉爾羌參贊大臣英蘊先後以貪暴被劾，皆命景廉往鞫，得實，降革有差。

十一年，調葉爾羌參贊大臣，其城爲南路八城之首，漢、回雜處。安集延常擾邊，俄人復於西南徼往來窺伺，哈薩克各部落多貳於俄。景廉籌餉練兵，持以鎭靜，八城以安。嚴禁綠營兵以重利侵奪回民貲產，人心大悅。同治二年，坐事落職，男婦數千哭於札爾瑪。札爾瑪者，回部棲神之所，意欲禱神阻其行也。景廉既去官，遣往寧夏軍營効力，將軍都興阿檄參戎幕。適安徽巡撫翁同書卒於軍，復檄景廉代領其衆，防剿後路。

五年，授頭等侍衞，充哈密幫辦大臣。募勇千餘，騎不滿百，糧乏，冰雪中僵仆相屬。景廉勉以忠義，夜支單帳，燃馬矢，席地坐，時出撫循，以是兵心固結。肅州賊沿南山西竄，景廉遣總兵張玉春敗之黃花營。賊擾安西州，又大敗之。景廉以安西玉門爲新疆門戶，巴里坤雖天險可守，然力單不足恃，疏請駐安西，布置防務輓運，得旨報可。賊撲敦煌，景廉陽令副將蔣富山邀擊南乾溝，而伏勁旅橋灣三水梁。賊果取道三水梁南戈壁，伏起，追擊敗之。捷聞，得旨嘉奬。賊復撲安西，景廉戒守將堅壁毋浪戰，伺其懈擊之，而設伏要其歸路，賊大創，遁。景廉謂敦煌重鎭，當守以重兵，因移鎭敦煌，留兵安西、玉門相犄角。建堅壁清野之計，完城浚壕，擇要區築空心墩臺，守具畢備。復以商團民練輔翼官兵，隱寓保甲之法，賊擄掠之計遂沮。招徠土著三千六百餘戶，勸募雜糧二萬餘石，立轉運局馬蓮井，官民咸稱便焉。

時烏魯木齊回酋妥得璘勾結漢、回、纏頭萬八千餘東犯，潛約哈密回子郡王爲內應。

王素駛，其母福晉邁哩巴紐賢明有才略，以逆書呈官軍，誓衆力守。景廉遣使奬慰，復令富山率兵會辦事大臣文麟、裨將孔才擊賊，連戰六晝夜，大敗之。論功，升擢有差。旋授烏魯木齊都統。時古牧地僞元帥馬明屢詐言降，復假貿易分布逆黨於濟木薩、木壘河。景廉偵知，密檄孔才、金永清等一夕殲之。俄人挾蒙古、哈薩克入境求通商，景廉言地方未靖，不任保護，以兵衞之出。自是終景廉任，俄人不言通商事。

穆宗親政，景廉以爲政治在乎始基，上崇正學、開言路、愼牧令、簡軍實、重農桑、弭異端六事。移軍古城，疏請以副都統吉爾洪額、領隊大臣沙克都林札布任軍事。陝回白彥虎糾西寧回萬餘，將奔烏魯木齊，賊勢梟悍，破哈密回城，游騎越天山，擾巴里坤，兩城告急。會妥得璘死，安集延酋帕夏合烏魯木齊、古牧地等漢、回撲沙山子，遙應白彥虎。景廉急檄孔才嚴備濟木薩各要隘，黑龍江營總依勒和布援沙山子，吉爾洪額等援哈密，而景廉坐鎭古城，飲酒習射，若無事然。依勒和布與遊擊徐學功率騎五百敗賊沙棗園，擒斬無算。帕夏遁歸吐魯番，遂解沙山子之圍。吉爾洪額等抵巴里坤，連戰皆捷，遂度天山，敗賊哈密泥基頭。城中聞援軍至，大呼突出，賊敗，巴里坤肅清。是役也，論者謂新疆治亂一大關鍵也。白彥虎竄唐朝渠，將入瑪納斯，學功偵得賊口號，選精騎四百，僞爲瑪納斯人，迎之龔家瀧，握手慰勞，賊不之疑，益前進，前臨大河。官軍從後起，賊大驚，白彥虎引四十餘騎逸去，餘盡殲焉。學功者，烏魯木齊農家子，沉勇多智略。軍興，集鄉勇自衞。或離合於妥得璘、帕夏之間，爲以賊攻賊之計。景廉招之來，推誠待之，遂願効死，至是果得其力。奏請破格錄用，報可。

景廉以憂勤致疾，再乞解職，溫旨慰留。十三年，授欽差大臣，督辦新疆軍務。於是景廉奏請通籌全局，命伊犂將軍金順取道古牧地，提督張曜由天山南取吐魯番，領隊大臣沙克都林札布、錫綸由沙山子取瑪納斯，三路齊舉，使賊不相顧。奇台、古城爲哈密、巴里坤屛蔽，命副都統額爾慶額、孝順、福珠哩駐西湖，防賊逸入北路。烏魯木齊之南俗呼搭板城者，實通吐魯番要路，賊以重兵守之，宜濬師攻擾以搤其吭。幷請飭陝甘總督左宗棠總司後路糧臺。移甘肅民千戶實奇台、古城屯田，購蒙古駝數千隻，借撥部款六十萬兩。疏上，悉蒙嘉納，而忌者尼之，未竟所施。改正白旗漢軍都統。俄召回京，遷左都御史。

光緒二年，命入軍機，兼總理各國大臣。授工部尙書，調戶部。坐事降二級，仍留軍機。補內閣學士，再遷兵部尙書。時言路尙激烈，或不平，景廉曰：「政府如射之有的，言者期其中耳，於我輩何憾？且詆政府者率無罪，未必非大臣之福也。」人服其量。新疆勘定，將軍金順上言景廉前勞，請獎勵。景廉謂邊帥推功樞臣，恐開迎合之漸，請勿許，時論與之。十年，硃諭景廉循分供職，經濟非所長，降二級調用。明年，補內閣學士。八月，卒於官，年六十二。子治麟，國子監司業，見孝友傳。

額勒和布，字筱山，覺爾察氏，滿洲鑲藍旗人。咸豐二年繙譯進士，改庶吉士，用戶部主事。累遷理藩院侍郎。同治三年，熱河土默特貝勒旗老頭滋事，額勒和布奉命查辦得實，請將貝勒議處，其佐領、章京等降革有差，事遂定。由蒙古副都統調補滿洲。旋授盛京戶部侍郎，兼奉天府府尹。直隸總督劉長佑率師防剿熱河及奉天馬賊，額勒和布籌給軍食。賊酋周榮糾黨回竄，擾及昌圖，所在告警。額勒和布遣將率馬隊迎擊開原，而以步隊扼其後，賊遂潰散。六年，請酌抽鹽釐充練兵經費，增設海防同知駐營口，均議行。於賑務尤盡力捐募。署盛京將軍，調察哈爾都統。新疆用兵，額勒和布經紀糧運，並調八旗官兵助剿，擢烏里雅蘇臺將軍，屢卻悍賊。

光緒三年，因病乞休。六年，起鑲白旗漢軍都統，調蒙古。歷熱河都統、理藩院尚書、戶部尚書、內務府大臣。十年，命直軍機，協辦大學士。奏請允開滇、越邊界礦務，又奏光緒四年以前直省錢漕積欠者，請予蠲免。司業潘衍桐建言特開藝學科，以額勒和布持不可，寢其議。十一年，授體仁閣大學士，轉武英殿。歷充閱卷大臣等差。二十年，免直軍機。二十二年，致仕。逾四年，卒於家，謚文恭。

額勒和布木訥寡言，時同列漸攬權納賄，獨廉潔自守，時頗稱之。

許庚身，字星叔，浙江仁和人。咸豐初，由舉人考取內閣中書。嘗代同官夜直，一夕，票二百籤，署名牘背。文宗閱本，心識之，以詢侍郎許乃普，乃普爲其諸父行也，遂命充軍機章京。故事，大臣子弟不得入直，是命蓋異數云。十年，車駕獮木蘭，召赴行在。是時肅順方怙權勢，數侵軍機事，高坐直廬，有所撰擬，輒趣章京往屬草。庚身以非制，不許，使者十數至，卒弗應。肅順慙且懟，欲中以危法，未得間。穆宗纘業，特賜金以旌其風節，命隨大臣入直。

同治元年，成進士，自請就本官，補侍讀。累遷鴻臚寺少卿。母憂歸，服竟，還內閣侍讀學士，入直如故。進春秋屬辭，被嘉獎。補光祿寺卿。典試貴州，督江西學政，頗以天算、輿地諸學試士。光緒四年，授太常寺卿。擢禮部侍郎，調戶部、刑部。十年，法越事起，充軍機大臣，兼總理各國事務，晉頭品服。時樞府孫毓汶最被眷遇，庚身以應對敏練，太后亦信仗之。十四年，晉兵部尚書。十九年，卒，謚恭慎。

庚身自郎曹至尚侍，直樞垣垂三十年，與兵事相終始，爲最久云。

錢應溥，字子密，浙江嘉興人。拔貢生，朝考一等，用七品小京官，分吏部，直軍機。咸豐十年，粵寇連陷浙東西郡縣，應溥父海寧州學訓導泰吉，質行樸學，老儒也，時已罷官，州人留主講書院。應溥聞警，亟請歸奉親，轉徙經年，鬚髮爲白。

曾國藩治兵安慶，招入幕，工爲文檄，敏捷如夙搆。國藩屢欲特薦，皆力辭。同治三年，奏加五品卿銜。大軍征捻，駐周家口。捻宵至，守卒僅千人，衆駭懼，應溥鎮靜若無事然。於是國藩堅臥不起，捻卒不敢犯。晉四品卿銜，國藩深倚重之，其督兩江，有大興革，上奏辭皆囑應溥具草。

光緒初，養親事畢，乃入都，重直軍機，擢員外郎。恭忠親王、醇賢親王相繼秉政，皆嘉其諳練。每承旨繕詔，頃刻千言，曲當上意。累遷禮部侍郎。偕尚書崑岡按事河南，自巡撫裕寬以下降黜有差。朝鮮事起，廷議主戰，應溥造膝敷陳，多人所不敢言。旋任軍機大臣，再遷工部尚書。謝病歸。二十八年，卒，諡恭勤。子駿祥，翰林院侍讀。

廖壽恆，字仲山，江蘇嘉定人。同治二年進士，授編修。出督湖南學政。光緒二年，再擢侍講。近畿旱災，壽恆應詔陳言，以爲：「吏治壞則民情鬱，以其愁苦之氣薄陰陽之和而災祲生，應天以實不以文。願皇上審敬怠，明是非，覈功罪，信賞罰，勿徒視爲具文。」語甚切至。尋以內務府開支失實，請嚴飭，以爲浮濫者戒。再督河南學政，累遷內閣學士，仍留視學。坐疏察生員欠考，下部議處。

九年，法人侵據越南安定，壽恆疏言：「法以傳教爲事，今乃思闢商務，取徑越南。越固我藩屬，萬無棄而不顧之理。臣愚以謂今日有必戰之勢，而後有可和之局。李鴻章威望最隆，北洋勁旅，非他人所能統御。宜飭鴻章仍回北洋大臣本任，坐鎭天津，以衞畿輔，而飭署督張樹聲還督兩廣。樹聲忠勇宿將，必能相機進討，以伸保護屬國之義。兩督臣各還本任，事屬尋常，可不啓外人之疑；而進戰退守，能發能收。彼若悔禍，自可轉圜。若必併吞越南，則是兵端自彼而開，不得謂爲不修鄰好。」

法越和議成，壽恆復上疏言：「風聞法使至天津，稱越南旣議款，因以分界撤兵事要約李鴻章，鴻章拒不允，擬卽來都磋商譯署。論者謂當虛與委蛇。不知法據越南，去我之屬國；逐黑旗，撤我之藩籬；通紅江，奪我滇江之大利。先機已失，不可不圖挽回。爲今之計，直宜以欺陵小弱之罪，布告列邦，折以公法，令改削所立條約。河內、安定，一律讓還，然後緩議法越通商之約。現聞津海防務，已飭備嚴整，軍容改觀。臣謂仍當選派知兵大員，率兵輪駛赴越都，以覘動靜。又飛檄廣西防軍援助劉永福，增兵製械，迅拔河內，以扼敵衝。河內旣下，北圻乃安。蓋我不與法搆兵，永福不能不爲越守土，故邇來陰助黑旗，屢戰皆捷。法人不得已，乃託言保護。永福忿懣塡胸，苟奉詔書，無不一以當百。如此，則滇、粵之邊患稍紓，越、法之兵端可戢。」壽恆又以：「根本之計，責在宸躬。跬步不離正人，乃可薰陶德性。擬請皇太后、皇上，御前太監務取厚重樸實之人，其有年紀太輕、性情浮動者，屏勿使近。並請懿旨時加訓飭，凡一切淺俗委瑣之言，勿許達於宸聽。庶幾深宮居息，無往非崇德之端，或可補毓慶宮課程所不及。至於宮廷土木之工，內府傳辦之件，事屬尋常，最易導引侈念。伏願皇太后崇儉黜奢，時以民生爲念，俾皇上知稼穡之艱難，目染耳濡，聖功自懋。如是，則慈闈敎育，更勝於典樂命夔。」疏入，上爲之動容。

十年，行走總理衙門。遷兵部侍郎，調禮部、戶部、吏部侍郎，屢典試事。偕都御史裕德查辦四川鹽務，劾罷鹽茶道蔡逢年，遣戍。二十三年，遷左都御史，入軍機。明年，調禮部尚書。太后訓政，命出軍機。以疾乞休。二十九年，卒。

榮慶，字華卿，鄂卓爾氏，蒙古正黃旗人。光緒九年，會試中式。十二年，成進士，以編修充鑲藍旗管學官。累遷至侍讀學士、蒙古學士。遷轉遲滯，榮慶當引見，或諷以乞假，謝曰：「窮達命也，欺君可乎？」居三年，擢鴻臚卿，轉通政副使。簡山東學政，丁母憂。二十七年，擢大理卿，署倉場侍郎。以剝船盜米，改由火車運運，併倉廒，增經費，杜領米弊端，裁稽查倉務御史，皆如所請行。和議成，奉命會辦善後事宜，兼政務處提調。二十八年，授刑部尚書。大學堂之創立也，命榮慶副張百熙爲管學大臣。百熙一意更新，榮慶時以舊學調濟之。尋充會試副考官、經濟特科閱卷大臣。調禮部尚書，復調戶部。拜軍機大臣、政務大臣。

榮慶既入政地，尤汲汲於厲人才，厚風俗。嘗疏陳：「國家取才，滿、漢並重。請飭下閣部，將所屬滿員嚴加考試，設館課之：一、掌故之學，二、吏治之學，三、時務之學。尤以御製勸善要言、人臣儆心錄、性理精義、上諭八旗諸書，爲居官立身之大本。均令分門學習，劄記大綱，以覘其才識。」疏入，報聞。

三十一年，協辦大學士。是冬，改學部尚書。明年，充修訂官制大臣。尋罷軍機，專理部務。德宗上賓，充恭辦喪禮大臣。宣統元年，以疾乞休，溫旨慰留。調禮部尚書。孝欽后奉安，充隨入地宮大臣，恭點神牌，晉太子少保。三年，裁禮部，改爲弼德院副院長。旋充顧問大臣、德宗實錄館總裁。國變後，避居天津。卒，年五十八，謚文恪。

榮慶持躬謹愼。故事，軍機大臣無公費，率取給餽贐。榮慶始入直，深以爲病，語同列合辭上請，乃得支養廉銀二千，而御前諸臣亦援例增給有差。

侍郎。

那桐，字琴軒，葉赫那拉氏，內務府滿洲鑲黃旗人。光緒十一年舉人，由戶部主事歷保四品京堂，授鴻臚寺卿，遷內閣學士。二十六年，兼直總理各國事務衙門，晉理藩院侍郎。

拳匪肇釁，各國聯兵來犯，令赴豐台禦之。外兵入京，誤以東壩爲匪窟，欲屠之，力解乃免。兩宮西巡，命充留京辦事大臣，隨李鴻章議和。約成，專使日本謝罪，又派赴日觀博覽會。二十九年，擢戶部尚書，調外務部，兼步軍統領，管工巡局事，創警務，繕路政。平反王維勤冤獄，商民頌之。三十一年，晉大學士，仍充外務部會辦大臣。歷兼釐訂官制、參預政務、變通旗制，署民政部尚書。

宣統元年，命爲軍機大臣。丁母憂，請終制，不許。出署直隸總督，請撥部款修鳳河。尋還直。三年，改官制，授內閣協理大臣，旋辭，充弼德院顧問大臣。國變後，久臥病。卒，年六十有九。

戴鴻慈，字少懷，廣東南海人。光緒二年進士，改庶吉士，以編修督學山東。父憂歸，服除，督學雲南。後復充雲南鄉試正考官。二十年，大考一等，擢庶子。日韓啓釁，我軍屢挫。鴻慈連疏劾李鴻章調遣乖方，遷延貽誤，始終倚任丁汝昌，請予嚴懲；並責令速解汝昌到部治罪，以肅軍紀：均不報。和議成，鴻慈奏善後十二策：一，審敵情以固邦交；二，增陪都以資拱衞；三，設軍屯以實邊儲；四，築鐵道以省漕運；五，開煤鐵以收利權；六，稅煙酒以佐度支；七，行抽練以簡軍實；八，廣鑄造以精器械；九，簡使才以備折衝；十，重牧令以資治理；十一，召對羣僚以勵交修；十二，變通考試以求實用。遷侍講學士。督學福建，再遷內閣學士。學政報滿，假歸省墓。擢刑部侍郎。

赴西安行在，上陳治本疏；又請建兩都，分六鎭，以總督兼經略大臣，得辟幕僚，巡撫以下咸受節制。是年冬，隨扈還京，轉戶部侍郎。時各省敎案滋多，鴻慈請設宣諭化導使，以學政兼充。編輯外交成案，頒發宣講。又請就翰林院創立報局，各省遵設官報，議格不行。時設會議政務處，有奉旨交議事件，三品京堂以上與議。鴻慈請推行閣部、九卿、翰林、科道皆得各抒所見，屬官則呈堂代遞，可以收羣策、勵人才。下政務處採擇。

三十一年，命五大臣出使各國考求政治，鴻慈與焉。將發，黨人挾炸藥登車狙擊，從者或被創，人情惶懼。鴻慈從容詣宮門取進止，兩宮慰諭，至泣下，遂行。歷十五邦，凡八閱月，歸國。與載澤、端方、尙其亨、李盛鐸等裒輯列國政要百三十三卷、歐美政治要義十八章，會同進呈。並奏言：「各國治理大略，以爲觀其政體：美爲合衆，而專重民權；德本聯邦，而實爲君主；奧、匈同盟，仍各用其制度；法、義同族，不免偏於集權；唯英人循秩序而不好激進，其憲法出於自然之發達，行之百年而無弊。反乎此者，有憲法不聯合之國，如瑞典、挪威則分離矣；有憲法不完全之國，如土耳其、埃及則衰弱矣；有憲法不平允之國，如俄羅斯則擾亂無已時矣。種因既殊，結果亦異。故有雖革改而適以召亂者，此政體之不同也。覘其國力，陸軍之强莫如德，海軍之强莫如英，國民之富莫如美，此國力之不同也。窺其政略，則俄、法同盟，英、日同盟，德、奧、義同盟，既互相倚助以求國勢之穩固；德、法摩洛哥之會議，英、俄東亞之協商，其對於中國者，德、美海軍之擴張，美、法屯軍之增額，又各審利害以爲商業之競爭。蓋列强對峙之中，無有一國孤立可以圖存者，勢使然也。況人民生殖日繁，智識日開，內力亦愈以澎漲。故各國政策，或因殖民而造西伯利亞之鐵路，或因商務而開巴拿馬之運河，或因國富而投資本於世界，均有深意存焉。此政略之不同也。驗其民氣，俄民志偉大而少秩序，其國失之無教；法民好美術而流晏逸，其國失之過奢；德民性倔强而尚武勇，其國失之太驕；美民喜自由而多放任，其國失之複雜；義民尚功利而近貪詐，其國失之困貧；惟英人富於自治自營之精神，有獨立不羈之氣象，人格之高，風俗之厚，爲各國所不及。此民氣之不同也。臣等觀於各國之大勢既如此，又參綜比較，窮其得失之源，實不外君臣一心，上下相維，然後可收舉國一致之益。否則，名實相懸，有可以斷其無效者，約有三端：一曰，無開誠之心者國必危。西班牙苛待殖民，致有斐律賓、古巴之敗。

英鑒於美民反抗，而於澳洲、坎拿大兩域予人民以自治之權，致有今日之强盛，開誠故也。俄滅波蘭而用嚴法以禁其語言，今揭竿而起要求權利者，卽波蘭人也。又於興學練兵，皆以專制爲目的，今滿洲之役，不戰先潰。莫斯科、聖彼得堡之暴動，卽出於軍人與學生也。防之愈密，而禍卽伏於所防之中，患更發於所防之外，不開誠故也。二曰，無慮遠之識者國必弱。俄以交通之不便，而用中央集權，故其地方之自治，日以不整。美以疆域之大，而用地方分權，故其中央與地方之機關，同時進步。治大國與治小國固不侔也。德以日爾曼法系趨於地方分權，雖爲君主之國，而人民有參與政治之資格。法以羅馬法系趨於中央集權，雖爲民主之國，而政務操之官吏之手，人民反無自治之能力。兩相比較，法弱於德，有由來矣。三曰，無同化之力者國必擾。美以共和政體，重視人民權利，雖人種複雜，而同化力甚强，故能上下相安於無事。土耳其一國之中，分十數種族，語言宗教各不相同，又無統一之機關，致有今日之衰弱。俄則種族尤雜，不下百數，語言亦分四十餘種，其政府又多歧視之意見，致有今日之紛亂。奥、匈兩國雖同戴一君主，而兩族之容貌、習尚、語言、性情迥殊，故時起事端，將來恐不免分離之患。蓋法制不一，畛域不化，顯然標其名爲兩種族之國，未有能享和平、臻富强者矣。此考察各國所得之實在情形也。竊惟學問以相摩而益善，國勢以相競而益强。中國地處亞東，又爲數千年文化之古國，不免挾尊己卑人之見，未嘗取世界列國之變遷而比較之。甲午以前，南北洋海陸軍製造各廠同時而興，聲勢一振。例之各省，差占優勝矣。然未嘗取列國之情狀而比較之也。故比較對於內，則滿盈自阻之心日長；比較對於外，則爭存進取之志益堅。然則謀國者亦善用其比較而已。」

又奏：「臣等曠觀世界大勢，深察中國近情，非定國是，無以安大計。國是之要，約有六事：一曰舉國臣民立於同等法制之下，以破除一切畛域；二曰國是採決於公論；三曰集中外之所長，以謀國家與人民之安全發達；四曰明宮府之體制；五曰定中央與地方之權限；六曰公布國用及諸政務。以上六事，擬請明降諭旨，宣示天下以定國是，約於十五年或二十年頒布憲法，召集國會，實行一切立憲制度。」又奏：「實行立憲，既請明定期限，則此十數年間，苟不先籌預備，轉瞬屆期，必至茫無所措。今欲廓清積弊，明定責成，必先從官制入手。擬請參酌中外，統籌大局，改定全國官制，爲立憲之預備。」均奉俞旨採納，遂定立憲之議。

先是鴻慈奉使在途，已擢禮部尙書；及還，充釐定官制大臣，轉法部尙書。充經筵講官、參預政務大臣。時法部初設，與大理院畫分權責，往復爭議，又改併部中職掌。於是京外各級審判廳次第設矣。又採英、美制創立京師模範監獄。三十四年，疾作，乞解職，溫旨慰留。兩宮升遐，力疾視事。

宣統元年，賞一等第三寶星，充報聘俄國專使大臣。禮成返國，奏言：「道經東三省，目擊日、俄二國之經營殖民地不遺餘力。非急籌抵制，無以固邊圉；非振興實業擴其自然之利，無以圖富強。請速辦墾殖、森林二端。俟財力稍裕，再籌興學、路礦、兵屯各事，以資捍衞。」臚陳辦法。得旨，下所司議行。是年八月，命入軍機，晉協辦大學士。二年，卒，加太子少保，謚文誠。

論曰：樞臣入對，序次有定，後列者非特詢不得越言。晚近領以尊親，勢尤禁隔，旅進旅退而已。景廉多戰績，額勒和布有清操，庚身、應溥通達諳練，壽恆有責難之言，鴻慈負知新之譽，榮慶謹愼持躬，那桐和敏解事，皆庶幾大臣之選者歟？

清史稿卷四百四十

列傳二百二十七

英桂　宗室載齡　恩承　宗室福錕　崇禮　裕德

英桂，字香巖，赫舍哩氏，滿洲正藍旗人。道光元年舉人，以中書充軍機章京，晉侍讀。授山東青州知府，遷登萊青道。擢山西按察使，調山東，署布政使。咸豐三年，擢河南巡撫。粵匪擾湖北，英桂扺南陽籌防，匪踞安徽六安州，馳防汝寧。捻首張洛行竄踞雉河集，命英桂督三省軍務，疊敗賊於三河尖、潁上，捕獲教匪陳太安、王庭貞。遷山西巡撫。同治元年，欽差勝保被逮，多隆阿代領其軍，多所裁撤，部將宋景詩復叛。英桂奏言：「勝保舊部雖多烏合降衆，久經戰陣。多隆阿到營旬日，遣歸七起，未免操之過急，窮無所歸，乘機走險。應遵前諭，如能隨同立功，仍准一體保奏，以安衆心。」報聞。遷福州將軍。七年，署閩浙總督，奏言：「前督左宗棠議減兵者，爲增餉也；議增餉者，爲練兵也。應就地勢情形，以定經久之制。浙省依山阻海，馬步水陸額兵三萬七千五十九名，而駐於杭、嘉、湖、寧、溫、紹、台海濱七府者三萬餘名，分駐湖、金、衢、嚴、處五府者七千餘名。海疆偏重，形勢瞭然。加餉爲人情所願，減兵又爲人情所難。各屬形勢不同，參以變通，庶臻妥善。今擬分別減兵增餉，以本省應裁之餉，加本省應存之兵。至練兵擬照楚、湘兵制，整器械，精技藝，庶兵氣可揚。水師戰船，寬籌經費，期復舊模。」又言：「輪船之設，利於巨洋。駕駛之法，迥異長江。」並擬定外海礮艇章程十二條，上均嘉納。召爲內大臣。十一年，授兵部尚書，兼總管內務府大臣。調吏部，兼步軍統領。光緒元年，協辦大學士。三年，授體仁閣大學士。四年，以病乞休。五年，卒，贈太子太保，謚文勤。

宗室載齡，字鶴峯，隸鑲藍旗，誠隱郡王允祉五世孫。道光二十一年進士，改庶吉士，授檢討。遷洗馬，累至內閣學士。以題定郡王載銓息肩圖稱門生違例，鐫三級。除光祿寺卿。咸豐三年，擢都察院副都御史，授工部左侍郎。粵匪北竄，踞河間、阜城，命載齡督防固安，匪南竄，撤防。會川督裕瑞被劾，命載齡往勘。因疏陳山西、陝西、四川捐輸款項侵蝕、濫銷諸弊，請敕各督撫嚴查參辦，並條上章程五則，議行。時黔匪偪近蜀境，詔載齡嚴飭地方勸諭鄉團助聲勢。尋署陝西巡撫。調刑部侍郎，仍留陝。五年，疏言：「前撫臣王慶雲請准遣戍新疆官犯捐輸，改發內地。捐數無多，何裨國計？此端一開，行險徼倖之徒，將肆意妄爲，絕無忌憚。所得小而所失大，請停止以儆官邪。」上韙之。

尋詔回京，授泰寧鎭總兵，兼總管內務府大臣。以病乞休。病痊，署禮部侍郎，授刑部，調吏部。同治元年，擢都察院左都御史，遷兵部尙書。九年，丁父憂，襲輔國公。光緒三年，調吏部，協辦大學士。明年，授體仁閣大學士。六年，因病屢疏乞休，允之。九年，卒，贈太子太保，謚文恪。

恩承，字露圃，葉赫那拉氏，滿洲正白旗人。以筆帖式歷禮部郎中。隨僧格林沁剿賊，賞四品京堂。授侍讀學士，仍留營充翼長。解山東滕縣圍，克沙溝營、臨城驛，破賊曹州，又敗之臨朐縣南。晉三品京堂，授太常寺卿。同治二年，捻首張洛行伏誅，賞黃馬褂，擢內閣學士，授鑲紅旗蒙古副都統。以僧格林沁遇害，坐革職。旋以剿奉天馬賊，復原官。授理藩院侍郎。七年，捻匪張總愚北竄，恩承總統神機營馬步兵往雄、霸扼防。捻平，還京。歷調工部、禮部、刑部、吏部。

光緒元年，兼總管內務府大臣，擢都察院左都御史、正藍旗漢軍都統，遷禮部尙書。命與侍郎童華往四川查辦總督丁寶楨等被劾案，覆奏寶楨交部議。恩承言：「從古言利之臣，咸以不加賦而財用足，爲動人聽聞之具。湖自軍興以來，川省釐、捐兩項，協撥餉需，以千百萬計。苟非國家深仁厚澤，何以人樂輸將？方今軍務肅清，民氣未復，乃川省設立官運局，所徵正款，已暗寓加釐；所收雜款，更巧爲攤派。下與小民爭利，而司、道兩庫懸欠百萬有奇。正款反形支絀，似於國計民生兩無裨益。」疏入，敕部覈覆。復命赴雲南查辦事件，以侍郎閻敬銘劾恩承入川時失察家人需索，部議革職留任。

回京，授步軍統領。十年，遷刑部尚書，調吏部，協辦大學士。明年，授體仁閣大學士。十三年，命赴廣西、湖南、河南按事。十五年，轉東閣。十八年，卒，謚文恪。

宗室福錕，字箴庭，隸鑲藍旗，理密親王允礽六世孫。咸豐九年進士，授吏部主事，晉員外郎。光緒四年，授右庶子，遷侍讀學士，擢太僕寺卿。六年，賞副都統，充西寧辦事大臣。八年，召授兵部侍郎，歷調刑部、戶部。十年，擢工部尚書，兼步軍統領。命在總理各國事務衙門行走，兼管內務府大臣。調戶部，協辦大學士。以部駁機器鼓鑄，福錕議革職，改留任，旋復官。十五年，加太子太保。詹事府右庶子。崇文疏劾大學士張之萬交納外官，命福錕偕尚書潘祖蔭勘之，奏言：「之萬仕居湫隘，門無雜賓。樞臣接見外僚，藉以考覈人才。不得以因公謁見，謂爲接納營私。惟僧靜洲以方外浮屠往來仕宦之家，易招物議，請驅逐回籍。」報可。十七年，授體仁閣大學士。二十年，皇太后萬壽，賞雙眼花翎。時京師盜風甚熾，福錕初禁步軍訊盜用嚴刑，盜益肆。至是奏請變通緝捕章程，允之。二十一年，疏請乞休。卒，諡文慎。

崇禮，字受之，姜氏，內務府漢軍正白旗人。咸豐七年，以拜唐阿爲清漪園苑丞。文宗巡幸，嘗詢以事，奏對稱旨，嘉奬之。由員外郎歷內務府卿，加內務府大臣。光緒元年，授山海關副都統，乞病歸。五年，歷遷內閣學士，命在總理各國事務衙門行走，補禮部右侍郎。坐事，議革職，改降三級。九年，授光祿寺卿。歷理藩院侍郎，轉兵部、戶部。二十年，加太子少保，賞黃馬褂。旋擢理藩院尚書。出爲熱河都統，再乞病。二十四年，授刑部尚書，兼步軍統領。

崇禮勤於職事，太后念先帝識拔，頗推恩遇。及政變起，太后復訓政，參預新政。楊銳等獲罪，崇禮以案情重大，請欽派大學士、軍機大臣會同審訊，始命軍機會刑部、都察院嚴審。已，又傳旨卽行正法。二十六年，調戶部，協辦大學士。二十九年，授東閣大學士，轉文淵閣。三十一年，以病乞罷。又二年，卒，諡文恪。

裕德，字壽田，喜塔臘氏，滿洲正白旗人，湖北巡撫崇綸子。光緒二年進士，改庶吉士，授編修。累遷侍讀。八年，充咸安宮總裁，偕詹事府少詹事寶昌等疏請整頓咸安宮官學凡六事，下部議行。五轉至內閣學士，督山東學政。十六年，擢工部侍郎，調刑部。二十年，授都察院左都御史，命偕侍郎廖壽恆赴四川按事。二十四年，遷理藩院尚書，調兵部。二十八年，赴哲里木盟查辦事件，因條上領荒招墾事宜，如所議行。二十九年，協辦大學士，授體仁閣大學士。三十年，充會試總裁。明年，改東閣。卒，謚文愼。

裕德持躬謙謹，禮賢下士，有一得之長，譽之不容口，時皆稱之。

論曰：大學士滿、漢並重，非有資望，不輕予大拜。內閣不兼軍機者，不參機務，相業無聞焉。英桂諸人或起軍功，或承世廕，或嫻文學，或優政事，雖未能顯有名績，而舊德老成，雍容台鼎，亦不愧宰相之器者歟！

清史稿卷四百四十一

列傳二百二十八

潘祖蔭　李文田　孫詒經　夏同善　張家驤
張英麟　張仁黼　張亨嘉

潘祖蔭，字伯寅，江蘇吳縣人，大學士世恩孫。咸豐二年一甲三名進士，授編修。遷侍讀，入直南書房，充日講起居注官。累遷侍讀學士，除大理寺少卿。左宗棠被劾，召對簿，罪不測，祖蔭上疏營救，且密薦其能，獄解，乃起獨領一軍。十一年，詔求直言，祖蔭念車駕還都，首斥奸佞，綱紀一新，爲上勤聖學、求人才、整軍務、裕倉儲四事。並請免賦以蘇民困，汰釐以紓民力，嚴軍律以拯民生，廣中額以收民心。纚纚數千言，稱旨。遷光祿寺卿。與修治平寶鑑，書成，被賞賚。先後糾彈官吏不職狀，書凡數上，文若欽差勝保、直隸總督文煜、陝西巡撫英棨、布政使毛震壽、甘肅布政使恩麟、道員田在田諸人；武若提督孔廣順、總兵閻丕敍、副將張維義諸人。繇是直聲震朝端。

同治三年，授左副都御史。坐會議何桂清罪未列銜，絓吏議。明年，恭親王奕訢獲譴，下羣臣議。祖蔭念重臣進退，關繫安危，疏請持平用中，酌予轉圜，袪世人惑。補工部侍郎。七年，調戶部，充經筵講官。坐失部印，褫職留任。典順天鄉試，再坐中式舉人徐景春文理荒謬，鐫二級。十三年，特旨賞編修，仍入直。錄輸餉功，釋處分。

光緒改元，授大理寺卿，補禮部右侍郎。數遷工部尚書，加太子少保。五年，主事吳可讀以死請爲穆宗立嗣，祖蔭被命集議，與徐桐等請申不建儲，彝訓疏存毓慶宮。明年，偕親王奕譞等辦中俄交涉。約既成，籌善後，條列練兵、簡器、開鑛、備餉四事進。命入直軍機，父憂歸。服闋，起權兵部尚書，調補工部，兼管順天府尹事。大婚禮成，晉太子太保。十六年，卒，贈太子太傅，謚文勤。寶坻士紳感其救災勤勞，籲建專祠，報可。

祖蔭嗜學，通經史，好收藏，儲金石甚富。先後數掌文衡，典會試二、鄉試三，所得多眞士。時與翁同龢並稱翁潘云。

李文田，字芍農，廣東順德人。咸豐九年一甲三名進士，授編修。入直南書房，充日講起居注官。同治五年，大考，晉中允。九年，督江西學政。累遷侍讀學士。秩滿，其母年已七十有七矣，將乞終養，會聞朝廷議修園籞，遂入都覆命。既至，謁軍機大臣寶鋆，告以東南事可危，李光昭姦猥無行，責其不能匡救。寶鋆曰：「居南齋亦可言，奚必責樞府？」文田曰：「正爲是來耳！」疏上，不報。踰歲，上停止園工封事，略言：「巴夏禮等焚毀圓明園，其人尙存。昔既焚之而不懼，安能禁其後之不復爲？常人之家偶被盜劫，猶必固其門牆，愼其管鑰，未聞有揮金誇富於盜前者。今彗星見，天象譴告，而猶忍而出此，此必內府諸臣及左右憸人導皇上以朘削窮民之舉。使朘削而果無他患，則唐至元、明將至今存，大淸何以有天下乎？皇上亦思圓明園之所以興乎？其時高宗西北拓地數千里，東西諸國讋憚天威，府庫充盈，物力豐盛，園工取之內帑而民不知，故皆樂園之成。今皆反是，聖明在上，此不待思而決者矣。」疏入，上爲動容。俄乞假歸。光緒八年，遭母憂。服竟，起故官，入直如故。數遷至禮部侍郎，充經筵講官，領閣事。二十年，疏請起用恭親王奕訢及前布政使游智開，依行。明年，卒，卹如制，謚文誠。

文田學識淹通，述作有體，尤諳究西北輿地。屢典試事，類能識拔績學，士皆稱之。

孫詒經，字子授，浙江錢塘人。咸豐十年進士，選庶吉士。聞杭州城陷，乞假歸，奉親辟居定海。參寧紹台道張景渠軍，平浙東有功，還授檢討。以倭仁薦，入直南書房。同治四年，擢司業。上言：「弭災在恤刑，治獄先平法。本律盜案不分首從，聖祖、世宗加以區別。自頃盜風充斥，概用重典，行十餘年，案不減少。則知弭盜之術，不在用法之嚴。請敕刑部改成例，復祖制。」議行。會上將侍太后幸惇親王府，既，與夏同善諫罷。未幾，復將詣恭親王府祀神，詒經再上疏，言：「聖學方新，宸修宜懋。經帷屢曠，則神志難專；法駕時勤，則見聞易惑。一日行幸，一日已荒念典之功；今日行禮，異日或啓遊觀之漸。」士論歸之。遭父憂去，服除，仍原官，入直如故。十年，遷侍講。五月朔，日食。詒經以天道感應，本諸人事，於是有遇災修省之請。十三年夏，彗星見，越數日，太白經天，人心惶駭。詒經復有廣開言路及罷圓明園工程之請。遷侍讀學士。德宗纘業，大考一等，擢詹事。召對，命直抒所見，連上澄吏治、慎海防機宜甚悉。

光緒六年，俄衅啓，東西海陸邊防亟。詒經言：「能戰然後能和，兵力專顧海口，北塘覆轍可鑒。」請調勁旅守東路，並津、永舉辦民團。再遷刑部侍郎，明年，調戶部。會左宗棠請修畿輔水利，迺疏薦張之洞、張佩綸資治理，並以山東河患，河員專治河隄，不講修導，建議購泰西機船及時修濬。十一年，入直毓慶宮。山東河工領部銀百萬，詒經廉得書吏史恩濤苛索狀，嚴責繳還，將懲治，章未上，而御史王賡榮等輒劾以輕縱。上令明白回奏，覆奏入，卒陷吏議，並罷直。有勸引退者，詒經曰：「吾被恩遇久，遑敢佚吾身邪？」於是專治部事，佐度支凡十年。時議設銀行，造鐵路，慮利權外溢，斷斷持異議。

詒經持躬清正，思以儒術救時敝。不阿權要，爲同列所忌，卒不得行其志。先後數司文柄，深惡末學骫骳積習，擯之惟恐不違，所得多知名士。生平論學不分漢、宋，謂經學卽理學。又曰：「學所以厲行也，博學而薄行，學奚足尙？」一時爲學者所宗。十六年，卒，優詔賜卹，謚文慤。

夏同善，字子松，浙江仁和人。咸豐六年進士，選庶吉士，授編修。累遷右庶子，充日講起居注官。十年，粵寇陷江南，諸軍無所統，請屬之曾國藩；又以北塘之役，僧格林沁軍退頓通州，桂良再就議款，同善建言敵情叵測，宜專任僧格林沁備戰守：敕並依行。父憂歸，服闋，起故官。同治六年，遷少詹事。其時傳言車駕將幸惇親王府，召集梨園，同善聞之，與孫詒經合疏諫止。略言：「皇上沖齡，敬天未至南郊，游幸先臨府第，未安者一。聖學端資養正，耳目玩好偶有所娛，恐疏而不密，未安者二。近頃軍事未寧，遊觀之事傳播四方，曷以慰臣民望？未安者三。英、俄人士雜處京畿，稍示以懈，何能帖伏？未安者四。夫孝以禮爲歸，禮以時爲大，非時不舉，古有明箴。乞罷止以彰聖德。」出督江蘇學政，遭繼母喪去職。起詹事。十年，遷兵部右侍郎。秋，患霪雨，奉其狀以上，乞申虔禱，實行敦節儉、廣賑濟、開言路、清庶獄諸政，語至剴切。十三年，偕尙書廣壽詣四川按事，奏請撤永川等兵差局、綿竹等伕馬局。

光緒元年，命直毓慶宮授讀，固辭不獲，益屛家事勿問，退唯默坐觀書，思所以爲獻納地。先後累言盜案刑例宜復舊制，分首從；畿輔旱，請鑿井灌田蘇之；晉、豫飢，請移海防關稅經費恤之。四年，復命視學江蘇，陛辭日，力陳捐納有礙民生，無裨國用，稱旨。明年，被命巡視山東黃河，條上治下游三事：曰濬海口，曰直河灣，曰通支河，請移機器局經費治之。其秋，閱緣江礮臺，又歷陳三不可恃，請合數省力助守江口，已築者毋廢，未築者毋增，上然其言。嘗割俸濬江陰城河，植松五萬餘於君山，民德之。六年，卒，德宗聞之遽泣，其忠誠荷主知如此。遺疏入，賜卹如例，謚文敬。子庚復，主事；敦復，御史。

張家驤，字子騰，浙江鄞縣人。同治元年進士，選庶吉士，授編修。督山東學政，調山西。遭父憂解職，服除，起故官。遷侍講，入直南書房。光緒元年，轉侍讀，充日講起居注官。五年，命直毓慶宮，遷侍講學士。明年，劉銘傳奉召入都，疏請籌造清江浦鐵路，下李鴻章等議。家驤念典學方新，講求上理，萬一言利之臣隨聲附和，一言僨事，關繫匪輕，迺力陳三弊阻止之。疏入，仍令鴻章覈覆，鴻章力主銘傳策。然自是御史洪良品陳五害，侍講張楷陳九不利，並隨家驤而上諫書矣，事竟寢。數遷內閣學士，充經筵講官。九年，授工部右侍郎，調吏部。

家驤純謹好學，一謝時趨。蒞官端慎。授帝讀，朝夕納誨，頗能盡心所職。十年，卒，上悼惜，賜祭葬如制，謚文莊。

張英麟，字振卿，山東歷城人。同治四年進士，選庶吉士，授編修。十三年，命偕檢討王慶祺在弘德殿行走。英麟甫入直，卽乞假歸省。未幾，穆宗崩，慶祺以有罪褫職。衆皆稱其志節。歷典福建、雲南鄉試，累遷祭酒，充經筵講官。光緒十七年，以詹事授奉天府丞，兼學政。奉省士民樸素，隨輶所至，力加獎勸，學風興起。晉內閣學士，簡順天學政，擢吏部侍郎。二十六年，通州試竣回京，兩宮西狩，官吏遷避。英麟獨守學政關防待交替。明年，召赴行在，應詔上疏，請力崇節儉。乘輿回鑾，議變法，英麟言祖宗法制，可整飭不可遽更張。二十九年，充會試副總裁，借闈河南，改試策論、經義。英麟嚴衡校，多取績學。會改官制，英麟以侍郎遷副都統，漢員授旗官自此始。旋晉都統。三十四年，授都御史。時議行憲政，許士民上書，英麟必詳審爲代達。御史江春霖直劾親貴，斥回原衙門，英麟率全臺合疏留之。

宣統改元，攝政監國，復舉輪講之典。英麟撰資治通鑑講章以進，皆發明精義，比附近情，冀以誠意相感動，章上，但循故事留覽而已。三年，武昌變起，內閣改制，飭都察院及凡有言責者皆停奏事，英麟歎息以爲奇變。遜位詔下，遂乞罷歸。德宗永遠奉安，猶奔赴崇陵謁送。重宴瓊林，加太子太保。乙丑冬，卒，年八十有八。

張仁黼，字劭予，河南固始人。光緒二年進士，選庶吉士，授編修，入直上書房。出督湖北學政，以朱子小學、近思錄訓士。累遷洗馬，充日講起居注官，補侍講。二十年，日本衅起，樞臣被劾。迺與李文田等請起用恭親王奕訢，稱旨。遷鴻臚寺卿，典試四川。除奉天府府丞，父憂，未之官。

二十六年，拳亂作，奉命在籍治團練。服闋，赴行在。時財匱，議加丁口稅。仁黼謂：「今日國勢極危，而人心未去者，良由世祖除明季三餉，聖祖詔丁口以五十年爲率，嗣後滋生永不加賦。深仁厚澤，民不能忘。今議加丁稅，違祖制，拂民情，必不可。」事遂寢。還京，擢順天府府尹。再遷兵部侍郎，典試江西，歷學部、法部。

三十三年，補大理院正卿，奏請敕部院大臣會訂法律，略言：「法律主要在乎組織立法機關，而所以成之者有三，曰：定法律宗旨，辨法律性質，編法律成典。中國數千年來，禮陶樂淑，人人皆知尊君親上。此迺國粹所在，必宜保存，用各國之法以補其不足。尤須造就法律人才，治法治人，相因爲用，然後可收實效。」又言：「立法之要，規模不可不閎，推行必宜有漸。否則未嘗於人心而貿然以試，誠恐外國屬人主義勢力日益擴張，而吾國屬地主義處理愈形棼糾。有司奉行不善，反使外人得以藉口，爲患甚大。」疏入，多議行。俄授吏部侍郎，充經筵講官。三十四年，丁母憂。未幾，卒。

仁黼內行修，不自標異。嘗被命治河，卻例饋節省金，同官懼，謂將興大獄。仁黼忽索取金，衆始安，然頗怪其失操。已而河南巡撫上言紳士助學校金，不受奬敍，數與之同。朝士益服其清不絕物云。

張亨嘉，字燮鈞，福建侯官人。光緒九年進士，選庶吉士，授編修。十四年，視學湖南，念儒官爲士模範，不激濁揚淸，曷以勵風敎？疏薦文行交修者數人，士習爲一變。二十三年，入直南書房。越二年，除司業，頻轉太常寺少卿。一歲五遷，殊數也。

二十六年夏，親貴大臣信拳民有神術能攘外，飾詞入告，上疑之，命亨嘉察視。亨嘉知其不可恃，條上弭釁機宜甚悉，疏甫入而亂作。西狩還，獨先賜用，徙大理寺卿。明年，出督浙江學政，頗採西國政敎命題試士，多得通材。尙書張百熙、榮慶旣爲學務大臣，別置大學總監督，亨嘉遂被命任校事，仍不離內廷職。大學中更寇亂，肄業生不盈百，迺闢學舍，廣集高材生。類別學科，禮聘儒宿及東西邦學人專門教授。書籍儀器，粲然具備。兼攝進士館監督，進士習法政自此始。歷光祿寺卿、左副都御史、兵部侍郎。逾歲，疏辭校職，轉禮部侍郎，充經筵講官。

亨嘉爲人敦實，嗜古精鑒賞。事母孝，母黃氏，壽百歲，同列奏麻瑞。中興後命婦享高耄者，與詹事袁葆恆祖母郭氏二人而已。上聞之歎異，加恩賜予。三十四年，遭喪去，終服，仍入直。宣統二年，卒，賜祭葬，謚文厚。

論曰：同、光典學內直諸臣，每兼授讀，體制較隆；而文學侍從，亦多選績學，時備顧問，稱榮幸焉。祖蔭好賢勤事，文田學識淹雅，同以通博稱。詒經重實學，同善崇聖德，家驤盡心誨納，英麟早勵風節，並無愧師儒。仁黼、亨嘉尤惓惓於明法修學，後先相望，其風采皆隱然可見焉。

清史稿卷四百四十二

列傳二百二十九

徐樹銘　薛允升　宗室延煦 子會章　汪鳴鑾 長麟
周家楣　周德潤　胡燏棻　張蔭桓

徐樹銘，字壽蘅，湖南長沙人。道光二十七年進士，選庶吉士，授編修。典四川鄉試。咸豐二年，遷中允，簡山東學政。累遷內閣學士，授兵部右侍郎。督學福建，按試興、泉。適莆田、同安呂、黃二氏械鬬，勢洶洶，樹銘喻以大義，手書勸諭文付二氏，躬祭鬬死者而哀之，二氏愧悔；復爲立型仁、講讓二塾，訓其子弟，二氏愈益和。秩滿，乞歸養。同治五年，起署禮部左侍郎。明年，督學浙江，以薦舉人才中列已罷編修俞樾，嚴旨付吏議，謫遷太常寺少卿。

光緒初，除鴻臚寺卿，遭父憂，終喪，起授通政司副使。十年，晉太常寺卿。永定河決，詔樹銘往勘，既至，奏罷河工酌用民力及折價交土章程，民德之。法越事急，念海道梗阻，迺疏請漕糧改歸河運，敕直隸總督治南運全河。十二年，補左副都御史。時議廢當十錢，復制錢，民心惶惑。樹銘言於戶部尚書閻敬銘，請發倉廩，俾民以當十錢購粟，糶平而錢不廢，民迺安。十五年，授工部右侍郎。歷充順天、浙江鄉試正副考官，會試總裁。二十年，中東搆釁，樹銘數上封事，皆不報。旋遷左都御史，充經筵講官。疏請行鹽政，敕督撫令有司營辦，以從違爲舉劾，上嘉納，下其疏各省。二十五年，拜工部尚書。旋病卒，予優卹。

樹銘幼穎異，問學於何桂珍、曾國藩、倭仁、唐鑑諸人。生平無私蓄，惟嗜鐘鼎書畫，藏書數十萬卷，雖耄猶勤學不倦云。

薛允升，字雲階，陝西長安人。咸豐六年進士，授刑部主事。累遷郎中，出知江西饒州府。光緒三年，授四川成緜龍茂道，調署建昌。明年，遷山西按察使。值大祲，治賑，綜覈出入，民獲甦。又明年，晉山東布政使，權漕運總督。淮上患劇盜久未獲，允升詗得其巢，遣吏士往捕。歲除夕，盜方飲酒，未戒備，悉就執。六年，召爲刑部侍郎，歷禮、兵、工三部，而佐兵部爲久。念國家養兵勇糜餉糈，因條列練兵裁勇機宜，上嘉納。十九年，授刑部尙書。

初，允升觀政刑曹，以刑名關民命，窮年討測律例，遇滯義筆諸册，久之有所得。或以律書求解，輒爲開導，而其爲用壹歸廉平。凡所定讞，案法隨科，人莫能增損一字。長官信仗之，有大獄輒以相屬。其鞫囚如與家人語，務使隱情畢達，枉則爲之平反。始以治王宏罄獄顯名。蓋民有墮水死者，團防局勇已不勝榜掠，承矣；允升覆訊，事白。厥後江寧民周五殺朱彪，遁；參將胡金傳欲邀功，捕僧紹棕、曲學如論死。侍讀學士陳寶琛糾彈之，上命允升往按，廉得實，承審官皆懲辦如律。

二十二年，太監李苌材、張受山搆衆擊殺捕者，嚴旨付部議。允升擬援光棍例治之，而總管太監李蓮英爲乞恩，太后以例有「傷人致死、按律問擬」一語，敕再議。允升言：「李苌材等一案，旣非謀故鬬殺，不得援此語爲符合。且我朝家法嚴，宦寺倍治罪。此次從嚴懲治，不能仰體哀矜之意，已愧於心；倘復遷就定讞，並置初奉諭旨於不顧，則負疚益深。夫立法本以懲惡，而法外亦可施仁。皇上果欲肅淸輦轂，裁抑閹宦，則仍依原奏辦理。若以爲過嚴，或誅首而宥從，自在皇上權衡至當，非臣等所敢定擬也。」疏上，仍敕部議罪。其時蓮英偏囑要人求末減，允升不爲動。復奏請處斬張受山，至李苌材傷人未死，量減爲斬監候，從之。二十三年，其從子濟關說通賄，御史張仲炘、給事中蔣式芬先後論劾，允升坐不遠嫌，鐫三級，貶授宗人府府丞。次年，謝病歸。

二十六年，拳禍作，兩宮幸西安。允升赴行在，復起用刑部侍郎，尋授尚書。以老辭，不允。二十七年，回鑾，從駕至河南。病卒，卹如制。箸有漢律輯存六卷、漢律決事比四卷、唐明律合編四十卷、服制備考四卷、讀例存疑五十四卷。子浚，光緒六年進士，官禮部郎中。

宗室延煦，字樹南，隸正藍旗，直隸總督慶祺子。以任子官禮部主事。咸豐六年，成進士，選庶吉士，授編修。十三年，車駕北狩，錄城防功，擢四品京堂。明年，授贊善。累遷內閣學士，除盛京兵部侍郎。同治六年，調戶部，數勘辦展邊墾地。十一年，移督倉場。與漢侍郎畢道遠疏請漕糧起運本色濟兵食，議行。光緒二年，出為熱河都統，以圍場曠莽，易叢奸宄，請增置營汛資守禦。有土寇王致罔者，擣衆擾平泉、赤峯、建昌諸處，積為民患，官軍莫能捕，至是遣守備松恩剿平之。尋移疾去。

九年，授左都御史。念會典事例自嘉慶間續修，中更六十餘年，典章制度，視昔彌劇。及今不修，恐文獻無徵，難免舛漏。疏請敕廷臣集議開館，限年修明憲典，得旨報可。十年，晉理藩院尙書，調禮部。萬壽聖節，大學士左宗棠未隨班叩祝，延煦上疏論劾。略謂：

「左宗棠職居首列，鴻臚引班時，竟步出乾清門，不勝駭詫！國家優禮大臣，宗棠被恩尤重。縱捐頂踵，未報萬一，迺躬履尊嚴之地，絕無誠敬之心。如曰遘疾，曷弗請假？而必故亂班聯，害禮負恩，莫或斯等！」疏上，下宗棠吏議，以延煦語過當，詔革職留任。

會山東民埝決口，言者劾巡撫陳士杰誤工狀，命延煦偕祁世長往按，白其誣而言其失計。又以遵旨巡察海防，具圖說以上，謂：「煙臺、旅順對峙，海面至此一束，兩岸同心扼守要隘，津、沽得有鎖鑰。防守之法，應如何測淺深，審沙綫，備船礮，設水師；募諳海戰之人，必有制勝之策。」上韙其議，特宣示。還京，再移疾，不允。十二年，兩宮祗謁東陵，詣孝貞顯皇后陵寢，慈禧皇太后不欲行拜跪禮，延煦持不可，面諍數四。方是時，太后怒甚，禮部長官咸失色，延煦從容無少變。太后卒無以難，不得已跪拜如儀。延煦起家貴介，以文詞受主知，而立朝大節侃侃無所撓，士論偉之。明年，卒。

子會章，光緒二年進士，歷官理藩院侍郎。戊戌政變，漢京朝官罹法網者衆。會章獨奏論刑獄貴持其平，不當以滿、漢分畛域，言人所不敢言，論者謂其伉直有父風。

汪鳴鑾，字柳門，浙江錢塘人。少劬學。同治四年，成進士，選庶吉士，授編修。遷司業，益覃研經學，謂：「聖道垂諸六經，經學非訓詁不明，訓詁非文字不著。」治經當從許書入手，嘗疏請以許慎從祀文廟。歷督陝甘、江西、山東、廣東學政，典河南、江西、山東鄉試，顓重實學，號得士。光緒三年，父憂歸，服闋，起故官。歷遷內閣學士，晉工部侍郎，兼筦戶部三庫。十六年，赴吉林按事，與尚書敬信俱。

二十年，主禮部試。時日韓釁起，朝議紛呶。詔行走總理各國事務衙門，充五城團防大臣。調吏部右侍郎，兼貳刑部。踰年，和議成，日人堅索臺灣，鳴鑾力陳不可，稱上意。時上久親政，數召見朝臣，鳴鑾奏對尤切直。忌者達之太后，故抑揚其語，太后信之，上不自安。其冬，遂下詔曰：「朕侍奉皇太后，仰蒙慈訓，大而軍國機宜，小而起居服御，體恤朕躬，無微不至。迺有不學無術之徒，妄事揣摩，輒於召對時語氣抑揚，罔知輕重。如侍郎汪鳴鑾、長麟，上年屢次召見，信口妄言，迹近離間。本欲卽行治罪，因軍務方棘，隱忍未發。今特曉諭諸臣，知所儆惕。汪鳴鑾、長麟並革職，永不敍用。嗣後內外大小臣工有敢巧言嘗試者，朕必治以重罪。」既罷歸，主講杭州詁經精舍、敷文書院。三十二年，卒。

長麟，滿洲鑲藍旗人。光緒六年繙譯進士，授編修。累至戶部右侍郎。

周家楣，字小棠，江蘇宜興人。咸豐九年進士，選庶吉士。散館，改禮部主事，充總理各國事務衙門章京。其時敎禍棘，四川總督駱秉章夙持正，外人以將軍崇實易與，遇事輒就決之，數興大獄，至殺平民二百人，勿之問。家楣上書執政，極言其害，請教案歸總督裁決，卒如所言。各國相繼換約，交涉益劇，枋事者多依違。家楣苦心經畫，凡議覲禮、遣使臣、護僑民，皆委曲歷久而後定。洎日本闚臺灣，海防亟，迺爲策先謀足以制日者。於是大學士文祥舉立海軍、造船艦、築礮臺、製槍械、采煤鐵、招僑商，及用人、籌餉諸端，折衷衆說，屬草議上之。累遷郎中，擢五品京堂。

光緒改元，除太僕寺少卿，典四川鄉試。越二載，遷順天府府尹，兼總理各國事務大臣，遭憂去。服闋，署左副都御史，直總署如故。八年，再授順天府府尹。時吏治日弛，家楣自初涖卽奏增經費，劾汚吏，練捕盜營，親決獄訟，設通州、良鄉官車局，近畿教養義塾、善堂、留養局，增貢院號舍，擴金臺書院，製孔廟祭器、樂器。及再任，益有興革，郡中一切皆治辦。

九年，霪雨河溢，州邑灝蕩，亟疏請帑，復募集銀百餘萬。會關東大熟，勸募雜糧，亦獲數萬石，卹飢困。明年春，大舉工賑，濬京南鳳河，京東北運河，武淸、寶坻兩減河，宛平龐谷莊百二十村溝洫。通州、涿州、霸州、保定堤壩決口，分助直、魯工賑皆鉅萬。僉謂京畿救荒之政，爲百年所未有云。

家楣方負時望，累兼署禮、戶、兵三部侍郎，上意嚮用。旣而恭親王奕訢罷政，朝局一變。法越事起，朝士激昂多主戰。家楣以法彊盛，不可輕敵，迺自具疏，略謂：「法人肆擾海疆，臺灣亟於戰禦，餉械阻絕。敵以兵船十數游弋海口，伺隙抵巇，各國且潛濟之。臺灣雖勝，與內地隔。越南得手，得一地留一師，亦恐分兵致弱。今調停之說，發之自彼，權之在我，不得不別具深謀，欲擒先縱。至中國實能自强，轉無戰之可言。此大局之樞紐也。」疏上，自知其言不協時，曰：「吾終不以附和誤國。」給事中孔憲瑴劾張蔭桓洩漏機密，語連家楣及吳廷芬等，乃罷直總署，轉通政使。十三年，卒。順天士民感其遺惠，請建通州專祠，詔允之。

周德潤，字生霖，廣西臨桂人。同治元年進士，選庶吉士，授編修。遷司業，歷侍讀學士，充日講起居注官。光緒八年，除少詹事。星變陳言，上修理政刑六事。再遷內閣學士。十年，大學士左宗棠稱疾請解職，德潤力言：「宗棠不宜去位，請旨責其引退之非，示以致身之義。」稱旨。當是時，言路發攄，德潤先後劾巡撫李文敏、倪文蔚不職狀，有直聲。

法越搆兵，倡救越議，數請力保藩封，速定戰計，條列急務十端，可危者八，不可和者五，宜用兵者七。又以防務不可歲月計，復請亟籌强邊積穀，以老敵師、操勝算。疏凡十餘上，上數召見，嘉其諳邊情。命行走總理各國事務衙門，兩次請敕廷臣集議。未幾，和議起，法人勒退兵，益索償費。議者欲與之，德潤持不可，謂：「苟傷國體，卽一介不可與。請定志毋退縮。」已，議欵事棘，德潤獨具疏，略言：「藩封可棄，猶謂非域中也。邊界可分，猶謂非腹地也。商可通，兵可撤，猶謂守約非背約也。五條外横生枝節，若猶遷就，其何能國？請嚴拒之。」並陳和戰機宜甚悉。上以單銜入告，乖和衷誼，罷直總署。及明詔與法宣戰，德潤遵旨覆陳臺、越戰計，力駁德璀琳、盛宣懷所擬和約，條列救臺復越六策，力主先戰後和。復上安徽釐稅、梧州關稅積弊狀，先後命大臣廉得實，設法整飭之，歲課贏數十萬。

明年，和議將成，德潤臚舉八事進，曰：習勤苦；責疆吏；淸內宄；募銳卒；杜中飽；會辦北洋大臣宜分駐奉天海口，南北宜聯一氣；滇、粤宜籌善後；雲南宜設機器局。上嘉納焉。時法使浦理燮等赴越，朝命德潤詣滇治界務。德潤率道員葉廷眷等出關，勘都竜南丹古林箐，緣南溪河至河口保勝蠻耗。十二年，與法使狄隆等論界綫，以緣邊二千餘里，議分五段，執志乘與爭，更正沒入越地三十餘里，險要地四十里，復大賭呪河外苗塘子諸地數百里。踰歲還，除刑部侍郞，督順天學政。十八年，卒，予優卹。

胡燏棻，字芸楣，安徽泗州人，本籍浙江蕭山。同治十三年進士，選庶吉士。散館，改知廣西靈川縣，未上，納貲爲道員，銓直隸。總督李鴻章俾筦北洋軍糈，補天津道。光緒十四年，鴻章將出閱海軍，有巨猾覬爲變，流言胥動。各國領事詰鴻章，鴻章以其事屬燏棻，越三月捕治之，民迺定。海舟應徭自奉天運米豆輸天津，充戶長者，歲出金三萬，往往破家。燏棻廉得狀，上鴻章奏罷之。十六年，大水，民數萬止城上。燏棻擴北倉、西沽粥廠徙居之。鴻章用其言，募集銀三百數十萬，復督塞南北運河諸溢流凡八十餘處，民猶及種麥。十七年，遷廣西按察使，賜頭品服。逾歲到官，多所平反。兩權布政使，建遜業堂敎士，下臨桂知縣督諸囚習藝。

二十年，入覲，會中東事起，命治糈臺。師挫，鴻章東渡行成。諸軍西入關，燏棻疏請資遣之。蔣希夷軍幾潰，燏棻單騎宣諭，卒解遣，無敢譁者。朝廷恫喪師，知募兵不足恃，命燏棻主練兵，成十營，頓小站，號定武軍。小站練兵自此始。燏棻上疏言變法自強，條列十事：曰開鐵路，自漢口至京爲幹路，其分支南自光山、固始出六安，自應城、京山、安陸出荆門、當陽；西自懷慶出軹關逕蒲、解達關隴；東自開封、歸德過宿、泗抵淸江。曰造鈔幣、銀幣，毋使各國壟市利。曰製機器，國家用槍礮船械，令民廠自造，可塞漏巵。曰開礦產，築路需煤鐵，鑄幣需金銀銅，製機器需五金，擇良吏主其事。曰折南漕，官祿軍糈並易以銀，仍就津市米儲通州，備緩急。曰減兵額，汰老弱，簡精壯，化無用爲有用。曰創郵政，取其貲佐度支，驛站、提塘皆可廢。曰練陸軍，將知學問，械求畫一，兵取良家，厚將領月糈，嚴戒侵蝕。曰整海軍，軍置帥，總領緣海七省，隸中樞，不受疆吏節度。曰設學堂，農、商、工、礦、醫有顓家，水師、陸軍、女子、盲啞有敎法，朝廷爲定制，甄而用之。又言停武科，練旗兵，器械、營制、餉章並從西式。次第皆采用。是歲定議造鐵路，自盧溝至津，命燏棻充督辦。尋授順天府府尹，疏請展京西支路，首盧溝訖門頭溝，便煤運。

已，充總理各國事務大臣，時董福祥軍駐南苑，斫傷鐵路西國工程師，各公使訴於朝，請罷董軍。燏棻力爭，始留駐近畿，然卒以此罷直總署。燏棻夙以談洋務著稱。次年，拳匪入京，指爲通敵，欲殺之，逸而免。膺會辦關內外鐵路之命，路爲聯軍占，歲餘始與英使訂約接收，復歸於我。遷刑部右侍郎，三十二年，轉禮部，尋轉郵傳部。卒，卹如制。予天津建祠。

張蔭桓，字樵野，廣東南海人。性通侻。納貲爲知縣，銓山東。巡撫閻敬銘、丁寶楨先後器異之，數薦至道員。光緒二年，權登萊靑道。時英國請闢煙臺租界，議倡馬頭捐以斂厚貲，蔭桓持不可。又義冢一區爲人盜售，有司已鈐契矣；復與力爭，卒返其地。七年，授安徽徽寧池太廣道。抉蕪湖關痼弊，稅驟進。會久霪雨，江流衍溢，州邑饑菑，出俸錢賑之。明年，遷按察使。徽還，賞三品京堂，命直總理各國事務衙門。十年，除太常寺少卿。

蔭桓精敏，號知外務。驟躋巍官，務攬權，爲同列所忌。給事中孔憲瑴摭其致蘇松太道邵友濂私函爲洩朝旨，劾之，詔出總署。又以語連同官，並罷周家楣等，朝列益銜之。左遷直隸大順廣道。

十一年，命充出使美日秘三國大臣。踰歲赴美，舟抵金山，稅司黑假索觀國書，蔭桓謂非關吏所得預，峻拒之。電詰美外部，黑假踧踖慚謝。至伊士頓，地近洛士丙冷，華民簞食相迎。初，華民之傭其地也，爲美工燔殺，數至二百餘人。前使鄭藻如索償所毀財產，久不得直，至是皆待命蔭桓。蔭桓旣達美都，卽與其外部辨論，凡償墨西哥銀十四萬七千有奇。金山華民故好械鬬，嘗爲文諷諭之。未幾，美設苛例，欲禁遏華工。蔭桓曰：「與其繫命它族，毋寧靳勿與通也。」於是倡自禁華工議。繼廼徇衆請，不果行。其它烏盧公司槐花園、澳路非奴、姑力、阿路美、的欽巴新蕾諸案，亦多所斡旋。又與日廷爭論小呂宋設官事，卒如所議。是歲，除太常寺卿，轉通政司副使。十三年，奏設古巴學堂，並籌建金山學堂、醫院。後三年還國，仍直總署。歷遷戶部左侍郎。

二十年，中日議和，命偕友濂爲全權大臣，東渡，日人弗納。次年，復命與日使林董賡議商約，蔭桓力爭優待利益、徵收稅則二事，成通商行船二十九款，語具邦交志。二十三年，奉使賀英，上以其領度支熟知外情，命就彼國兼議加稅，堅拒免釐。蔭桓歷英、美、法、德、俄而還，條具聞見，累疏以陳。大恉謂宜屏外援，籌固圉，爲箴膏起廢策。二十四年，京師設礦務鐵路總局，被命主其事。數言修內政以戢民志，治團練以裕兵力，敕並依行。

先是變法議起，主事康有爲與往還甚密。有爲獲譴，遂褫蔭桓職，謫戍新疆。越二年，拳亂作，用事者矯詔僇異己，蔭桓論斬戍所。二十七年，復故官。

論曰：光緒朝部院大臣多負物望，其兼直總署者，時方重交涉，權比樞廷。樹銘、允升通經明律，家楣、德潤議約論戰，熿棻熟時務，蔭桓諳外交，皆各有建白，一時理亂，實隱繫之。鳴鑾以妄言罷斥，論者疑非其罪。延煦爭謁陵拜跪，劾朝賀亂班，侃侃尤無愧禮臣云。

清史稿卷四百四十三

列傳二百三十

孫家鼐　張百熙　唐景崇　于式枚　沈家本

孫家鼐，字燮臣，安徽壽州人。咸豐九年一甲一名進士，授修撰。歷侍讀，入直上書房。光緒四年，命在毓慶宮行走，與尚書翁同龢授上讀。累遷內閣學士，擢工部侍郎。江西學政陳寶琛疏請以先儒黃宗羲、顧炎武從祀文廟，議者多以爲未可，家鼐與潘祖蔭、翁同龢、孫詒經等再請，始議准。十六年，授都察院左都御史、工部尚書，兼順天府尹。

二十年，中日事起，朝議主戰，家鼐力言釁不可啓。二十四年，以吏部尚書協辦大學士。命爲管學大臣。時方議變法，廢科舉，興學校，設報編書，皆特交核覆，家鼐一裁以正。嘗疏謂：「國家廣集卿士以資議政，聽言固不厭求詳，然執兩用中，精擇審處，尤賴聖知。」其所建議，類能持大體。及議廢立，家鼐獨持不可。旋以病乞罷。

二十六年，乘輿西狩，召赴行在，起禮部尚書。還京，拜體仁閣大學士。歷轉東閣、文淵閣，晉武英殿。充學務大臣，裁度規章，折衷中外，嚴定宗旨，一以敦行實學爲主，學風爲之一靖。議改官制，命與慶親王奕劻、軍機大臣瞿鴻禨總司核定。御史趙啓霖劾奕劻及其子貝子載振受賄納優，命醇親王載灃與家鼐往按，啓霖坐污衊親貴褫職，而載振尋亦乞罷兼官。資政院立，命貝子溥倫及家鼐爲總裁，一持正議不阿。時詔諸臣輪班進講，家鼐撰尚書四子書講義以進。三十四年二月，以鄉舉重逢，賞太子太傅。歷蒙賜「壽」，頒賞御書及諸珍品，賜紫韁，紫禁城內坐二人暖輪，恩遇優渥。宣統元年，再疏乞病，溫詔慰留。尋卒，年八十有二，贈太傅，謚文正。

家鼐簡約斂退，生平無疾言遽色。雖貴，與諸生鈞禮。閉門齋居，雜賓遠跡，推避權勢若怯。嘗督湖北學政，典山西試，再典順天試，總裁會試，屢充閱卷大臣，獨無所私。嘗拔一卷厠二甲，同列意不可，卽屏退之，其讓不喜競類此。器量尤廣，庚子，外人請懲禍首戮大臣，編修劉廷琛謂失國體，責宰輔不能爭，家鼐揖而引過。其後詔舉御史，家鼐獨保廷琛，謂曩以大義見責，知忠鯁必不負國，世皆稱之。

張百熙，字埜秋，長沙人。同治十三年進士，授編修。督山東學政，典試四川。命直南書房，再遷侍讀。

光緒二十年，朝鮮釁起，朝議多主戰。百熙疏劾李鴻章陽作戰備，陰實主和，左寶貴、聶士成皆勇敢善戰之將，以餉械不繼，遂致敗績，咎在鴻章；又劾禮親王世鐸筦樞務，招權納賄，戰事起，一倚鴻章，貽誤兵機：皆不報。時值太后萬壽，承辦典禮者猶競尙華飾，百熙奏罷之。復偕侍講學士陸寶忠等合彈樞臣朋比誤國十大罪。未幾，孫毓汶引疾歸，恭親王奕訢復入軍機，而百熙亦出督廣東學政。累遷內閣學士。二十四年，坐濫舉康有爲，革職留任。二十六年，授禮部侍郎，擢左都御史，充頭等專使大臣。拳匪亂定，下詔求言，百熙抗疏陳大計，請改官制，理財政，變科舉，建學堂，設報館。明年，遷工部尙書，調刑部，充管學大臣。

京師之有大學堂也，始於中日戰後。侍郎李端棻奏請立學，中旨報可，而樞府厭言新政，請緩行。迄戊戌，乃奉嚴旨，促擬學章，命孫家鼐爲管學大臣。及政變，惟大學以萌芽早得不廢。許景澄繼管學，坐論義和團被誅。兩宮西幸，百熙詣行在，以人望被斯任，於是海內欣然望興學矣。百熙奏加冀州知州吳汝綸五品卿銜，總教大學。汝綸辭不應，百熙具衣冠拜之，汝綸請赴日本察視學務。大學教職員皆自聘，又薪金優厚，忌嫉者衆，蜚語浸聞。汝綸返國，未至京，卒；而百熙所倚以辨學者，門人沈兆祉亦受讒搆。大學既負時謗，言官奏稱本朝定制，部官大率滿、漢相維，請更設滿大臣主教事，乃增命榮慶爲管學大臣。旋別設學務處，以張亨嘉爲大學總監督，百熙權益分。始議分建七科大學，又選派諸生游學東西洋。榮慶意不謂可，而百熙持之堅，親至站送諸生登車。各省之派官費生自此始。值張之洞入覲，命改定學章，及還鎭，復命家鼐爲管學大臣。凡三管學，百熙位第三矣。百熙擬建分科大學，以絀於貲而止，惟創醫學及譯學館、實業館，遽謝學務。賞黃馬褂、紫禁城騎馬。後歷禮部、戶部、郵傳部尙書，政務、學務、編纂官制諸大臣。卒，贈太子少保，諡文達。

唐景崇，字春卿，廣西灌陽人。父懋功，舉人，有學行。景崇，同治十年進士，授編修。由侍讀四遷至內閣學士。光緒二十年，典試廣東。明年，主會試。歷兵部、禮部侍郎，權左都御史，出督浙江學政，母憂歸。拳禍起，命督辦廣西團練。二十九年，以工部侍郎典試浙江，督江蘇學政，三十一年，詔罷科歲試，學政專司考校學務。景崇條上十事。明年，罷學政，還京供職。疏陳立憲大要四事。

時兩廣疆臣建議廣西省會移治南寧，京朝官皆持異議。景崇奏陳：「遷省之議，以越南逼近龍州，法人時蓄狡謀，桂林距離遠，聲氣難通，不若改建南寧之便。臣謂不然，今我兵力尚不能經營邕州，扼北海水陸衝要，徒虛張聲勢，招外人疑忌何爲？且遷徙締造之費，桂林善後之費，練兵設防之費，皆非巨款不辦。方今俄居西陲，英窺南徼，蒙、藏、川、滇勢均岌岌，非獨一法人之可畏。以大局論，決不能竭全力事廣西之一隅；以廣西論，亦不能竭全力事南寧之一隅：明矣。故爲今之計，誠能簡重臣駐龍州，於對汛邊地二千里，相度土宜，興辦樹藝、屯墾、畜牧、開礦諸端，俟地利漸興，人齒漸繁，再以兵法部勒。此上策也。至目前應變之方，莫如迅設龍州電綫，移提督駐南寧，增募十營，暫停廣西應解賠款，飭各省欠解廣西協餉，分年攤解，用抵賠款。一轉移間，餉足則兵強，可紓朝廷南顧之憂。若遷省之舉，勞民費財，無益於治。」事得寢。

調吏部侍郎，充經筵講官。景崇以績學端品受主知，屢司文柄。迨科舉罷，廷試游學畢業生，皆倚景崇校閱。宣統元年，戴鴻慈卒，遺疏薦景崇堪大用。二年，擢學部尚書。明年，詔設內閣，改學務大臣。是時學說紛歧，景崇力謀溝通新舊，慎擇教科書。兼任弼德院顧問大臣。武昌變起，袁世凱總理內閣，仍命掌學務。引疾去。越三年，卒，謚文簡。

景崇博覽羣書，通天文算術，尤喜治史。自爲編修時，取新唐書爲作注，大例有三：曰糾繆，曰補闕，曰疏解，甄采書逾數百種。家故貧，得秘籍精本，輒典質購之。殫精畢世，唯缺地理志內羈縻州及藝文志，餘均脫稿。

于式枚，字晦若，賀縣人。博聞强記，善屬文。光緒六年進士，以庶吉士，散館用兵部主事。李鴻章疏調北洋差遣，歷十餘年，奏牘多出其手。性不樂爲外吏，又格於例不得保升京秩，久之不遷。二十二年，鴻章賀俄皇加冕，因歷聘德、法、英、美諸國，式枚充隨員。俄選授禮部主事，由員外郎授御史，遷給事中。贊辛丑和約，賞五品京堂。充政務處幫提調、大學堂總辦、譯學館監督。三十一年，以鴻臚寺少卿督廣東學政，改提學使，疏辭，命總理廣西鐵路。三十三年，擢郵傳部侍郎。

當是時，政潮激烈，有詔預備立憲，舉朝競言西法，無敢持異議者。於是式枚奉命出使德國，充考察憲政大臣。瀕行，疏言：「憲政必以本國爲根據，采取他國以輔益之，在求其實，不徒震其名。我朝道監百王，科條詳備，行政皆守部章，風聞亦許言事，刑賞予奪，曾不自私。有大政事、大興革，內則集廷臣之議，外或待疆吏之章。勤求民隱，博采公論，與立憲之制無不符合。上有教誡無約誓，下有遵守無要求。至日久官吏失職，或有奉行之不善，海國開通，又有事例之所無，自可因時損益，並非變法更張。惟人心趣向各異，告以堯、舜、周、孔之道，則以爲不足法；告以英、德、法、美之制度，而日本所模仿者，則心悅誠服，以爲當行。考日本維新之初，卽宣言立憲之意。後十四年，始發布開設國會之敕諭，二十年乃頒行憲法。蓋預備詳密遲愼如此。今横議者自謂國民，聚衆者輒云團體，數年之中，內治外交，用人行政，皆有干預之想。動以立憲爲詞，紛馳電函，上廑宸慮。蓋以立憲爲新奇可喜，不知吾國所自有。其關於學術者，固貽譏荒陋，以立憲爲卽可施行，不審東洋之近事。關於政術者，尤有害治安。惟在朝廷本一定之指歸，齊萬衆之心志，循序漸進。先設京師議院以定從違，舉辦地方自治以植根本，尤要在廣興敎育，儲備人才。凡與憲政相輔而行者，均當先事綢繆者也。臣前隨李鴻章至柏林，略觀大概。今承特簡，謹當參合中、西同異，歸極於皇朝典章，庶言皆有本而事屬可行。是臣區區之至願。」

明年，調禮部侍郎。時新黨要求實行立憲，召集國會日亟。式枚上言：「臣徧考東西歷史，參校同異，大抵中法皆定自上而下奉行，西法則定自下而上遵守。惟日本憲法，則纂自日臣伊藤博文，雖西國之名詞，仍東洋之性質。其采取則普魯士爲多，其本原則德君臣所定，名爲欽定憲法。夫國所以立曰政，政所以行曰權，權所歸卽利所在。定於一則無非分之想，散於衆則有競進之心。行之而善，則爲日本之維新；行之不善，則爲法國之革命。法國當屢世苛虐之後，民困已深，欲以立憲救亡，而適促其亂。日本當尊王傾幕之時，本由民力，故以立憲爲報，而猶緩其期。中國名義最重，政治最寬，國體尊嚴，人情安習，旣無法國之怨毒，又非日本之改造。皇上俯順輿情，迭降諭旨，分定年期，自宜互相奮勉，靜待推行。豈容欲速等於取償，求治同於論價？至敢言監督朝廷，推倒政府，胥動浮言，幾同亂黨。欲圖補救之策，惟在朝廷舉錯一秉至公，不稍予以指摘之端，自無從爲煽惑之計。至東南各省疆吏，當慎擇有風力、知大體者鎭懾之。當十年預備之期，爲大局安危所繫。日皇所謂『組織權限，爲朕親裁』，德相所謂『法定於君，非民可解』。故必正名定分，然後措正施行。臣濫膺考察，斷不敢附會時趨，貽誤國家，得罪名教。」章下所司。尋調吏部侍郎。

上海政聞社法部主事陳景仁等電請定三年內開國會，罷式枚謝天下，嚴旨申飭，褫景仁職。式枚復奏言：「德皇接受國書，答言憲政紛繁，慮未必合中國用，選舉法尤未易行。又昔英儒斯賓塞爾亦甚言憲法流弊，謂美國憲法本人民平等，行之久而治權握於政黨，平民不勝其苦。蓋歐人言憲法，其難其慎如此。今橫議徧於國中，上則詆政府固權，下則罵國民失職，專以爭競相勸導。此正斯賓塞爾所云政黨者流，與平民固無與也。伊藤博文論君臣相與，先道德而後科條。君民何獨不然？果能誠信相接，則普與日本以欽定憲法行之至今；如其不然，則法蘭西固民約憲法，何以革命者再三，改法者數十而猶未定？臣愚以爲中國立憲，應以日本仿照普魯士之例爲權衡，以畢士麥由君主用人民意見制定，及伊藤博文先道德後科條之言爲標準，則憲法大綱立矣。」章下所司。又以各省諮議局章程與普國地方議會制度不符，大怡謂：「改革未定之時，中央政權唯恐少統一堅强之力，而國民識政體知法意者極少。驟以此龐大政權之地方議會，横亘政府與國民之間，縱使被選者不皆營私武斷，而一國政權落於最少數人之手，劫持中外大臣，後患何可勝言？」因證以普制，逐條駁議。先後譯奏普魯士憲法全文、官制位號等級，暨兩議院新舊選舉法。式枚以三十三年冬行，宣統元年六月返國，以疾乞假。張之洞遺疏薦式枚堪大用。轉吏部侍郎，改學部侍郎，總理禮學館事、修訂法律大臣、國史館副總裁。國變後，僑居青島。未幾，卒，年六十三，謚文和。

式枚生而隱宮，精力絕人，夜倚枕坐如枯僧。內介而外和易。論事謇諤，頗有聲公卿間云。

沈家本，字子惇，浙江歸安人。少讀書，好深湛之思，於周官多創獲。初援例以郎中分刑部，博稽掌故，多所纂述。光緒九年，成進士，仍留部。補官後，充主稿，兼秋審處。自此遂專心法律之學，爲尚書潘祖蔭所稱賞。十九年，出知天津府，治尚寬大，姦民易之，聚衆鬨於市，即擒斬四人，無敢復犯者。調劇保定，甘軍毁法國教堂，當路懾於外勢，償五萬金，以道署舊址建新堂，侵及府署東偏。家本據府志力爭得直。拳匪亂作，家本已擢通永道、山西按察使，未及行，兩宮西幸。聯軍入保定，教士銜前隙，誣以助拳匪，卒無左驗而解。因馳赴行在，授光祿寺卿，擢刑部侍郎。

自各國互市以來，內地許傳教，而中外用律輕重懸殊，民、教日齟齬。官畏事則務抑民，民不能堪，則激而一逞，往往焚戮成巨禍。家本以謂治今日之民，當令官吏普通法律。然中律不變而欲收回領事審判權，終不可得。會變法議起，袁世凱奏設修訂法律館，命家本偕伍廷芳總其事；別設法律學堂，畢業者近千人，一時稱盛。補大理寺卿，旋改法部侍郎，充修訂法律大臣。宣統元年，兼資政院副總裁，仍日與館員商訂諸法草案，先後告成，未嘗以事繫自解。其所著書，有讀律校勘記、秋讞須知、刑案匯覽、刺字集、律例偶箋、歷代刑官考、歷代刑法考、漢律摭遺、明大誥竣令考、明律目箋，他所著非刑律者又二十餘種，都二百餘卷。卒，年七十四。

論曰：自變法議興，凡新政特設大臣領之。百熙管學務，家本修法律，並邀時譽。景崇之主教育，謀溝通新舊；式枚之論憲政，務因時損益。而大勢所趨，已莫能挽救。家鼐儒厚廉謹，常以資望領新政，每參大計，獨持正不阿。賢哉，不愧古大臣矣！

清史稿卷四百四十四

列傳二百三十一

黃體芳 子紹箕　宗室寶廷　宗室盛昱　張佩綸 何如璋
鄧承修　徐致祥

黃體芳，字漱蘭，浙江瑞安人。同治二年進士，選庶吉士，授編修。日探討掌故，慨然有經世志。累遷侍讀學士，頻上書言時政得失。晉、豫飢，請籌急賑，整吏治，清庶獄，稱旨。時議禁燒鍋裕民食，戶部覈駁，體芳謂燒鍋領帖，部獲歲銀三萬，因上董恂奸邪狀，坐鐫級。

光緒五年三月，惠陵禮成，主事吳可讀爲定大統以尸諫。詔言：「同治十三年十二月初五日降旨，嗣後皇帝生有皇子，卽承繼大行皇帝爲嗣。吳可讀所奏，前旨卽是此意。」於是下羣臣議，體芳略言：「『卽是此意』一語，止有恪遵，更有何議？迺激烈者盛氣力爭，巽畏者囁嚅不吐，或忠或謹，皆人臣盛節，而惜其未明今日事勢也。譬諸士民之家，長子次子各有孫，而自祖父母視之則無異。然襲爵職必歸之長房者，嫡長與嫡次之別也。又如大宗無子，次宗止一嫡子，然小宗以嫡子繼大宗，不聞有所吝者，以仍得兼承本宗故也。唯君與民微有不同。民間以嫡子繼大宗，則大宗爲主，本宗爲兼。天潢以嫡子繼帝系，則帝系爲主，本宗可得而兼，親不可得而兼。若人君以嫡子繼長支，則固以繼長支爲主，而本宗亦不能不兼。蓋人君無小宗，卽稱謂加以區別，亦於本宗恩義無傷。此兩宮意在嗣子承統，慈愛穆宗，亦卽所以慈愛皇上之說也。今非合兩統爲一統，以不定爲豫定，就將來承繼者以爲承嗣，似亦無策以處之矣。試思此時卽不專爲穆宗計，旣正名爲先帝嗣子，豈有僅封一王貝勒者乎？卽不專爲皇上計，古來天子之嗣子，豈有以不主神器之諸皇子當之者乎？卽僅爲穆宗計，皇上可如民間出繼之子乎？卽僅爲皇上計，穆宗可如前明稱爲皇伯考乎？夫奉祖訓，稟懿旨，體聖意，非僭。先帝今上皆無不宜，非悖。明其統而非其人，非擅。論統系，辨宗法，正足見國家億萬年無疆之庥，非干犯忌諱。此固無意氣可逞，亦無功罪可言也。」疏入，詔存毓慶宮。自是劾尚書賀壽慈飾奏，俄使崇厚誤國，洪鈞譯地圖舛謬，美使崔國英赴賽會失體，皆人所難言，直聲震中外。

七年，遷內閣學士，督江蘇學政。明年，授兵部左侍郎。中法事起，建索還琉球、經畫越南議。十一年，還京，劾李鴻章治兵無效，請敕曾紀澤遄歸練師，忤旨，左遷通政使。兩署左副都御史，奏言自强之本在內治，又歷陳中外交涉得失，後卒如所言。十七年，乞休。二十五年，卒。子紹箕、紹第，並能承家學，而紹箕尤贍雅。

紹箕，字仲弢。光緒六年進士，以編修典試湖北。晉侍講，擢庶子。京師立大學堂，充總辦。究心東西邦學制，手訂章條。遷侍讀學士。歷充編書局、譯書局監督。出爲湖北提學使。東渡日本，與其邦人士論孔教，輒心折。歸，未幾，卒。

宗室寶廷，字竹坡，隸滿洲鑲藍旗，鄭獻親王濟爾哈朗八世孫。同治七年進士，選庶吉士，授編修。累遷侍讀。光緒改元，疏請選師保以崇聖德，嚴宦寺以杜干預，覈實內務府以節靡費，訓練神機營以備緩急，懿旨嘉納。大考三等，降中允，尋授司業。是時朝廷方銳意求治，詔詢吏治民生用人行政，寶廷力抉其弊，諤諤數百言，至切直。晉、豫飢，應詔陳言，請罪己，並責臣工。條上救荒四事，曰：察釐稅，開糧捐，購洋米，增糶局。復以災廣賑劇，請行分貸法。畿輔旱，日色赤，市言訛駴，建議內嚴防範，外示鎭定，以安人心。歷遷侍講學士，以六事進，曰：明黜陟，專責任，詳考詢，嚴程限，去欺蒙，愼赦宥，稱旨。五年，轉侍讀學士。

初，德宗繼統嗣文宗，懿旨謂將來生有皇子，卽繼穆宗爲嗣。內閣侍讀學士廣安請頒鐵券，被訶責。至是，穆宗奉安惠陵，主事吳可讀堅請爲其立後，以尸諫，下廷臣議。寶廷謂：「恭繹懿旨之意，蓋言穆宗未有儲貳，卽以皇上所生之子爲嗣，非言生皇子卽時承繼也，言嗣而統賅焉矣。引伸之，蓋言將來卽以皇上傳統之皇子繼穆宗爲嗣也。因皇上甫承大統，故渾涵其詞，留待親政日自下明詔，此皇太后不忍歧視之慈心，欲以孝弟仁讓之休歸之皇上也。廣安不能喻，故生爭於前；吳可讀不能喻，故死爭於後。竊痛可讀殉死之忠，而又惜其遺摺之言不盡意也。可讀未喻懿旨言外之意，而其遺摺未達之意，皇太后早鑒及之，故曰『前降旨時卽是此意』也。而可讀猶以忠佞不齊爲慮，誠過慮也。宋太宗背杜太后，明景帝廢太子見深，雖因佞臣妄進邪說，究由二君有自私之心。迺者兩宮懿旨懸於上，孤臣遺疏存於下，傳之九州，載之國史，皇上天生聖人，必能以皇太后之心爲心。請將前後懿旨恭呈御覽，明降諭旨，宣示中外，俾天下後世咸知我皇太后至慈，皇上至孝至弟至仁至讓，且以見穆宗至聖至明，付託得人也。如是，則綱紀正，名分定，天理順，人情安矣。因赴內閣集議，意微不合，謹以上聞。」

又奏：「廷臣謂穆宗繼統之議，已賅於皇太后前降懿旨之中，將來神器所歸，皇上自能斟酌盡善，固也。然懿旨意深詞簡，不及此引伸明晰，異日皇上生有皇子，將繼穆宗爲嗣乎，抑不卽繼乎？不卽繼似違懿旨，卽繼又嫌迹近建儲。就令僅言繼嗣，不標繼統之名，而臣民亦隱以儲貳視之，是不建之建也。而此皇子賢也，固宗社福；如其不賢，將來仍傳繼統乎，抑舍而別傳乎？別傳之皇子，仍繼穆宗爲嗣乎，抑不繼乎？卽使仍繼穆宗，是亦不廢立之廢立也，豈太平盛事乎？至此時卽欲皇上斟酌盡善，不亦難乎？廷議之意，或以皇上親政，皇子應尙未生，不難豫酌一盡善之規。然國君十五而生子，皇子誕育如在徹簾之前，又何以處之乎？與其留此兩難之局以待皇上，何如及今斟酌盡善乎？且懿旨非皇上可改，此時不引伸明晰，將來皇上雖斟酌盡善，何敢自爲變通乎？此未妥者一也。廷議又謂繼統與建儲，文義似殊，而事體則一，似也。然列聖垂訓，原言嗣統之常，今則事屬創局，可讀意在存穆宗之統，與無故擅請建儲者有間，文義之殊，不待言矣。今廷議不分別詞意，漫謂我朝家法未能深知，則日前懿旨『卽是此意』之謂何，臣民不更滋疑乎？此未妥者又一也。」疏入，詔藏毓慶宮。其他，俄使來議約，朝鮮請通商，均有所獻納。

七年，授內閣學士，出典福建鄉試。旣蕆事，還朝，以在途納妾自劾罷，築室西山，往居之。是冬，皇太后萬壽祝嘏，賞三品秩。十六年，卒。

子壽富，庶吉士。庚子，拳匪亂，殉難，自有傳。

宗室盛昱，字伯熙，隸滿洲鑲白旗，肅武親王豪格七世孫。祖敬徵，協辦大學士。父恆恩，左副都御史。盛昱少慧，十歲時作詩用「特勤」字，據唐闕特勤碑證新唐書突厥「純特勒」爲「特勤」之誤，繇是顯名。光緒二年進士，既，授編修，益厲學，討測經史、輿地及本朝掌故，皆能詳其沿革。累遷右庶子，充日講起居注官。

閩浙總督何璟、巡撫劉秉璋收降臺匪黃金滿，盛昱劾璟等長惡養奸，請下吏嚴議，發金滿黑龍江、新疆安置。尙書彭玉麟數辭官不受職，劾其自便身圖，啓功臣驕蹇之漸。浙江按察使陳寶箴陛見未行，追論官河南聽獄不愼，罷免；張佩綸劾其留京干進，寶箴疏辯，盛昱言其嘵嘵失大臣體，請再下吏議。朝鮮之亂也，提督吳長慶奉北洋大臣張樹聲檄，率師入朝，執大院君李昰應以歸，時詫爲奇勳。盛昱言：「出自誘劫，不足言功，徒令屬國寒心，友邦騰笑。宜嚴予處分，俾中外知非朝廷本意。」爲講官未半載，數言事，士論推爲謇諤。

十年，遷祭酒。法越搆釁，徐延旭、唐炯坐失地逮問，盛昱言：「逮問疆臣而不明降諭旨，二百年來無此政體。」幷劾樞臣怠職。太后怒，罷恭親王奕訢等，而詔醇親王奕譞入樞府。盛昱復言：「醇親王分地綦崇，不宜嬰以政務。」其夏，命廷臣會議和戰大局，盛昱主速戰，力陳七利，謂：「再失事機，噬臍無及。」

盛昱爲祭酒，與司業治麟究心教士之法，大治學舍，加膏火，定積分日程，懲游惰，獎樸學，士習為之一變。十四年，典試山東。明年，引疾歸。盛昱家居有清譽，承學之士以得接言論風采為幸。二十五年，卒。

張佩綸，字幼樵，直隸豐潤人。父印塘，官安徽按察使，卒於軍。佩綸，成同治十年進士，以編修大考擢侍講，充日講起居注官。時外侮亟，累疏陳經國大政，請敕新疆、東三省、臺灣嚴戒備，杜日、俄窺伺。晉、豫飢，畿輔旱，迺引祖宗成訓，請上下交儆，條四目以進：曰誠祈，曰集議，曰恤民，曰省刑。恭親王奕訢遭讒搆，復請責王竭誠負重，上嘉納之。通政使黃體芳繼陳災狀，語稍激，絓吏議，佩綸力爭，被宥。尋丁憂，服竟，起故官。時琉球已亡，法圖越南亟，佩綸曰：「亡琉球則朝鮮可危，棄越南則緬甸必失。」因請建置南北海防，設水師四大鎮；又薦道員徐延旭、唐炯知兵堪任邊事，並招致劉永福黑旗兵為己用。是時吳大澂、陳寶琛好論時政，與寶廷、鄧承修輩號「清流黨」，而佩綸尤以糾彈大臣著一時。如侍郎賀壽慈，尚書萬青藜、董恂，皆被劾去。

光緒八年，雲南報銷案起，王文韶以樞臣掌戶部，臺諫爭上其受賕狀，上方意任隆密，迺援乾隆朝梁詩正還家侍父事，請令引嫌乞養，不報；又兩疏劾之，遂罷文韶，而擢佩綸署左副都御史，晉侍講學士。明年，法越搆衅，佩綸章十數上，朝廷始遣兵征土寇、綴敵勢，法人不便其所爲，佯議和，而陰使人攻陷南定。佩綸請乘法兵未集，敕粵督遣水師護越都，而樞臣狃和局，慮佩綸梗議，令往陝西按事。已而法果襲順化，脅越與盟，越事益壞。使歸，命在總理各國事務衙門行走。

十年，法人聲內犯，佩綸謂越難未已，黑旗猶存，萬無分兵東來理，請毋罷戍啓戎心，上韙之。詔就李鴻章議，遂決戰，令以三品卿銜會辦福建海疆事。佩綸至船廠，環十一艘自衞，各管帶白非計，斥之。法艦集，戰書至，衆聞警，謁佩綸亟請備，仍叱出。比見法艦升火，始大怖，遣學生魏瀚往乞緩，未至而礮聲作，所部五營潰，其三營殲焉。佩綸遁鼓山麓，鄉人拒之，曰：「我會辦大臣也！」拒如初。翼日，逃至彭田鄉，猶飾詞入告，朝旨發帑犒之，命兼船政。嗣聞馬尾敗，止奪卿銜，下吏議。閩人憤甚，於是編修潘炳年、給事中萬培因等先後上其罪狀。時已坐薦唐炯、徐延旭褫職，至是再論戍。居邊釋還，鴻章再延入幕，以女妻之。甲午戰事起，御史端良劾其干預公事，命逐回籍。庚子議和，鴻章薦其諳交涉，詔以編修佐辦和約。既成，擢四五品京堂，稱疾不出。三十四年，卒。

何如璋，字子峩，籍廣東大埔。同治七年進士，選庶吉士，授編修。以侍讀出使日本。歸，授少詹事，出督船政。承鴻章旨，狃和議，敵至，猶嚴諭各艦毋妄動。及敗，藉口押銀出奔，所如勿納，不得已，往就佩綸彭田鄉。佩綸慮敵蹤跡及之，紿如璋出。士論謂閩事之壞，佩綸爲罪魁，如璋次之。如璋亦遣戍。後卒於家。

鄧承修，字鐵香，廣東歸善人。舉咸豐十一年鄉試，入貲爲郎，分刑部。轉御史，遭憂歸。光緒初，服闋，起故官。與張佩綸等主持清議，多彈擊，號曰「鐵漢」。先後疏論闈姓賭捐，大乖政體；關稅侵蝕，嬰害庫帑；以考場積弊，陳七事糾正之；吏治積弊，陳八事肅澄之。又劾總督李瀚章失政，左副都御史崇勳無行，侍郎長敍等違制，學政吳寶恕、葉大焯，布政使方大湜、龔易圖，鹽運使周星譽諸不職狀。會邊警，糾彈舉朝慢弛，請召還左宗棠柄國政。逾歲，彗星見，則又言宗棠蒞事數月，未見設施，而因推及寶鋆、王文韶之昏眊，請罷斥，回天意。是時文韶方嚮用，權任轉重，會雲南報銷案起，又嚴劾之，仍不允。久之，遷給事中。

時朝鮮亂平，琉球案未結，上言簡知兵大臣駐煙臺，厚集南北洋戰艦番巡，留吳長慶軍戍朝互犄角。越南亂作，法人襲順化，復請詔百官廷議定國是，皆不報。十年，越事益壞，首劾徐延旭、唐炯失地喪師，趙沃、黃桂蘭擁兵僨事，宜肅國憲。其夏，法人願媾和，承修聯合臺諫上書，極言和議難恃。旋與司業潘衍桐密上間敵五策，並劾李鴻章定和之疏，嫉劉永福敢戰，言之憤絕。亡何，法果敗盟，侵臺灣雞籠，樞臣議和戰未決。於是承修再陳三策：「法所恃爲援者西貢、東京。我若師分三路，亟攻越南，彼將自救不暇，策之上也。分兵爲守，敵至則戰，敵退不追，老師靡餉，利害共之，策之中也。若慮餉詘運阻，不敢言戰，則其禍不勝言矣，是謂無策。」補鴻臚寺卿，充總理各國事務大臣。自此陳說兵事，章凡十三上，多見採納。嗣以中允樊恭煦獲譴，上疏營救，坐鐫秩。明年，赴天津佐鴻章與法使巴特納商和約，定新約十款。還，乞歸省。

未出都，命赴廣西與法使會勘中、越分界，至則單騎出關會法使浦理燮。浦理燮欲先勘原界，承修據約先欲改正界限，不相下，乃陽以文淵、保樂、海寧歸我，而陰電其駐京使臣，詆承修違約爭執，謂非先勘原界，勢將罷議。朝廷不獲已，許之。承修遂有三難二害之電奏，略言：「附界居民，不願隸法，先勘原界，慮滋事變，難一。保樂牧馬，游勇獷盛，道路梗阻，難二。原界碑折，十不存五，巉崗聳巘，瘴雨炎翳，人馬不前，難三。且原界既勘，彼必颺去，新界奚論？駈驢、文淵俱不可得，關門失險，戰守兩難，害一。文淵既失，北無寸地，關內通商，勢將迫脅，越既不存，粵將焉保？害二。」疏入，不省。

十二年，法人別遣狄隆、狄塞爾來會。適法官達魯倪思海至者蘭，爲越人擊殺。狄使懼，又恥而諱其事，堅請按圖畫界，朝旨報可。於是首議江平、黃竹、白龍尾各地割隸越。承修指圖籍抗爭，狄使不能屈，欲分白龍尾半之左歸我而右歸越。承修以其地爲欽海外戶，法得之則內偪防城，外斷東興、思勒，是無欽、廉也。議久之，暫與定約三條，猶未決，而狄使竟以兵力驅江平、黃竹居民內徙。朝廷慮啓邊釁，命先勘欽西至桂省全界，承修遂與訂定清約，語詳邦交志。十三年，具約本末以上，復官。十四年，謝病歸，主講豐湖書院，讀書養母。十七年，卒於惠州。

徐致祥，字季和，江蘇嘉定人。咸豐十年進士，選庶吉士，授編修。晉中允，典試山東。累遷內閣學士，督順天學政。遭憂去，服闋，起故官。光緒十年，法越搆兵，德璀琳以和議進，朝旨未決。致祥上三策，謂：「決戰宜速，任將宜專，軍勢宜聯。」閩事棘，言何璟、張兆棟無幹濟才，而薦楊岳斌、張佩綸堪重任，頗嘉納。時議築鐵路，致祥聞而惡之，痛陳八害，並請力闢邪說，亟修河工，上責其誕妄，鐫三級。越二年，鐵路議再起，又再阻止之。先後封事十數上，而惓惓於抑奄寺，治河工，爲時論所美。歷典福建、廣東鄉試。十八年，授大理寺卿，連劾樞臣禮親王世鐸、山西巡撫阿克達春，而糾彈張之洞尤不遺餘力。尋命視學浙江，有嚴名。

中日之役，我師敗績，上奕劻、李鴻章誤國狀，請逮葉志超、衞汝貴等寘之法，而畀馮子材、劉永福以征討名號，庶可振國威、作士氣。會山東教案起，德使海靖勒罷李秉衡職。致祥曰：「昔歲罷劉秉璋，今茲罷李秉衡，是朝廷黜陟之大權操之敵人也。爲請顧全國體，毋慴敵。」私念國是不振，亂未有已，迺援引聖祖篤信朱子垂爲家法往事，請舉行經筵以輔聖德，皆不報。秩滿，還朝，遷兵部右侍郎。二十四年，上違豫，衆情驚疑，復以輔導君德之說進。

是時國家多故，聖嗣尚虛，致祥爲重國本計，略言：「昔宋眞宗取宗室子養之宮中，逮仁宗旣生，卽遣歸邸；厥後仁宗、高宗、理宗皆踵行之。有子而遣養子歸邸者，眞宗是也。無子而卽以養子傳授神器者，仁宗之於英宗，高宗之於孝宗，理宗之於度宗是也。今以宗社繫託之重，臣民屬望之切，深維至計，取則前朝，愼選近支宗室兄弟之子數人，擇親擇賢，入侍禁中，止以爲子，不以爲儲，恪遵家法，旣可默察其賢否，徐以俟皇子之生。則皇上未有子而有子，皇太后未有孫而有孫，而穆宗付託之大業，亦繼承有屬矣。」迺未幾，果有立溥儁爲大阿哥事。二十五年，卒。

論曰：體芳、寶廷、佩綸與張之洞，時稱翰林四諫，有大政事，必具疏論是非，與同時好言事者，又號「清流黨」。然體芳、寶廷議承大統，惓惓忠愛，非佩綸等所能及也。承修以搏擊爲能，致祥以誕妄受責，君子譏之。唯盛昱言不妄發，潔身早退，庶超然無負淸譽歟？

清史稿卷四百四十五

列傳二百三十二

吳可讀 潘敦儼 朱一新 屠仁守 吳兆泰 何金壽 安維峻

文悌 江春霖

吳可讀，字柳堂，甘肅皋蘭人。初以舉人官伏羌訓導。道光三十年，成進士，授刑部主事。晉員外郎，遭憂去，主講蘭山書院。會撒拉番蠢動，被命佐團練。服闋，起故官。遷吏部郎中，轉御史。各國使臣請覲，議禮久未決，可讀請免拜跪，時論韙之。烏魯木齊提督成祿誣民爲逆，擊殺多人，虛飾勝狀，爲左宗棠所劾。可讀繼陳其罪有可斬者十，不可緩者五，尋逮問，讞上論斬，廷臣請改監候。可讀憤甚，復疏爭：「請斬成祿以謝甘民，再斬臣以謝成祿。」語過戇直，被訶責，鐫三級。歸，復掌教蘭山。踰年，穆宗崩，德宗纘業，起吏部主事。

光緒五年，穆宗奉安惠陵，自請隨赴襄禮。還次薊州，宿廢寺，自縊，未絕，仰藥死，於懷中得遺疏，則請爲穆宗立嗣也。其言曰：「罪臣聞治不諱亂，安不忘危。危亂而可諱忘，則進苦口於堯舜，爲無疾呻吟，陳隱患於聖明，爲不祥舉動。罪臣前因言事獲譴，蒙我先皇帝曲賜矜全，免臣以斬而死，以囚而死，以傳訊觸忌而死。犯三死而未死，不求生而再生，則今日罪臣未盡之餘年，皆我先皇帝數年前所賜也。欽奉兩宮皇太后懿旨，以醇親王之子承繼文宗顯皇帝爲子，入承大統爲嗣皇帝，俟嗣皇帝生有皇子，卽承繼大行皇帝爲嗣。我皇上仁孝性成，承我兩宮皇太后授以寶位，將來千秋萬歲時，必能以我兩宮皇太后今日之心爲心。而在廷之忠佞不齊，卽衆論之異同不一。以宋初宰相趙普之賢，而猶首背杜太后；以明大學士王直之爲舊臣，而猶以黃竑請立景帝太子一疏不出我輩爲愧。賢者如此，遑問不肖？舊人如此，奚責新進？名位已定者如此，況在未定。惟有仰求我兩宮皇太后再降諭旨，將來大統，仍歸大行皇帝嗣子，嗣皇帝雖百斯男，中外臣工均不得以異言進。如此，則猶是本朝子以傳子之家法，而我大行皇帝未有子而有子，卽我兩宮皇太后未有孫而有孫，異日繩繩揖揖相引於萬代者，皆我兩宮皇太后所自出而不可移易者也。彼時罪臣卽欲有言，繼思降調不得越職言事。今逢我大行皇帝奉安山陵，恐積久漸忘，則罪臣昔日所留以有待者，今則迫不及待矣。謹以我先皇帝所賜餘年，爲我先皇帝上乞數行懿旨，惟望我兩宮皇太后、我皇上憐其哀鳴，勿以爲無疾呻吟、不祥舉動，則罪臣雖死無憾。尤願我兩宮皇太后、我皇上體聖祖、世宗之心，調劑寬猛，養忠厚和平之福，任用老成；毋爭外國之所獨爭，爲中華留不盡；毋創祖宗之所未創，爲子孫留有餘。罪臣言畢於斯，命畢於斯，謹以大統所繫上聞。」吏部奏諸朝，詔憫其忠，予優卹。下羣臣議，遂定以繼德宗之統爲穆宗之子，無異論。

可讀臨歿遺書與其子之桓，謂出薊州一步卽非死所。之桓遂成其遺志，葬薊州。都人卽所居城南舊宅祠祀之。

有潘敦儼者，字淸畏，籍江寧，總督鐸子。以任子官工部郎中，遷御史。默念穆宗嗣統未有定議，孝哲毅皇后又仰藥殉，遂疏請表揚穆后潛德，更諡號，並解醇親王奕譞職任，詔嚴斥奪職。歸隱於酒，閱二十餘年，卒。

朱一新，字蓉生，浙江義烏人。鄉舉對策語觸時忌，主司李文田特拔之。入貲爲內閣中書。光緒二年，成進士，選庶吉士，授編修。法越事起，數上書主戰，又嘗畫海防策，語至切要。典湖北鄉試，稱得士。十一年，轉御史，連上封事，言論侃侃，不避貴戚。內侍李蓮英漸著聲勢。逾歲，醇親王奕譞閱海軍，蓮英從，一新憂之。而適值山東患河，燕、晉、蜀、閩患水，遂以遇災修省爲言，略曰：「我朝家法，嚴馭宦寺。世祖宮中立鐵牌，更億萬年，昭爲法守。聖母垂簾，安得海假采辦出京，立寘重典。皇上登極，張得喜等情罪尤重，謫配爲奴。是以綱紀肅然，罔敢恣肆。迺今夏巡閱海軍之役，太監李蓮英隨至天津，道路譁傳，士庶駭愕，意深宮或別有不得已苦衷，匪外廷所能喻。然宗藩至戚，閱軍大典，而令刑餘之輩廁乎其間，其將何以詰戎兵崇體制？況作法於涼，其弊猶貪。唐之監軍，豈其本意，積漸者然也。聖朝法制修明，萬無慮此。而涓涓弗塞，流弊難言，杜漸防微，亦宜垂意。從古閹宦，巧於逢迎而昧於大義，引援黨類，播弄語言，使宮闈之內，疑貳漸生，而彼得售其小忠小信之爲，以陰竊夫作福作威之柄。我皇太后、皇上明目達聽，豈有跬步之地而或敢售其欺？顧事每忽於細微，情易溺於近習，侍御僕從，罔非正人，辨之宜早辨也。」疏上，太后怒，詰責疏言「苦衷」何指？一新曰：「臣所謂『不得已苦衷』者，意以親藩遠涉，內侍隨行，藉以示體恤、昭慎重也。顧在朝廷爲曲體，在臣庶則爲創見。風聞北洋大臣以座船迎醇親王，王弗受，而太監隨乘之，至駭人觀聽。一不謹慎，流弊遂已至斯，臣所爲不能已於言也。」詔切責，降主事。乞終養歸。

張之洞督粵，建廣雅書院，延爲主講。一新博極羣書，洞知兩漢及宋、明諸儒家法，務通經以致用。諸生有聰穎尚新奇者，必導而返諸篤實正大，語具所箸無邪堂答問中。卒，年四十有九。

屠仁守，字梅君，湖北孝感人。同治十三年進士，選庶吉士，授編修。光緒中，轉御史。時政出多門，仁守因天變請修政治，條上六事，曰：杜諉卸，開壅蔽，愼動作，抑近習，軫民瘼，重國計，而歸本於大公至正、敬天勤民，疏上不省。又以海軍報効，雜進無次，僥倖日多。仁守痛陳五弊：資敍不計，弊一；名器冒濫，弊二；勸懲倒置，弊三；求益得損，財計轉虧，弊四；驅儈朋侵，莫可究詰，弊五。五弊既滋，迺生三患：患病民，患妨賢，患隳紀綱法度。「特以自海軍衙門達之，奉懿旨行之，毋或敢貿然入告，遂使謗騰衢路，而朝廷不聞，患伏隱微，而朝廷不知，羣小得志，寵賂滋張。若不停止，卽承平無事，猶或召亂，況時局孔艱乎？」疏入，詔從之，權貴益側目。

十五年，太后歸政，仁守慮僉人讒搆兩宮，易生嫌隙，疏請依高宗訓政往事：「凡部院題本、尋常奏事，如常例；外省密摺、廷臣封奏，仍書皇太后、皇上聖鑒，俟慈覽後施行。」並請太后居慈寧宮，節游觀。詔嚴責，革職永不敍用。既歸，主講山西令德堂。二十六年，兩宮西狩，起用五品京堂，授光祿寺少卿。尋卒。

吳兆泰，字星階，籍麻城。與仁守友善，互相厲以道義。光緒二年進士，閱十年，以編修考授御史。時國防廢弛，海軍尤不振，朝廷迺移其費修頤和園。兆泰上疏力爭，略謂：「畿輔奇災，嗷鴻徧野，僵仆載塗，此正朝廷減膳徹樂之時，非土木興作之日。乞罷園工，以慰民望，以光繼列祖列宗儉德。」太后怒，罷其官。歸里後，歷主龍泉、經心書院講席，充學務公所議長。宣統二年，卒。

其先有何金壽者，字鐵生，籍江夏。同治元年一甲二名進士，授編修。出督河南學政，還充日講起居注官。光緒二年，晉饑，上儲糧平糶策。越二年，畿輔旱，金壽曰：「此樞臣可盡彈也！」迺援漢代天災策免三公爲言，請罷樞臣、回天意。越日，命下，恭親王奕訢等五人並褫職留任，直聲震一時。五年，復瀝陳時弊，斥言中外臣工皆瞻徇，侃侃不撓。上以所奏爲祛積習，特宣示。忤當軸意，出知江蘇揚州府。未出都，會崇厚與俄定約，敕下廷臣議。金壽引西國上下議院例，請資衆論，折强敵。逾歲到官，錄築隄功，賜三品服。八年秋，禱雨中暍，病卒，貧不能歸葬。總督左宗棠等上其事於朝，謂有古循吏風云。

安維峻，字曉峯，甘肅秦安人。初以拔貢朝考，用七品小京官。光緒六年，成進士，改庶吉士，授編修。十九年，轉御史。未一年，先後上六十餘疏。日韓釁起，時上雖親政，遇事必請太后意旨，和戰不能獨決，及戰屢敗，世皆歸咎李鴻章主欵。于是維峻上言：「李鴻章平日挾外洋以自重，固不欲戰，有言戰者，動遭呵斥。淮軍將領望風希旨，未見賊先退避，偶見賊卽驚潰。我不能激勵將士，決計一戰，乃俯首聽命于賊。然則此舉非議和也，直納款耳，不但誤國，而且賣國。中外臣民，無不切齒痛恨。而又謂和議出自皇太后，太監李蓮英實左右之，臣未敢深信。何者？皇太后旣歸政，若仍遇事牽制，將何以上對祖宗，下對天下臣民？至李蓮英是何人斯，敢干政事乎？如果屬實，律以祖宗法制，豈復可容？唯是朝廷受李鴻章恫喝，不及詳審，而樞臣中或係私黨，甘心左袒，或恐決裂，姑事調停。李鴻章事事挾制朝廷，抗違諭旨。唯冀皇上赫然震怒，明正其罪，布告天下，如是而將士有不奮興，賊人有不破滅者，卽請斬臣以正妄言之罪。」疏入，上諭：「軍國要事，仰承懿訓遵行，天下共諒。乃安維峻封奏，託諸傳聞，竟有『皇太后遇事牽制』之語，妄言無忌，恐開離間之端。」命革職發軍臺。維峻以言獲罪，直聲震中外，人多榮之。訪問者萃于門，餞送者塞于道，或贈以言，或資以贐，車馬飲食，衆皆爲供應。抵戍所，都統以下皆敬以客禮，聘主講掄才書院。二十五年，釋還，遂歸里。三十四年，起授內閣侍讀，充京師大學總教習。宣統三年，復辭歸。越十有五年，卒。

維峻崇樸實，尙踐履，不喜爲博辨，尤嚴義利之分。歸後退隱柏崖，杜門著書，隱然以名教綱常爲己任。每談及世變，輒憂形於色，卒抑鬱以終。著有四書講義、詩文集。

文悌，字仲恭，瓜爾佳氏，滿洲正黃旗人。以筆帖式歷戶部郎中，出爲河南知府，改御史。光緒二十四年，變法詔下，禮部主事王照應詔上言，尙書許應騤不爲代奏。御史宋伯魯、楊深秀聯名劾以守舊迂謬，阻撓新政，諭應騤明白回奏，覆奏稱珍惜名器，物色通才，並辭連工部主事康有爲，請罷斥驅逐。奏上，以抑格言路，首違詔旨，禮部尙書、侍郎皆革職，賞照四品京堂。

文悌以言官爲人指使，黨庇報復，紊亂臺諫，遂上疏言：「康有爲向不相識，忽踵門求謁，送以所著書籍，閱其著作，以變法爲宗。而尤堪駭詫者，託辭孔子改制，謂孔子作春秋西狩獲麟爲受命之符，以春秋變周爲孔子當一代王者。明似推崇孔子，實則自申其改制之義。乃知康有爲之學術，正如漢書嚴助所謂以春秋爲蘇秦縱橫者耳。及聆其談治術，則專主西學，以師法日本爲良策。如近來時務、知新等報所論，尊俠力，伸民權，興黨會，改制度，甚則欲去拜跪之禮儀，廢滿、漢之文字，平君臣之尊卑，改男女之外內。直似只須中國一變而爲外洋政教風俗，卽可立致富强，而不知其勢小則羣起鬭爭，立可召亂；大則各便私利，賣國何難？曾以此言戒勸康有爲，乃不思省改，且更私聚數百人，在輦轂之下，立爲保國會，日執途人而號之曰：『中國必亡，必亡！』以致士夫惶駭，庶衆搖惑。設使四民解體，大盜生心，藉此以集聚匪徒，招誘黨羽，因而犯上作亂，未知康有爲又何以善其後？曾令其將忠君愛國合爲一事，勿徒欲保中國而置我大淸於度外，康有爲亦似悔之。又曾手書御史名單一紙，欲臣倡首鼓動衆人伏闕痛哭，力請變法。當告以言官結黨爲國朝大禁，此事萬不可爲。以康有爲一人在京城任意妄爲，徧結言官，把持國事，已足駭人聽聞；而宋伯魯、楊深秀身爲臺諫，公然聯名庇黨，誣參朝廷大臣，此風何可長也！伏思國家變法，原爲整頓國事，非欲敗壞國事。譬如屋宇年久失修，自應招工依法改造，若任三五喜事之徒曳之傾倒，而曰非此不能從速，恐梁棟毀折，且將傷人。康有爲之變法，何以異是？此所以不敢已於言也。」疏上，斥回原衙門行走。

太后復訓政，賞文悌知府，旋授河南知府。二十六年，兩宮西狩，文悌迎駕，擢貴西道。乞病歸，卒。

江春霖，字杏村，福建莆田人。光緒二十年進士，選庶吉士，授檢討。二十九年，轉御史，首論都御史陸寶忠干烟禁，不宜爲臺長，劾親貴及樞臣疆臣，章凡數十上。德宗季葉，袁世凱出督畿輔，入贊樞廷，權勢傾一時。春霖獨論列十二事，謂：「洪範有言：『臣之有作威作福，其害於爾家，凶於爾國。』左氏傳云：『受君之祿，是以聚黨，有黨而爭命，罪孰大焉？』今世凱所爲，其心卽使無他，其跡要難共諒。歷考史册所載權臣，大者貽憂君國，小者禍及身家。窺竊神器之徒，姑置勿論，卽功在社稷，如霍光、李德裕、張居正，亦以權寵太盛，傾覆相尋。今不獨爲國家計，宜加裁抑，卽欲使世凱子孫長守富貴，亦不可無善處之法。」嗣是糾彈世凱及慶親王奕劻父子，連上八疏，皆不報，然朝貴頗嚴憚之。

宣統改元，醇親王載灃旣攝政，其弟載洵、載濤分長軍諮、海軍，頗用事。春霖謂：「古者鄭寵共叔，失教旋譏，漢驕厲王，不容終病，載在史册，爲萬世戒。二王性成英敏，休戚相關，料不至蹈覆轍，而愼終於始，要宜杜漸防微。」又謂：「景皇帝以神器付之皇上，沖齡踐阼，軍國重事，監國攝政王主之。治同其樂，亂同其憂，國之不保，家於何寄？」篇末又言：「監國歲未及週，物議沸騰，至於此極。臣不禁爲祖宗三百年國祚效賈生痛哭流涕長太息矣！」明年，又劾江西巡撫馮汝騤謾欺狀，效宋臣包拯七上彈章，末復言：「是非不明，請將前後章奏明詔宣示，敕部平議。」語至戇直，被訶責。復劾奕劻老奸竊位，多引匪人；非特簡忠良，不足以贊大猷、挽危局。詞連尙書徐世昌，侍郎楊士琦、沈雲沛，總督陳夔龍、張人駿，巡撫寶棻、恩壽等十數人。朝旨再責之，令回原衙門行走。春霖遂稱疾歸。越八年，卒。

論曰：有淸列帝，家法最嚴，迨至季世，創制垂簾，於是閹寺漸肆，而親貴權要亦聲勢日著，雖有直言敢諫之士，無補危亡，亦盡其心焉而已。可讀尸諫，幸鑒孤忠。一新、仁守、維峻先後直言，皆以語侵太后獲罪。文悌言攻結黨，實啓黨爭，而春霖連劾權貴，言尤痛切，當國者終於不悟。又有太監寇連才，上書泣諫，請太后歸政，廢頤和園，且言：「不爲祖宗天下計，獨不自爲計？」終以違制被刑以死。建言又何得以閹官少之？類無可歸，故附見於此。

清史稿卷四百四十六

列傳二百三十三

郭嵩燾 弟崑燾　崇厚　曾紀澤　薛福成　黎庶昌 馬建忠
李鳳苞　洪鈞　劉瑞芬　徐壽朋　楊儒

郭嵩燾，字筠仙，湖南湘陰人。道光二十七年進士，選庶吉士，遭憂歸。會粵寇犯長沙，曾國藩奉詔治軍，嵩燾力贊之出。贛事亟，江忠源乞師國藩，國藩遣之往，從忠源守章門。是時寇艎集饒、瑞，分泊長江，因獻編練水師議，忠源韙之，令具疏請敕湖南北、四川製戰艦百餘艘。嗣以贛被圍久，船非可剋期造，迺先造巨筏，列礮其上，與陸師夾擊，寇引去。厥後用以塞湖口者即此筏也。湘軍名大顯。論功，授編修。還朝，入直上書房。咸豐九年，英人犯津沽，僧格林沁撤北塘備，嵩燾力爭之，議不合，辭去。

同治改元，起授蘇松糧儲道，遷兩淮鹽運使。庫儲竭，諸軍仰餔淮鹺者數十萬，嵩燾躬自製驗，配置各營。提督李世忠擁重兵行私鹺，亡誰何，益遣人捕治之，運政迺邕。明年，署廣東巡撫。寇偪陽山，亟使張運蘭擊卻之。詔安陷，饒平、大埔警，與總督瑞麟遣將防邊，追入詔安城，殺數千人，軍稍振。是時金陵克，罷釐捐議起，嵩燾陳說利害凡千餘言，事遂寢。僞森王侯玉山避匿香港，恃英爲護符，官吏莫能捕。嵩燾援公法與爭，執以歸，論斬。而瑞麟遽張其功，以率兵往捕聞，嵩燾力止之，不可。英人大恚，數移牒詰責。

初，毛鴻賓督粵，事皆決於幕僚徐灝。瑞麟繼至，灝益横。嵩燾銜之，上疏論軍情數誤，劾逐灝，並自請罷斥。事下左宗棠，宗棠言其迹近負氣，被訶責。左、郭本姻家。宗棠先厄於官文，罪不測，嵩燾爲求解肅順，並言於同列潘祖蔭，白無他，始獲免，至是宗棠竟不爲疏辨。嵩燾念事皆繇督撫同城所誤，逾歲解職，遂上疏極論其弊，不報。

光緒元年，授福建按察使，未上，命直總署。擢兵部侍郎、出使英國大臣，兼使法。英人馬加理入滇邊遇害，嵩燾疏劾岑毓英，意在朝廷自罷其職，藉箝外人口也。而一時士論大譁，謂嵩燾媚外。嵩燾言既不用，英使威妥瑪出都，邦交幾裂。嵩燾又欲以身任之，上言：「交涉之方，不外理、勢。勢者人與我共，可者與，不可者拒。理者所以自處。勢足而理直，固不可違；勢不足而別無可恃，尤恃理以折。」因條列四事以進。而郎中劉錫鴻者，方謀隨嵩燾出使，慮疏上觸忌，遏之，比嵩燾覺，始補上，而事已無及。既莅英，錫鴻爲副使，益事事齮齕之，嵩燾不能堪，乞病歸，主講城南書院。

未幾，而俄事棘。崇厚以辱國論死，羣臣多主戰，徵調騷然。嵩燾於是條上六事：曰收還伊犂，歸甘督覈議；曰遣使議還伊犂，當赴伊會辦；曰直截議駁，暫聽俄人駐師；曰駐英、法公使不宜遣使俄；曰議定崇厚罪名，當稍準萬國公法；曰廷臣主戰，止一隅見，當斟酌情理之平。上嘉其見確。已而召曾紀澤使俄，卒改約。

嵩燾雖家居，然頗關心君國。朝鮮亂作，法越衅開，皆有所論列。逮馬江敗，恭親王奕訢等去位，言路持政府益亟，嵩燾獨憂之。嘗言：「宋以來士夫好名，致誤人家國事。託攘外美名，圖不次峻擢；洎事任屬，變故興，遷就倉皇，周章失措。生心害政，莫斯爲甚！」是疏傳於外，時議咸斥之。及庚子禍作，其言始大驗，而嵩燾已於十七年卒矣。箸有禮記質疑四十九卷，大學中庸質疑三卷，訂正家禮六卷，周易釋例四卷，毛詩約義二卷，綏邊徵實二十四卷，詩文集若干卷。

其弟崑燾，字意城。以舉人參張亮基戎幕，與宗棠俱。李開方擾湖北，自懷慶折而南，武昌夜半得報，亟調師會鵝公頸。驟遇寇，寇出不意，大擾亂，遂斬開方，殲其軍。報至，亮基始知之，崑燾恆以是自喜。駱秉章撫湘，崑燾從國藩東征，宗棠援浙，軍資並倚之。由國子監助教歷加四品卿。後劉崐討黔苗，崑燾久引疾歸，力起贊軍事。苗將平，又辭去。光緒八年，卒。

崇厚，字地山，完顏氏，內務府鑲黃旗人，河督麟慶子。道光二十九年舉人。選知階州，歷遷長蘆鹽運使。咸豐十年，署鹽政，疏請停領餘引，代銷滯引，依永平低價。會僧格林沁治畿輔水田，又勸墾葛沽、鹽水沽沃鹵地四千二百餘畝。明年，充三口通商大臣。又明年，遷大理寺卿，仍留津與英、法重修租界條約。同治改元，以兵部侍郎參直隸軍事，尋署總督。時葡萄牙遣使入京乞換約，崇厚牒請總署摽勿受。法使哥士耆緩頰，始蒞津，朝命崇厚承其事。次年，諭遏冀州竄匪，坐失機，被責。已而丹使踵葡例，拒如初。復命爲全權大臣，訂約五十五條，通商章程九款。自是而荷、而日、而比、而意、而奧，皆遣使求取，並爲延款，語具邦交志。復建議設北洋機器局城南分局，城堞礮臺與郡城遙相峙。五年，貸款墾海河北岸，首邢家沽訖臥河村，中洩爲渠，闢稻田可五百頃，手訂試墾章程，於是兩岸爲沃野。九年，津郡民、教失和，被議。事寧，朝廷遣使修好，命充出使法國大臣，是爲專使一國之始，然事畢即返。歷署戶部、吏部侍郎。

光緒二年，署奉天將軍，疏請擇地設官，置寬甸、懷仁、通化三縣，增邊關兵備道，升昌圖爲府，改八家鎮爲縣，徙經歷駐康家屯，改梨樹城爲廳，徙照磨駐八面城；其通判、知縣並加理事同知銜，兼治蒙民，議行。先後疏論吉林積弊，請辦馬賊，懲聚博，淸積訟，覈荒地，除金匪。又以私墾圍場者衆，爲懇寬其既往，已墾者量丈升科，未墾者擇地安插，仍留隙地以講武，稱旨。

四年，俄界回寇擾邊，與其外部格爾斯合力禁止。其秋，授出使俄國大臣，加內大臣銜，晉左都御史。明年，赴俄。初，左宗棠進兵伊犂，乘俄土戰爭，要俄人退去庫爾札，俄人多所挾求。至是，崇厚抵利伐第亞謁俄皇達使命，貿然與訂和約：一，自嘉峪關逕西安、漢中達漢口，俄有通商權；一，自松花江至伯都訥，貿易自由；一，自蒙古及天山南北輸入商品，不課稅金；一，自西伯利亞至張家口，歸俄敷設鐵道；一，自陝甘至漢口，旣榷常稅，其雜稅槪免；一，嘉峪關、科布多、哈密、吐魯番、烏魯木齊、庫車置領事官；一，凡俄國臣民旅華，許攜銃器；一，伊犂城及旁近地，凡俄所有土地及建築物，不在還付例。約成，朝野譁然，於是修撰王仁堪、洗馬張之洞等交章論劾。上大怒，下崇厚獄，定斬監候，以徇俄人請，貸死，仍羈禁。更遣曾紀澤往俄更約，爭回伊犂南路七百餘里，嘉峪關諸地緩置官。

十年，崇厚輸銀三十萬濟軍，釋歸。遇太后五旬萬壽，隨班祝嘏，朝旨依原官降二級，賞給職銜。十九年，卒，年六十有七。

曾紀澤，字劼剛，大學士國藩子。少負雋才。以廕補戶部員外郎。父憂服除，襲侯爵。光緒四年，充出使英法大臣，補太常寺少卿，轉大理寺。六年，使俄大臣崇厚獲罪去，以紀澤兼之。

先是俄乘我內亂，據伊犂，及回部平，迺舉以還我，議定界、通商。崇厚不請旨，遽署押，所定約多失權利，因詔紀澤兼使俄，議改前約。俄以崇厚罹大辟，怫甚。紀澤慮礙交涉，請貸崇厚死，上許之，論監禁。紀澤迺疏言：「伊犂一役，辦法有三：曰戰，守，和。言戰者，謂左宗棠等席全勝之勢，不難一戰。臣竊謂伊犂地形巖險，俄爲强敵，非西陲比。兵戎一啓，後患滋長。東三省與俄毘連，根本重地，防不勝防。或欲游說歐邦，使相牽制，是特戰國之陳言耳。各邦雖外和內忌，而協以謀我則同，孰肯出而相助？言守者，則謂伊犂邊境，若多糜巨帑以獲之，是騖荒遠、潰腹心也，不如棄而勿收。不知開國以來，經營西域者至矣。聖祖、世宗不憚勤天下力以征討之，至乾隆二十二年，伊犂底定，腹地始得安枕。今若棄之，如新疆何？說者謂姑紓吾力以俟後圖。不知左宗棠等軍，將召之使還乎？則經界未明，緩急何以應變？抑任其逍遙境上，則難於轉餉，銳氣坐銷。是今日之事，戰、守皆不足恃，仍不外言和。和亦有辦法三：曰分界，通商，償欵其小者也。即通商亦較分界爲輕。何以言之？西國定約之例，有常守不渝者，亦有隨時修改者。不渝者，分界是也。此益則彼損。是以定約之時，其難其愼。修改者，通商是也。若干年修改一次。條文之不善，商務之受損，正賴此修改之年可以換約，固非彼族所得專也。俄約經崇厚議定，俄君署押，今欲全數更換，勢所不能。臣愚以爲分界既屬常守之局，必當堅持力爭。若通商各條，惟當去其太甚，其餘從權應允，俟諸異日之修改，庶和局可終保全。不然，事機決裂，必須聲罪致討，此戰之說也。廟堂勝算，固非使臣所敢議也。不然，暫置伊犁勿論，此守之說也。是邊界不可稍讓，而全境轉可盡捐，臣亦未敢以爲是也。再不然，姑先爲駁議，俟不得已時酌量允之，此和之說也。是迺市井售物嘗試之術，非所以敦信義、馭遠人也。蓋準駁貴有一定之計，勿致後日迫於事勢，復有後允之條。今臣至俄都，但言兩國和好，自應遣使通誠。至辨論公事，傳達語言，係使臣職分，俟接奉本國文牘，再行商議。如此立言，庶不至見拒隣邦，貽國羞辱。臣駑下，唯有懍遵聖訓，不激不隨，冀收得尺得寸之功，稍維大局。」

及至俄，日與俄外部及駐華公使布策等反復辨論，凡數十萬言，十閱月而議始定。崇厚原約，僅得伊犁之半，巖險屬俄如故。紀澤爭回南境之烏宗島山、帖克斯川要隘，然後伊犁拱宸諸城足以自守，且得與喀什噶爾、阿克蘇諸城通行無阻。其他分界及通商條文，亦多所釐正焉。七年，遷宗人府府丞、左副都御史。秩滿，留任三載。

法越搆釁，紀澤與法抗辯不稍屈，疏陳備禦六策。十年，晉兵部侍郎。與英人議定洋藥稅釐，歲增銀六百餘萬。明年，還朝，轉入總理各國事務衙門。調戶部，兼署刑部、吏部各侍郎。十六年，卒，加太子少保，諡惠敏。子廣鑾，左副都御史；廣銓，兵部員外郎。

薛福成，字叔耘，江蘇無錫人。以副貢生參曾國藩戎幕，積勞至直隸州知州。光緒初元，下詔求言，福成上治平六策，又密議海防十事。時總稅務司赫德喜言事，總署議授爲總海防司，福成上書力爭，迺止。八年，朝鮮亂，張樹聲代李鴻章督畿輔，聞變，將牒總署奏請發兵。福成慮緩則蹈琉球覆轍，請速發軍艦東渡援之。亂定，以功遷道員。

十年，授寧紹台道。法蘭西敗盟，搆兵越南，詔緣海戒嚴。寧波故浙東要衝也，方是時，提督歐陽利見頓金雞山，楊岐珍頓招寶山，總兵錢玉興分守要隘。諸將故等夷，不相統攝。巡撫劉秉璋檄福成綜營務，調護諸將，築長牆，釘叢椿，造電綫，淸間諜，絕嚮導與窺伺。其南洋援臺三艦爲法人追襲，駛入鎭海口，復令其合力守禦。謀甫定而寇氛逼矣，再至，再卻之，卒不得逞而去。十四年，除湖南按察使。

明年，改三品京堂，出使英法義比四國大臣，歷光祿、太常、大理寺卿，留使如故。未幾，坎巨提來乞師。坎故羈縻回部，自英滅克什米爾，遂爲所屬。近且築路貫其境，坎拒之，戰弗勝，迺求援，朝旨使福成詰其故。福成晤英外部沙力斯伯里，詗知其防俄心切，遂與訂定會立坎酋，以釋嫌怨。因具選立本末以上，並陳英、俄互爭帕米爾狀，請趣俄分界，冀英隱助。已而被命集議滇緬界綫、商務。先是曾紀澤使英，謀將南掌、撣人諸土司盡爲我屬，議未決而歸。至是福成繼之，始變前規，稍拓邊界，訂定條約二十款，語具邦交志。

福成任使事數年，恆惓惓於保商，疏請除舊禁，廣招徠。其爭設南洋各島領事官，尤持正義，英人終亦從之。又以英、法教案牽涉旣廣，條列治本治標機宜甚悉。其將歸也，復撮舉見聞上疏以陳，大恉謂宜厲人才，整戎備，濬利源，重使職，爲棄短集長之策。二十二年，歸，至上海病卒，優詔賜卹。卒後半載，而中英訂附款，致將福成收回各地割棄泰半，論者惜之。

福成好爲古文辭，演迆平易，曲盡事理，尤長於論事紀載。著有庸菴文編、筆記，海外文編，出使英法義比日記，浙東籌防錄。

黎庶昌，字蒓齋，貴州遵義人。少嗜讀，從鄭珍游，講求經世學。同治初元，星變，應詔上書論時政，條舉利病甚悉，上嘉之。以廩貢生授知縣，交曾國藩差序。國藩素重鄭氏，接庶昌延入幕，歷署吳江、青浦諸邑；兩筦榷關，稅驟進。光緒二年，郭嵩燾出使英國，調充參贊。歷比、瑞、葡、奥諸邦，箸書以撮所聞見，成西洋雜誌。晉道員。

七年，命充出使日本大臣。值議琉球案及華商雜居事，其外部井上馨持甚堅，庶昌翻復辨論，卒如所議。明年，日本將襲朝鮮，庶昌電請速出援師爲先發制人計。師至，日艦知有備，還，言歸於好。中國古籍，經戎燼後多散佚，日藩族弆藏富，庶昌擇其足翼經史者，刊古逸叢書二十六種。中法易約，條列七事進。尋遭憂歸，服闋，仍故官。

十七年，除川東道。川俗故闇僿。旣蒞事，設學堂，倡實業，建病院，整武恤商，百廢具舉。中東事起，庶昌曰：「日本蓄謀久矣，朝鮮猶其外府也。戰固難勝，讓亦啓侮。」迺倡布告列邦議，以維持屬國，愿東渡排難，「當事者弗納。及戰事殷，財詘，庶昌首輸萬金，請按職列等差，亦不報。二十一年，詔陛見。駐渝法領事聞其將去，留辦教案，代者多方困之。遘疾，遂去官。未幾，卒。川東民建祠瀘郡祀之。

馬建忠，字眉叔，江蘇丹徒人。少好學，通經史。憤外患日深，乃專究西學，派赴西洋各國使館學習洋務。歷上書言借款、造路、創設海軍、通商、開礦、興學、儲材，北洋大臣李鴻章頗稱賞之，所議多採行。累保道員。光緒七年，鴻章遣建忠赴南洋與英人議鴉片專售事。建忠以鴉片流毒，中外騰謗，當寓禁於徵，不可專重稅收。時英人持正議者，亦以强開煙禁責其政府，引以爲恥。聞建忠言，雖未能遽許，皆稱其公。

八年，朝鮮始與美國議約，鴻章奏派建忠往蒞盟。約成，英、法先後遣使至，建忠介之，皆如美例成約。日本駐朝公使屢詗結約事，建忠祕不使預聞，日人滋不悅。建忠歸而朝鮮亂作，庶昌以聞。時鴻章以憂去，張樹聲權北洋大臣，令建忠偕海軍提督丁汝昌率兵艦東渡觀變。建忠抵仁川，日本海軍已先至，建忠設辭緩之，而亟請速濟師代定亂。朝命提督吳長慶率三千人東援。建忠先定誘執首亂之策，偕長慶、汝昌往候大院君李昰應，減騶從，示坦率。及昰應來報謁，建忠遂執之，强納諸輿，交長慶夜達兵輪，而汝昌護送至天津。復擒亂黨，援朝鮮國王復其位。日使雖有言，而亂已定，亦無如何，皆建忠謀也。於是長慶統軍留駐，其隨員袁世凱始來佐營務。及建忠歸，而維新黨之亂又作。日軍先入，交涉屢失機，其後卒致全敗。建忠憤後繼失人，初謀盡毀，譔東行錄以記其事。

建忠博學，善古文辭；尤精歐文，自英、法現行文字以至希臘、拉丁古文，無不兼通。以泰西各國皆有學文程式之書，中文經籍雖皆有規矩隱寓其中，特無有爲之比儗而揭示之，遂使學者論文困於句解，知其然而不能知其所以然。乃發憤創爲文通一書，因西文已有之規矩，於經籍中求其所同所不同者，曲證繁引，以確知中文義例之所在，務令學者明所區別，而後施之於文，各得其當，不唯執筆學爲古文詞有左宜右有之妙，卽學泰西古今一切文學，亦不難精求而會通焉。書出，學者皆稱其精，推爲古今特創之作。又著有適可齋記言、記行等書。

李鳳苞，字丹厓，江蘇崇明人。少聰慧，究心曆算之學，精測繪。丁日昌撫吳，知其才，資以貲爲道員。歷辦江南製造局、吳淞炮臺工程局，繪地球全圖，並譯西洋諸書。日昌爲船政大臣，調充總考工。朝議遣生徒出洋，加三品卿，派爲監督。光緒三年，率赴英、法兩國，分置肄業。明年，賜二品頂戴，充出使德國大臣，旋兼使奧、義、荷三國，往來數千里，周旋各國間，聯絡邦交。時建議興海軍，並命督造戰艦。

十年，法越搆釁，暫署法使。法事決裂，遂奉命回國，歸過澳門。澳門自明中葉久爲葡萄牙人稅居，及是葡人私議欲攘爲己有。鳳苞寓書部臣，乞請旨與葡人定約，免後患。部臣懼生事，寢其議。後一年，葡人遂據其地，論者惜之。旣，覆命，有旨發往直隸交李鴻章差遣，令總辦營務處，兼管水師學堂。未幾，以在德造艦報銷不實，被議革職。十三年，卒。著有四裔編年表、西國政聞彙編、文藻齋詩文集等。其他音韻、地理、數學，皆有論著，未成。

洪鈞，字文卿，江蘇吳縣人。同治七年一甲一名進士，授修撰。出督湖北學政，歷典陝西、山東鄉試。遷侍讀，視學江西。光緒七年，歷遷內閣學士。母老乞終養，嗣丁憂，服闋，起故官。出使俄德奧比四國大臣，晉兵部左侍郎。初，喀什噶爾續勘西邊界約，中國圖學未精，乏善本。鈞莅俄，以俄人所訂中俄界圖紅綫均與界約符，私慮英先發，迺譯成漢字備不虞。十六年，使成，攜之歸，命直總理各國事務衙門。

值帕米爾爭界事起，大理寺少卿延茂謂鈞所譯地圖畫蘇滿諸卡置界外，致邊事日棘，迺痛劾其貽誤狀，事下總署察覆。總署同列諸臣以鈞所譯圖，本以備考覈，非以爲左證，且非專爲中俄交涉而設，安得歸咎於此圖？事白，而言者猶未息。右庶子準良建議，帕地圖說紛紜，宜求精確。於是鈞等具疏論列，謂：「內府輿圖、一統志圖紀載漏略。總署歷辦此案，證以李鴻章譯寄英圖，與許景澄集成英、俄、德、法全圖，無大紕繆，而覈諸準良所奏，則歧異甚多。欽定西域圖志敍霍爾干諸地，則總結之曰屬喀什噶爾；敍喇楚勒、葉什勒庫勒諸地，則總結之曰屬喀什噶爾西境外：文義明顯。原奏迺謂：『其曰境外者，大小和卓木舊境外也。曰屬者，屬今喀什噶爾，爲國家自闢之壤地也。』語近穿鑿。喀地正北、東北毘俄七河，正西倚俄費爾干，其西南錯居者帕也。後藏極西曰阿里，西北循雪山逕挪格爾、坎巨提，訖印度克什米爾，無待北涉帕地。設俄欲躡喀，英欲偪阿里，不患無路。原奏迺謂：『二國侵奪拔達克山、安集延而終莫得通。』斯於邊情不亦闇乎！中俄分界，起科布多、塔爾巴哈臺、伊犁，訖喀西南烏仔別里山口止，並自東北以達西南。原奏迺謂：『當日勘界，自俄屬薩馬干而東，實以烏仔別里西口爲界。今斷以東口，大乖情勢。』案各城約無薩馬干地名，惟浩罕、安集延極西有薩馬爾干，明史作撒馬兒罕，久隸俄，與我疆無涉。當日勘界，並非自西而東，亦無東西二口之說，不知原奏何以傳訛若此？謹繪許景澄所寄地圖以進。」並陳扼守蔥嶺及爭蘇滿有礙約章狀。

先是坎巨提之役，彼此爭惎其間，我是以有退兵撤卡之舉，英乘隙而使阿富汗據蘇滿。至是，俄西隊出與阿戰，東隊且駸駸偪邊境。總署復具籌辦西南邊外本末以上。鈞附言：「自譯中俄界圖，知烏仔別里以南，東西橫亙，皆是帕地。喀約所謂中國界綫，應介乎其間。今日俄人爭帕，早種因喀城定約之年。劉錦棠添設蘇卡，意在拓邊。無如喀約具在，成事難說。唯依界圖南北經度斜綫，自烏仔別里徑南，尚可得帕地少半，尋按故址，已稍廓張。俄阿交鬨，揣阿必潰。俟俄退兵，可與議界，當更與疆臣合力經營，爭得一分卽獲一分之益。」上皆嘉納。十九年，卒，予優卹。

鈞嗜學，通經史，嘗譔元史釋文證補，取材域外，時論稱之。

劉瑞芬，字芝田，安徽貴池人。以諸生從李鴻章軍援上海，檄主水陸軍械轉運。時初用西式槍礮，皆購自外洋，瑞芬考驗精審，應時解濟，淮軍遂以善用西洋利器名。累保道員，督辦松滬釐捐。光緒二年，權兩淮鹽運使。淮北荐饑，流民就食揚州，瑞芬築圩城外，搆棚分宿，計口授食，所全活六萬餘人。旋授蘇松太道。租界以黃浦南北分華洋船埠，洋人時侵南岸。瑞芬丈量南北，中分爲界，設水利局委員董其事，洋人亦就範焉。擢江西按察使，遷布政使。

十一年，改三品京堂，命充出使英俄等國大臣；授太常寺卿，遷大理寺，仍留使。改駐英、法、義、比。初，俄人覬覦漠河金礦，瑞芬亟達總理衙門，創議先自開辦。英旣占緬甸，罷其朝貢，瑞芬執故事與爭，乃如舊。英復侵西藏，瑞芬力爭於其外部，追還印度入藏之師，乃別議藏印條約，事具邦交志。

瑞芬久事外交，有遠見。朝鮮亂初起，即上書言：「朝鮮毗連東三省，關係甚重。中國能收其全土改行省，上策也。次則當約英、美諸國共議保護，庶免强鄰獨占，存藩屬以固邊陲。」總署寢其議不行，其後果如所言。十五年，召授廣東巡撫。十八年，卒，卹如制。

子三。世珩，字聚卿。光緒二十年舉人。累至道員。歷辦江南商務官報、學務工程、湖北造幣等事。旋擢度支部參議，加三品卿。條議幣制，中外稱其精確，未及行而辛亥變起，遂歸寓上海。丙寅年，卒。嗜古，富藏書，校刊古籍尤精。有聚學軒叢書、貴池先哲遺書、玉海堂宋元槧本叢書及曲譜、曲品等。

徐壽朋，字進齋，直隸清苑人，本籍浙江紹興。以廩貢生納貲爲主事。諳習外情，佐津海關辦交涉。光緒二年，以道員充美日使館二等參贊。時華人傭於洛士丙冷者多被虐殺，秘魯使臣鄭藻如索償，詞錚義屈。未竟，會開秘魯使館，移充駐秘參贊，攝行公使事。秘故虐遇華工，益苛其例，壽朋與秘廷辨論，多所補救。駐外久，辦理交涉，常服遠人。晉二品秩。還國，適李鴻章督畿輔，辟居幕府。疏薦其練吏治，熟邦交。召見，奏對稱旨。

二十四年，授安徽徽寧池太廣道，遷按察使。未半載，徵還，命以三品京堂充韓國全權議約大臣。既至，與其外部朴齊純議定商約十三條，語具邦交志。初，韓本爲我屬國，貢獻不絕。自馬關定新約，認爲獨立自主，遂以壽朋膺使命，是爲中韓立約之始。其秋，除太僕寺卿。約成，改充出使韓國大臣。奏設漢城總領事，惠保僑民，始復自治權。二十六年，聯軍入京，鴻章被命議和，奏調壽朋佐議。壽朋習西國語言文字，徐起應付，卒能不失鴻章本意。逾歲，議定和約十二款。復力請回鑾。遷外務部左侍郎。尋病卒，予優卹。

楊儒，字子通，漢軍正紅旗人。以監生納貲爲員外郎，銓兵部。舉同治六年鄉試。久之，出爲常鎭道。母憂，服闋，除溫處道，調徽寧池太道。光緒十八年，改四品卿，出使美日秘三國大臣，補太常寺少卿。與英外部葛禮山續定華工條約。歷通政使副使、左副都御史，留使如故。二十二年，調使俄奧和三國。越二年，晉工部侍郎，仍駐俄。

二十六年，拳亂作，聯軍入津沽，電命儒遞國書，乞俄調解。京師陷，車駕幸西安。俄佯議撤兵，而潛使人詣關東，掠吉林、黑龍江地，達營口北。儒至黑海行宮與婉商，俄允還地，而不允撤保路兵。將軍增祺遽與訂密約九款，多失權利，上責其謬妄，下嚴旨，仍令儒與俄議。儒與商更約，俄堅拒，儒正色曰：「既言保我自主，何兵權、利權、命官權而不予畀？既稱不利土地，何以東三省不爲中國版圖？」俄窮於應，始允別立正約。上聞而嘉之，授爲全權大臣。

逾歲，俄交草約十二款，趣畫押。東南士民甚激昂，各國亦騰口舌，朝旨命再商改。儒責其外部食言，語激切，俄人勉爲改數事，而仍未平準。儒數往謁，拒不見，見則第趣畫諾，語竟卽起，不容儒致一詞。儒憤出，及階踣，傷右足，乞假赴德、奥療治。俄留之，且因其病篤，命駐華公使戩耳詩與李鴻章在京協定。儒復請代，不許。調戶部。明年正月，卒，予優卹。

論曰：中國遣使，始於光緒初。嵩燾首膺其選，論交涉獨具遠識。崇厚擅定俄約，誤國甚矣。紀澤繼之，抗議改正。其時國勢猶足自申焉。至儒爭密約，竟以憤死，終不能挽救，公理尚可恃乎？福成、庶昌諸人，並嫺文學，各有著述，討論修飾，皆美使才也。馬建忠定亂濟變，策奇制勝，亦有足多，故並附於篇。

清史稿卷四百四十七

列傳二百三十四

丁寶楨　李瀚章　楊昌濬　張樹聲弟樹屏　衞榮光
劉秉璋　陳士杰　陶模　李興銳　史念祖

丁寶楨，字稚璜，貴州平遠人。咸豐三年進士，選庶吉士。母喪里居，遵義楊隆喜反，斥家財募壯士八百捍鄉里，戰始不利，繼獲大勝。服闋，會苗、教蠭起，巡撫蔣霨遠奏留軍，特旨授編修，增募至四千人，復平越、獨山諸城。十年，除知岳州府，始罷遣所募兵。虧餉巨萬，迺陳五百金案上，語衆曰：「與諸君共事久，今庫饋詘，徒手歸，奈何？」衆泣曰：「公毀家紓難，我等敢他求乎？」遂去。越歲，調長沙。有客軍數千，以無主將譁變，立請大府貸發三萬，斬五人，事遂定。

同治二年，擢山東按察使。會僧格林沁治兵魯、豫間，令擊河北宋景詩。旋劾其擅議招撫，部議降三級。又明年，遷布政使。僧格林沁戰歿曹州，坐法再干議，皆得恩旨留任，於是言者復摭他款彈之，事下曾國藩，國藩白其無罪。巡撫閻敬銘夙高其能，至是乞休，舉以自代，遂拜巡撫之命。時捻趨海澨，李鴻章建議築牆膠萊河，寶楨會軍蹙之。六年，東捻走濰河，東軍王心安築壘方成，而隄牆未竣，捻長驅渡河，寶楨以聞。上怒，鴻章交部議，寶楨亦褫職留任。先是東軍守濰河，本皖將潘鼎新汛地。皖軍甫南移，而北路遽失。詔斬心安，寶楨抗辯，迺宥心安而責鴻章；寶楨復屢疏相詆，於是上益責鴻章忌刻縱寇矣。明年，西捻趨定州，近畿震動。寶楨聞警，卽馳至東昌，率騎旅千、精卒三千，齎五日糧，倍道北援，捻遂南潰。是役也，朝廷遣宿衞之旅出國門備寇，統兵諸將帥皆獲譴讓，而上獨以寶楨一軍猝出寇前，轉戰雄、任、深、祁、高、肅間，復饒陽，功最盛，數降敕褒嘉，加太子少保。寶楨治軍善乘勢，不主畫疆自守，以故諸軍會集，東西二渠率皆就殲山東。

而其誅安得海事尤著人口。安得海者，以奄人侍慈禧太后，頗用事。八年秋，乘樓船緣運河南下，旗繒殊異，稱有密遣。所過招納權賄，無敢發者。至泰安，寶楨先已入告，使騎捕而守之。安得海猶大言，謂：「汝輩自速辜耳！」傳送濟南，寶楨曰：「宦豎私出，非制。且大臣未聞有命，必詐無疑。」奏上，遂正法。河決鄆城侯家林，運道梗，河臣議次年興工，寶楨謂宜及水涸時，力疾請自任。水齧隄，植立不退，費半功倍。又塞銅瓦廂決口，駐賈莊。聞日本搆衅，遂密陳海防計，請築山東煙臺、威海、登州礮臺，設濼口製造機器局，從之。

光緒二年，代吳棠署四川總督。至卽嚴劾貪墨吏，澄肅官方，建機器局，修都江隄，裁夫馬以恤民，革陋規以恤吏。又改鹽法，官運商銷，置總局瀘州，其井竈分置廠局，鹽岸分置岸局，歲增帑金百餘萬。而猾商奸吏不便所爲，爭中以蜚語，於是臺諫交章糾奏。寶楨已坐隄毀鐫秩矣，而言者復劾停機器局，褫監工成緜龍茂道丁士彬、灌縣令陸葆德職，而尤斷斷爭鹽務。上以川鹽有成效，勿爲動。已而成都將軍恆訓覈覆隄工，亦摭及鹽運病商民、流弊大，寶楨抗辯。上慮寶楨惑浮言，敕勿易初念。尋予實授。寶楨彌自警勗，益興積穀，嚴督捕。治蜀凡十年，初蒞事時，郭內月有盜劫，至是誅匪幾盡，聲爲道不拾遺。十一年，卒官，贈太子太保，諡文誠，予山東、四川、貴州建祠。

寶楨嚴剛有威。其初至山東也，僧格林沁方麾捻淄川，頗貴倨，見司道官不設坐。寶楨投謁，告材官啓王，坐則見，否則罷，左右皆大驚。王服其强，爲改容加禮。敬銘聞之，大稱異，至之日，親迓於郊。自是事無大小，皆咨寶楨而後行。至今言吏治者，常與沈葆楨並稱，尤勵清操。喪歸，僚屬集賻，始克成行云。子五人，體常尤著名，官廣東布政使。

李瀚章，字筱泉，安徽合肥人，大學士鴻章兄也。瀚章以拔貢生爲知縣，銓湖南，署永定，調益陽，改善化。曾國藩出治軍，檄主餉運，累至江西吉南贛寧道，調廣東督糧道，就遷按察使、布政使。同治四年，擢湖南巡撫。時粵逆李世賢等聚福建，分犯贛南，窺兩楚，貴州苗匪、教匪又闌入楚界，而霆軍潰卒復竄湖、湘，三路告警。瀚章至，則遣前江蘇按察使陳士杰壁郴州防闖賊，前雲南按察使趙煥聯壁岳州防叛卒，闖賊旋引去。叛卒犯江西不得逞，則折入湘，犯攸縣，陷安仁、興寧，副將張義貴擊走之；士杰率軍會剿，遁入粵，卒就殲焉。先是瀚章遣總兵周洪印敗黔匪於邊界，又越境解銅仁圍，因奏言：「懸軍深入，兵家所忌，請敕新任貴州布政使兆琛緩赴任，專治軍事，與楚軍合。」從之。遂遣已革知府李元度進剿思南、石阡教匪，兆琛、洪印進剿清江、台拱苗匪，所向克捷。苗、教復蟻結，連竄晃州鳳凰廳，各軍躡擊，皆大破之，黔匪遂不敢窺楚境。自盜起，國藩及胡林翼治師不主畫疆自守。瀚章久習楚軍，既受任，卽出境討賊，亦其風類也。

六年，調撫江蘇。未至，署湖廣總督。七年，調浙江，再署湖廣總督，旋實授。光緒元年，調四川。明年，還督湖廣。瀚章性簡靜，更事久，習知民情僞，務與休息。其督湖廣最久，前後四至，皆與弟鴻章更迭受代，其母累年不移武昌官所，人以爲榮。尋遭憂去官，家居六年，再起授漕運總督。未幾，移督兩廣。粵俗舊有闈姓捐，四成助餉，巡撫馬丕瑤議革之。會日本搆衅，瀚章請循舊收繳備海防，時論大譁，遂以疾歸。又數年，卒，謚勤恪。子十人，經畬，翰林院侍講。

楊昌濬，字石泉，湖南湘鄉人。粵寇亂，以諸生從羅澤南治團練，出援湖北，連復廣濟、黃梅，敍訓導。從征贛、皖，戰楓樹嶺，下德興，戰高沙，下婺源，頻有功，遷知縣。同治元年，從左宗棠入浙，規江山，與劉典、劉璈分三路攻石門，破寇卡數重。進取花園港，縱火燔其棚，會天雨，止。其秋，規龍游，昌濬禦寇蓮塘，破之；又敗之孟塘，寇逸。李世賢聞警，遣悍黨赴救，中路寇方攻劉培元營，昌濬自山下擊，寇大潰，遷知衢州府。明年，師偪龍游城南，築三壘。寇夜奔，昌濬躡之湯溪。城拔，授糧儲道。與蔣益澧合兵萬三千戰餘杭城西北，寇益浚壕樹壘拒師。昌濬攻北門，寇出戰，會諸軍擊之，寇卻，昌濬連夷五卡。次日，攻林清塘，去城北十里，汪海洋老巢也，昌濬覘寇壘阻水，慮日暮爲寇乘，迺退師。又明年，規武康，復其城。進略湖州，寇竄泗安、梅溪，昌濬自簰頭進桐嶺扼之，北攻安吉，追寇至孝豐，遇湖州敗寇，復與璈合攻之，降者七千餘人，輒解散。浙西平，遷鹽運使，累擢布政使。

九年，除巡撫。巡視鎭海海口，條具見聞，陳大恉，謂宜師敵伎，練勁旅，修築礮臺，上嘉納之。是時朝廷方銳意求治，詔舉賢才，昌濬以糧道如山四人應，力薦甘肅知縣陶模才器遠大，卒如所言。坐餘杭葛畢氏案褫職。光緒四年，起佐新疆軍事。數遷至漕運總督。十年，法人擾海疆，朝旨以閩事亟，命宗棠爲欽差大臣，主軍務，昌濬與穆圖善佐之，張佩綸則會辦也。閩浙總督何璟自以不諳兵事，請解職，遂命昌濬代之。昌濬未至軍，而佩綸已遁，事下宗棠、昌濬。覆奏入，上責其袒護，移督陝甘，加太子太保。

昌濬性和巽，而務爲姑息。督甘日，左右通回匪，莫能制，槍械反資寇，遂釀成湟中河、狄亂。昌濬檄各路募土勇助戰守，電令提督雷正綰往河州鎭懾，張永清往西寧策應，蘇員嶴往巴燕戎甘、都堂駐防，並具起事顚末以上。事聞，嚴旨責其庸瞶，迺罷官。二十三年，卒，釋處分。嗣以魏光燾請，予甘肅建祠。

張樹聲，字振軒，安徽合肥人。粵寇擾皖北，以廩生與其弟樹珊、樹屏治團殺賊。復越境出擊，連下含山、六安、英山、霍山、潛山、無爲；而太湖一役，以五百人陷陣，擊退陳玉成衆數萬，功尤盛，復力行堅壁清野法。其時劉銘傳、周盛波、潘鼎新輩皆相繼築堡，聯爲一氣，皖北破碎，獨合肥西鄉差全。曾國藩檄守蕪湖，調無爲，遷知府。同治元年，從李鴻章援上海。鴻章立淮軍，與銘傳等分領其衆，從克江陰，晉道員。鴻章親視婁門程學啓軍，遣樹聲援蕩口，破謝家橋，逐北至齊門，又敗之黃埭，學啓遂偪城而軍，於是婁門寇道始絕。

二年，攻無錫、金匱，擊寇芙蓉山，大破之，奪獲戰艦器械不可稱計，賜號卓勇巴圖魯，予三品服。樹聲乘勝趨常州。逾歲，攻河干二十餘營，盡破之。城拔，進復浙江湖州，詔以按察使記名。四年，署江蘇徐海道。尋授直隸按察使，赴大名督防務。

九年，調補山西。越二年，擢漕運總督，署江蘇巡撫，十三年，實授。遭繼母憂，歸。光緒三年，起授貴州巡撫。適廣東總兵李揚才據靈山，搆匪擾越南，朝旨調樹聲撫廣西治之。事寧，擢總督，先後剿平西林苗匪、武宣積匪。八年，鴻章喪母歸葬，樹聲攝直督任。值朝鮮亂作，日使花房義質將兵五百入王京，迫朝議約，樹聲飛檄吳長慶等赴之，遂成約，尋盟而還。於是長慶等宵攻亂黨，悉殲其渠，亂迺定，樹聲奏令長慶暫戍朝，上嘉其能，加太子少保。明年，還督兩廣。會法越搆兵，卽以法人侵逼狀上聞。逮北寧陷，自請解總督職專治軍，報可。復坐按事不實，革職留任。未幾，病卒，諡靖達，予直隸、江蘇及本籍建祠。樹珊自有傳。

樹屛，以收復江蘇各州縣，積勛至副將。從征捻，駐周家口，戰數捷。捻平，擢提督，賜號額騰額巴圖魯。赴晉防河。光緒二年，徙守河曲、保德。會皖軍赴援烏魯木齊，甘肅流賊曹洪照竄後山，樹屛適奉檄詣省，聞警，乘大雪追擊之。事定，賜頭品服，授太原鎮總兵。移防包頭，調大同。十三年，乞休。既歿，鴻章狀其績以上，予優卹，太原建祠。

衞榮光，字靜瀾，河南新鄉人。咸豐二年進士，選庶吉士，授編修。九年，湖北巡撫胡林翼奏調赴軍，隨荊州將軍多隆阿攻剿黃州各郡，轉戰入安徽，平賊壘百餘，克太湖、潛山。捷入，以侍講待簡。林翼督師剿賊，榮光從，常以少擊衆。林翼卒，乃還京供職。道經新鄉，適山東竄匪入境，遂與知縣丁士選集團捍衞。同治元年，入都，補翰林院侍講。明年，擢侍講學士，疏陳剿匪、防河事宜。是年授濟東泰武臨道，署山東鹽運使、按察使。四年，捻首賴文光、張總愚竄山東，巡撫閻敬銘奏委榮光督辦河防。榮光以賊無現糧，利速戰，堅諭各軍嚴守困賊。賊乘夜偸渡，榮光燃礮擊之，諸軍繼進，賊大敗。六年，卸運使任，仍兼署按察使。時賊勢復振，巡撫丁寶楨督師出境，省城兵單餉竭。榮光募民團助守，賊屢逼城下，卒不能犯。旋以父憂歸。

十二年，起江安糧道，署按察使。光緒元年，授安徽按察使，遷浙江布政使，護理巡撫。母憂歸，服闋，授山西巡撫。八年，調江蘇。臺灣道劉璈被重劾，詔刑部尙書錫珍往按，復命榮光赴臺會鞫。榮光言：「璈總營務，開支浮冒，罪當死；然其治事疏節闊目，政頗便民，故臺地番民至今有尸祝者。請從寬典。」其持法嚴而能恕皆此類。十二年，調浙江巡撫，再調山西。以疾乞休。十六年，卒於家。

劉秉璋，字仲良，安徽廬江人。咸豐十年，成進士，選庶吉士，授編修。同治元年，李鴻章治兵上海，調赴營。洋將戈登所練常勝軍故駐滬，滋驕。淮軍初至，服陋械絀，西弁或侮笑之。秉璋語衆曰：「此不足病也，顧吾曹能戰否耳。」明年，從克常熟、太倉。鴻章使別募一軍圖嘉善分寇勢，遂提兵五千赴難，克楓涇、西塘，遷侍講。進攻張涇匯，約水師夾擊，彈丸貫胯下，不少卻，卒克之。規平湖，其酋陳殿選降，於是乍浦、海鹽、澉浦皆反正。又明年，與程學啓攻嘉興，秉璋入東門燔藥庫，寇駴亂，衆軍乘之，城拔。進取湖州，攻吳溇、南潯，所向摧靡。浙西平，賜號振勇巴圖魯。歷遷侍講學士。

四年，授江蘇按察使，從曾國藩討捻。時捻騎飆疾，國藩與鴻章皆主圈制策，秉璋力贊之，破捻豐、沛、宿遷南，追至倉家集，捻大潰。又敗之淮南，長驅蒙城，捻西走，自此捻分東、西。國藩令秉璋軍豫西，專剿東捻，與提督劉鼎勳俱。其冬，追入鄂。六年，除山西布政使。未上，捻自孝感小河溪竄河口鎮，與鼎勳軍追之，勳軍前鋒遇伏，總兵張遵道戰死，勢益熾，秉璋橫截之，始奔豫。七年，鴻章代國藩督師，議扼運隄捻海隅。秉璋駐運西，捻撲濰河，將自沂、莒窺江淮。秉璋亟渡河詣桃源，會浙軍扼淸江。亡何，賴酋率殘騎數千至，追破之淮城。事寧，被賞賚。父憂歸。服闋，起江西布政使。

光緒元年，擢巡撫。以母老再乞終養。六年，遭喪。至九年，再起撫浙。會法越搆衅，緣海戒嚴，秉璋躬履鎭海，令緣岸築長牆，置地雷，悉所有兵輪五艘，輔以紅單師船，據險設防。十一年，法艦入蛟門，令守備吳杰轟拒之，傷其三艘。越數日，復入虎蹲山北，再敗之，法將迷祿中礮死。然猶浮小舟潛窺南岸，復令總兵錢玉興隱卒清泉嶺下突擊之，敵兵多赴水死。

踰歲，擢四川總督。川境寫遠，外接番、夷，內叢奸宄。秉璋曰：「盜賊蠻夷，何代蔑有？以重兵臨之，幸而勝，不爲武；不幸而不勝，餉械轉資寇，是眞不可爲矣。」故督蜀八年，歷平萬縣、茂州、川北、秀山土寇，其大小涼山、拉布浪、瞻對各夷畔服靡恆，則用趙營平屯田法，數月間皆慴伏，加太子少保。御史鍾德祥劾提督錢玉興及道員葉毓榮不職狀，事下湖北巡撫譚繼洵，廉得實，秉璋坐濫舉罪罷。

初，丁寶楨督蜀，稱弊絕風清。秉璋承其後，難爲繼，故世多病之。未受代而民教相鬨，重慶先有教案，秉璋初至，捕教民羅元義、亂民石匯等寘之法。至是各屬繼起，教堂被燬者數十，敎士忿，牒總署，指名奪秉璋職。朝廷不獲已，許之，秉璋遂歸。三十一年，卒。總督周馥及蘇紳惲彥彬等先後上其功，復官，予優卹，建祠。

陳士杰，字雋丞，湖南桂陽州人。以拔貢考取小京官，銓戶部，與閻敬銘同曹司，並以戇樸稱。遭父憂，歸。值粵寇亂，土匪竊發，集團勇得百餘人，平之。俄白水奸民陷永桂，新田告急，衆議拒之。士杰曰：「援新田迺所以自保也！」越境擊卻之。曾國藩治軍衡州，辟參戎幕。鮑超時爲小校，坐法當斬，力請釋之。從援湖北，壁岳州城外，王錱軍次蒲圻，違國藩誡，敗退，入空城死守，國藩憤甚，將士莫敢爲言，士杰獨請赴救，弗應，固請之，曰：「救之如何？」曰：「寇無戰船，宜遣水師傍岸舉礮爲聲援。」錱因獲免於難，厥後鮑、王並爲名將。

岳州既敗，寇遂略湘陰，陸走寧鄉，水斷靖港，進陷湘潭據之。國藩水師頓湘川，去寧鄉、靖港皆數十里。或請守省城，或請絕津逕奪寇艎，議未決。士杰謂宜援湘潭，卽不利，猶得保衡、永，圖再舉。國藩如其言，果大捷。論功，遷主事。尋歸省，復出佐糧運。咸豐五年，永、桂土匪起，聞亂，單舸泝江歸，專治團練。亡何，連州匪搆嶺南北奸民，衆十萬，陷郴州。與錱會師擊之，復其城，遂以南防屬之。留州賦充餉，改團爲營，號廣武軍。

永、郴、桂陽邊地千里，廣武當其衝，數挫寇鋒，而以捍石達開功爲盛。達開故黠猾，麾下號百萬，分七部，能檢勒之使毋擾。九年春，自贛而西，至桂陽，穿城北走。時廣武軍軍花園砦，有橋跨鍾水，曰斗下渡，其南兩山相峹，一逕中達，東西北皆環水。士杰遣一裨將領百人扼橋，寇夜至，大驚，不敢前。後來者欲退則隘塞，欲旁出則無路。平明，士杰率師轟擊之，自相蹈藉，墜死無算。是役也，士杰以數百人敗寇數十萬衆，遂開襲省之計卒無所施，上嘉之，擢知府。嗣錄援藍山、嘉禾、寧遠功，晉道員。

同治元年，三吳軍事棘，以國藩薦，超授江蘇按察使。士杰慮石黨往來郴、永貽母憂，乞終養，以防遏上游爲己任，數郤寇。四年，論功，加布政使銜。時江南旣定，而霆軍所降寇復叛，自湖北金田入郴，數千里無與逆戰者。士杰要擊之，寇大潰，賜號剛勇巴圖魯。十年，母喪，服闋，除山東按察使。光緒元年，到官，多所平反。晉福建布政使。未上，會巡撫文格被劾，詞連士杰，罷免。尋以臺灣軍務，命署福建按察使。六年，遷布政使。明年，擢撫浙江。巡海口，增築鎭海笠山港及定海乍浦礮臺。八年，移山東，緣海設防。吳大澂會辦北洋防務，至登州、煙臺，見廣武軍壁壘，頗采其法而增損之，奏請頒行各海口。而忌者中以蜚語，至劾其海防草率，事下尙書延煦、左都御史祁世長，得白。海防軍罷，而士杰亦病矣，數請乞休，始允。十八年，卒於家，予省城及本籍建祠。

陶模，字方之，浙江秀水人。同治七年進士，改庶吉士。散館，授甘肅文縣知縣，調皋蘭。左宗棠爲總督，方征回，又創建貢院，兵工諸役並作，模躬自料量，民不知擾。遷秦州直隸州。歲旱，流徙饑民數十萬麕集，出積俸，並割公使銀四萬餘金設粥廠，不足，貸金益之。修養濟院，增義田，恤嫠婦。州南藉水齧城堙，模為築隄沼三百五十丈，植芙蕖楊柳，蓄鱗介，取其利，以時繕完。署甘州府知府，罷屬縣供億。宗棠奏模治行第一，調補迪化州。編修廖壽豐薦模器識宏遠，堪備閫寄。時回久亂，民戶寥落，模和輯漢、回，耕者復聚。時議定賦則，模謂經畫窮塞，當通周官一易再易之義，令民以二畝當一畝，徵其六緩其四。宗棠采其議，邊民始有久居志。歷署蘭州府、蘭州道、按察使，調直隸按察使、陝西布政使，護巡撫。

光緒十七年，授甘肅新疆巡撫。當葱嶺西，有地曰帕米爾，乾隆間為我軍鋒所及，高宗嘗勒銘焉。葱嶺東南有小部落曰坎巨提，歲納貢於我。模未至新疆，俄侵帕米爾，謀通印度，英攻破坎巨提。中外方議戰，模謂：「將士能戡土匪，未能禦强敵。軍資百物，運自內地，數月乃達。俄、英鐵軌，瞬息可至。新疆與俄相接幾五千里，增兵十倍未足固。當民窮財匱之時，不可輕言戰。惟當購機礮，擴電綫，飭邊將嚴為備。羈坎巨提故酋無令北走，而撫其流民，與駐俄、英使臣合爭。」議未定，俄曰防英，英曰防俄，莫可究詰。明年，二國兵益進，將吏咸憤激請戰，終不許。於是奏請廢黜坎巨提故酋。會英人亦立其弟買賣提艾孜木，令鎮撫部民，歲納貢如故事，坎巨提事乃定。

而俄兵在帕米爾，意叵測。模以邊防無效，自請罷斥，不允。廷議將以帕米爾爲三國甌脫，英垂諾，俄猶不可，陳兵相持。模取德意志兵法練邊軍，選幼童百餘，課以測算諸法，將徐推之各軍。見將佐必以惜勞苦、寶槍彈爲戒。初，俄人借巴爾魯克山以處所屬哈薩克，期十年。山饒水泉林木，當塔城西北，廣袤數百里。至是期滿，無還意。模爭之，逾年乃如約。俄商及附英諸部至新疆皆不稅。模曰：「是獨苦吾民！」爲奏請普免焉。

纏回文字語言不相通，漢民愚之，貸金輒取重息，至賣鬻妻子以償。模爲之規定章條，令讀書習漢語，於是回族欣欣向化矣。羅布淖爾，古蒲昌海也，荒沙無垠，亙新疆中部。模議闢徑路，自新疆之南，青海、西藏之北，噶斯、烏蘭達布遜、阿耨達、托古茲尼蟒依諸大雪山之陰，迂回出入，分道測繪，得金鐵煤諸礦數十百計，欲開採利民，以絀於貲，工不克舉。乃於羅布淖爾北四百餘里築蒲昌城，南百四十里設屯防局，回民徙居成村落。其後設置營縣，實自模開之。

二十年，日本略朝鮮，朝議決戰，師屢敗。甘肅提督董福祥先以祝嘏在京，募兵備戰，河湟回族聞亂思蠢動。二十一年春，撒拉河州、西寧、大通諸回先後反。西寧回酋劉四伏尤悍，模遣將援巴燕戎格，與總督楊昌濬合疏請命福祥帥師西援。夏，平番回亦變，河西諸府東不能通省會，則西乞援新疆。模奏陳回亂日亟，部遣諸將羅平安戍哈密，牛允誠守安西、玉門，趙有正屯肅州，而於哈密置東防營務處，以道員潘效蘇護諸將。諸亂回遣其徒出關煽新疆回部。九月，綏來回發難，以有備，旋定。迪化回應之，模詗知莠民與牙役密相結，捕斬六人而亂弭。十月，回逼甘州，上罷昌濬，以模署陝甘總督，命入關剿撫。時福祥將甘軍渡洮，魏光燾將湘軍臨湟水。模策東路兵大集，回且西竄，乃遣兵分駐天山北迪化、鎮西爲中權，而繕完防禦天山以南諸要隘。後路既設備，乃將馬步八營馳入關，道經沙漠至吐魯番城，回王瑪木特來會，勗以大義。至哈密，校閱各軍，令纏回與焉。模以有正兵寡，戒毋輕出。有正喜功，出攻察漢俄博、永安二城皆下。二十二年元夕，薄北大通營，敗歸。模遣涼州戍軍赴援。二月，入關，羣回斂聚山南，模至蘭州視事，令效蘇督諸將略北大通營，破所領十大莊堡，戮其酋，殲數千人，諸回氣奪。會光燾亦定西寧，諸回自水峽口西竄青海。模令效蘇等出塞，陳兵玉門諸山徑，毋縱賊出平地。青海蒙古積弱，久怵回悍，告急。朝議令光燾、福祥二軍追逐。模以師行絕域，糧芻車馱，重爲民累，內地空虛，爲禍滋大，奏寢其議。新疆將吏慮回更西竄，亦告急。朝議令提督鄧增出青海，張俊防北路。模策賊非至玉門、敦煌掠食，不能遽犯新疆，復請罷移軍議，而令增屯肅州爲聲援。光燾將湘軍還陝西，以與福祥不相能也。賊自青海犯玉門，允誠等擊卻之。模令玉門軍赴安西。五月，賊大至，劉四伏奪路求食，諸將力戰，金蘭益匹馬陷陣，大敗賊於牛橋，降斬各數千人，飢凍死磧中者過半。四伏以千數騎遁，中道伏發，就擒。於是徙降回塔里木河濱，計口授田。關內外悉平，論功，實授總督。

方日事之初起也，和戰議不決。模言：「國强弱視人才，人才不足，和戰皆不足恃，即戰勝亦無益。」因言：「天下事當變通者非一，如減中額，停捐例，汰冗員，令京官升遷不出本部，司員分類治事，删棄舊案，破除旗兵積習，禁士大夫食鴉片，分設算學、藝學科目，廢武科，變操法，擇勳舊子弟游學各國，培植工藝。尤願皇上鑒天災之屢警，念民困之莫蘇，懍內政之宜修，知外患之難弭，毋始勤終怠，毋狃目前而忘遠慮。」時中外諸臣條奏，多言變法祛積習。模言：「推行宜漸，根本宜急。聚闒茸嗜利之輩以期富强，止於舊法外增一法，不得謂之變法；於積習外增一習，不得謂之祛積習。欲求富强，當先崇節儉，廣教化，恤農商。」其恉意大率類此。模督陝甘數年，銳欲開礦製械，興學廣教，皆以用不足，不能盡舉，累疏乞罷。

二十六年，述職入覲，道疾，留陝西。俄調補兩廣總督。兩宮西幸，迎謁蒲州，再乞休，不允，乃力疾上官。二十七年，疏請裁減宦官，略言：「宦官干政，史不絕書，我朝家法嚴明，從未有內監預聞政事。然除弊如除莠，留其芽蘖，終恐發生，宜大加裁汰。內廷差使悉可改用士人，定宮府一體之制，永不再選內監，非唯一時盛事，實亦千古美談。」別疏言：「變通政治，宜務本原。本原在朝廷，必朝廷實能愛國愛民，乃能以愛國愛民責百官；必朝廷先無自私自利，乃能以不自私不自利望天下。轉移之道，一曰除壅蔽，一曰去畛域，一曰務遠大。朝廷當以身作則，克己勝私，否則雖日言變通，無由獲變通之效。」

粵故多盜，模定淸鄉章程，信賞必罰。凡練軍分屯，許所在州縣節制。一歲中捕斬名盜千餘人，欽、廉、肇、羅諸屬盜藪，皆次第剷平。模謂民貧思亂，非殺可止，令府縣設勸工廠，囚不至死者令入廠教養。廣東名饒富，然取諸民者已重於他行省，歲不足五百餘萬，則取之賭規，仍不足，則貸之外人。模睹民力已屈，追呼不得寬，欲有所興革，皆坐中沮。迭疏請疾，甫受代，九月，卒於廣州，贈太子少保，諡勤肅。

模自爲諸生，食貧力學，與平湖優貢生顧廣譽、震澤諸生陳壽熊、吳江舉人沈曰富以道義相勗。既通籍，大學士閻敬銘、總督楊昌濬皆嘗論薦，不以告模，模亦不謝也。儉約自將，不立崖岸，恂恂卑下，將吏爭爲用，而無敢以私干者。卒後，蘭州、迪化皆允建專祠。

李興銳，字勉林，湖南瀏陽人。粵寇亂，以諸生治鄉團。曾國藩治軍東下，檄主軍糈，駐祁門。江南飢民就食者萬計，興銳慮爲寇乘，先期結筏以濟，獲安全，敍知縣。數薦知府。同治四年，唐義訓、金國琛兩軍頓徽州，索餉譁變。興銳聞之，單騎叩其壁，諭之曰：

「若輩不遠千里，從軍討賊，爲富貴計耳，奈何自戕爲？使寇知之而躡吾後，吾無噍類矣！餉不給，咎在臺。期以三日，逾期請殺我！」衆曰：「唯命！」廼潛訪主謀者三人，白國藩僇之，事定。金陵旣克，儲平餘銀四十餘萬。目擊戎燼後僵屍蔽野，因出所餘購義冢一區，聚暴骨瘞之。

八年，調直隸，補大名府，洊陞道員，乞終養。國藩再督兩江，檄綜營務，與彭玉麐規訂水師營制。國藩卒，李宗羲代督，亦頗信仗之。時日本窺臺灣，江海戒嚴。興銳言於宗羲，躬履江陰、狼山、吳淞、崇明，擇險設守，始倡緣海築礮臺議。光緒改元，綜辦上海機器製造局，博采西國新器，增建鐵船礮廠，鳩工庀材，閱十稔，規模略備。遭母喪去官，服竟，命偕鴻臚寺卿鄧承修往勘中越邊界。

十二年，充出使日本大臣。會遘疾，未上。居三年，補天津道，旋調山東東海關道。威海爲日人所據，居民惶恐，興銳建議勘地分界，主客互守，闤市獲安堵。其辦交涉，獨條理精整，事可許者，一諾輒立辦；遇所不可，則抗辯廣坐，常服遠人。遷長蘆鹽運使，歷福建按察使、布政使。二十六年，擢撫江西。拳匪肸作，頑民相率不靖，旬日間毀教堂數十，掠教民財產，積案二千餘。興銳劾罷疏防官十餘人，限三月定讞，議償卹費八十餘萬，唯節餉以彌罅漏。和議成，償款累百萬，仍以節餉資挹注；猶不足，則取之土藥釐榷，絕不累民間毫末。署南贛鎮中道發統軍驕蹇不奉法，首劾罷之，軍紀始肅。興銳事國藩久，論治壹循軌跡，重實行。是時上方嚮新政，廼以十事上，曰：開特科，整學校，課官吏，設銀行，鑄銀幣，維圜法，立保險，修農政，講武備，而歸本於用人，爲安內攘外之策，言至深切。旋移撫廣東。

二十九年，署閩浙總督。閩自軍興，局所林立，有善後、濟用、勸捐、稽覈、稅釐諸目，叢弊益甚。興銳受事，裁諸局所，併爲財政局，事權始一。於是釐定常備軍制，汰虛冗，節浮費，而閩事稍稍振矣。踰歲，調署兩江。旋病卒，謚勤恪。

史念祖，字繩之，江蘇江都人，刑部尚書致儼孫。念祖幼穎異，好讀兵家言。踰冠，入貲爲通判。從喬松年軍解蒙城圍，有功。僧格林沁戰歿曹州，捻益熾，皖北麋沸。念祖率師復英山，克高圩。雉河集者，張洛行老巢也，英翰守之，陷重圍，誓必死，念祖計出之，而自駐其地，期以二十日相見城下。廼爲均糧法，數卻寇。嘗坐堞上彈琵琶，敎士卒歌，寇出覘，皆驚歎。一日，聞槍礮聲，知援至，與寇戰，廼令居民登陴守，別選銳卒四千分道夾擊，縱橫掃盪，寇大潰，謁英翰止踰二日云。數保道員。

同治六年，移師鳳陽。時捻酋李允謀窺廬、鳳，詣五河就李世忠。念祖詗知之，計說世忠縛以獻，鏁送壽州寘之法，晉按察使。援滕縣，旣捷，師還，寇踰萬躡其後，廼掘深溝，布機械，陰徙去，追騎多墜死，人服其智略。直東平，賜號捷勇巴圖魯。八年，除山西按察使，年未及三十也。上慮其資名輕，與直隸按察使張樹聲易官，令曾國藩察覆，稱念祖明爽，磨厲當成大器，宜稍緩任事，遂解職，留直差序。十年，左遷甘肅安肅道，主關內外糧運，給食不乏，征西軍倚以集事，頗見賞於左宗棠。

光緒四年，晉按察使。多所平反，理俞應鈞等殺降回讞忤宗棠意，再被劾去。十年，起雲南按察使。歷貴州，調補雲南布政使。時總督岑毓英督師出關，需餉亟，而巡撫張凱嵩與有郤。念祖爲陳公私利害，請以地丁錢漕受巡撫指麾，釐金雜稅供總督兵餉，復爲貸商款備糧械，毓英德之，密薦其賢。二十一年，授廣西巡撫。桂故多匪，至則選卒逐捕，痛繩以法，匪皆斂跡。坐失察贓罪，罷免。三十一年，賞加副都統銜，命赴奉天隨將軍趙爾巽治賑。尋督三省鹽務及財政局。奉省吏治不飭，冒憲黷貨，弊風相踵，念祖佐爾巽力抉其弊，蠲苛息煩，歲入倍蓰。朞年奏績，上嘉之，晉記名副都統。爾巽移蜀，徐世昌代之，又劾罷。宣統二年，卒。爾巽先後上其功，復巡撫原官，卹如制。

論曰：寇亂初平，安民保土，自以吏治爲先，然非負文武幹用如寶楨諸人，亦不易言効也。寶楨政尚威猛，瀚章治參清靜，而昌濬則不免于姑息。樹聲有智略，秉璋稱綜覈。榮光、士杰皆善于用兵，而疏于行政。興銳重實效，念祖好行權。樸獨識議宏遠，能見本原。此十人中雖治績不必盡同，其賢者至今猶絓人口，庶幾不失曾、左之遺風歟。

清史稿卷四百四十八

列傳二百三十五

丁日昌　卞寶第　涂宗瀛　黎培敬　崧駿　崧蕃　邊寶泉
于蔭霖　饒應祺　惲祖翼

丁日昌，字禹生，廣東豐順人。以廩貢生治鄉團，數卻潮州寇。選瓊州府學訓導。錄功敍知縣，補江西萬安，善折獄。坐吉安不守，罷免。參曾國藩戎幕，復官。李鴻章治軍上海，檄主機器局，積勛至知府。江寧旣下，除蘇松太道。鴻章倚以辦外交，事有鈎棘，徐起應付，率皆就範。調兩淮鹽運使，淮鹽故弊藪，至則禁私販，糾貪吏，恤運道，歲入驟增。同治六年，擢布政使，授巡撫。江南戎燼後，庶政不緝，日昌集流亡，除豪猾，設月報詞訟册，定錢漕科則，下其法各省；又以州縣爲親民官，疏請設局編刻牧令諸書。八年，奉敕訓勉臣工，日昌條上六事，曰：舉賢才，汰虛冗，益廉俸，選書吏，輸漕粟，變武科，言合旨要。遭憂歸。

光緒元年，起授福建巡撫，兼督船政，辭，不允。旣涖事，會霪雨，城內水逾丈，躬散賑，口煦手拊，卵翼備至，全濟災民數十萬。衆感泣，僉曰：「活我者，丁中丞也！」時臺灣生番未靖，遂力疾渡臺，自北而南，所至扶服蟻伏。惟鳳山轄境，悉芒社及獅頭、龜紋諸社素梗化，遣兵討平之，爲立善後章程，皆遵約束。中路水埔六社不諳樹藝，雇漢民代耕，謂之「租贌」。復令有司計口給銀米，教之耕作；廣設義學，教之識字。又罷臺屬漁戶稅。擬築鐵路，開礦產，移關稅鳌榷造船械，臺民漸喁喁望治矣。還閩，移疾去，吏民啼泣遮道。

四年，疾稍間，被命赴福州，理烏石山教案。先是道光間，英人就山築室傳教，疆吏不能爭，以山在城外，飾詞入告。厥後占地愈廣，閩人忿，幾釀變。日昌撫閩，與力爭，議易以城外電局空地。未及行，遽解職，英人占如故。閩人不能忍，聚衆燬教堂，英使責難亟，至是命日昌往按。鉤稽舊案，獲教士侵地左證，與英領事往復詰辯，卒徙教堂城外，閩人鑱石刊績焉。逾歲，還里。明年，詔加總督銜，令駐南洋會辦海防，水師統歸節度。復命充兼理各國事務大臣，以疾辭，不許。八年，卒，邮如制。

日昌性孝友，撫吳日，母黃年九十矣，迎養署中，孺慕如兒時。兄寢疾，藥饍躬侍，兄止之，則引李勣焚鬚事爲喩。好藏書，成持靜齋書目五卷，世比之范氏天一閣、黃氏百宋一廛云。子五人，惠康最著，好學，多泛覽，有丁徵君遺集。

卞寶第，字頌臣，江蘇儀徵人。咸豐元年舉人。入貲爲刑部主事，累遷郎中、浙江道監察御史。軍興，官吏多避罪冒功，奏請檢覈各省兵糧數目、攻守要害，及失陷收復時日功罪，以資稽覈；其有獲罪之員，藉事開復保升，宜嚴定限制。又言：「苗沛霖、王來鳳乍服乍叛，宜專意主剿。」上皆韙之。同治元年，遷禮科給事中，劾江北水師總統黃彬侵蝕通賊，督辦軍務侍郎勝保貪蹇，提督成明擁兵同州畏葸無戰志，一時推爲敢言。擢順天府府丞，遷府尹，捕巨盜王景瀧等。五年，乞開缺養親，不允。出爲河南布政使，擢福建巡撫。時粵寇初平，游勇土匪肆掠，疏請就地正法，報可。九年，再乞終養，許之。

光緒八年，起湖南巡撫。平江方雪璈，龍陽曹小湖，安鄉周萬益、張景來，皆盜魁也，陰結徒黨，號「哥老會」。寶第悉置之法。署湖廣總督。法人侵越南，詔偕巡撫彭祖賢治江防，築礮臺田家鎭南北岸各三座，繪具圖說上之。時議建樊口石閘。寶第以謂：「樊口內有梁子諸湖，袤延八百里，水皆無源，江入其中，瀦爲巨浸。以民情論，重在堵江水之入，不在洩內水之出。以地勢論，江水驟失此渟瀦八百里地，則下游隄防必致沖決。請緩建石閘，而漸除樊口內窪田額賦。」得旨允行。

十一年，還湖南巡撫任。法人款成，寶第上言：「各國通商，因利乘便，須具臥薪嘗膽之志，爲苞桑陰雨之謀。」因條上求才、裕餉、船政、器械四事。又言：「國家財用，歲出大宗，莫如兵勇並設。直省旗綠各營兵額七十七萬，每年薪糧銀一千數百萬兩。養兵既多，費餉尤巨。兵多則力弱，餉巨則國貧。粵逆初起金田，僅二千人。廣西額兵二萬三千，土兵一萬四千。乃以三萬七千之兵，不能擊二千之賊。廣西兵不可用，他省可推。其後髮、捻、田、苗等匪，悉賴湘、淮營勇勘定，綠營戰績無聞。大亂甫夷，伏莽未盡，兵不得力，勇難驟撤，於是歲支勇糧一千餘萬。賦入有常，豈能堪此耗費？查綠營馬兵每月一兩九錢，戰兵一兩四錢，守兵九錢零。月餉無多，必謀別業，遂弛專操，軍情瞬變，調發遷延。臣擬請裁額併糧，以兩額挑養一兵。如額兵一萬，半爲駐守，半赴巡防，互相邏戍，共習辛勤，常則計日操演，變則隨時援應。副參任營官，都守充哨弁，室家無累，而後紀律可嚴。此宜變通營制者一也。兵擬減額，原設將弁亦應核減。綠營將弁歲領廉俸雜項，職大者可抵百兵數十兵，小者亦抵十餘兵。自來積弊，隱匿空糧，攤扣月餉，左右役使，無非額兵。裁汰之議，自非將弁所樂。擬請先裁將弁以併營，營兵必多，乃漸裁兵，老弱事故缺出停補，俟空千名，卽補精壯五百，綠營不足，簡撥營勇，作爲練軍。不啓兵衆之疑，自無阻撓之慮。此宜逐漸辦理者又一也。目前兵尚未練，勇已議裁，若欲節餉，則裁勇不足資緩急，裁兵爲有備而無患。」下部議行。十四年，擢閩浙總督，兼管福建船政。十八年，以疾解職，卒於家。

寶第有威重，不爲小謹，騶從甚盛，所至誅鋤姦猾，扶植良愿，民尤感之。子緒昌，戶部七品小京官。

涂宗瀛，號朗軒，安徽六安人。以舉人銓江蘇知縣。曾國藩督兩江，檄主軍糈，累保授江寧知府。同治九年，擢蘇松太道。明年，遷湖南按察使。湘民故健訟，都察院歲所下獄輒逾百數。宗瀛爲立條教，允首悔，懲誣告，並嚴定審理功過章程，弊乃稍革。晉布政使，仿朱子社倉法，建立長沙府倉。光緒三年，拜廣西巡撫。苗、猺、倮儸獷悍梗化，檄所屬廣建學塾，刊孝經、小學諸書，使之誦習；又自撰歌詞以勸戒之。時晉、豫大旱，移撫河南，割取俸餘萬二千金助賑，招流亡，給籽種，老稚無依者，設廠收養，强有力者任工作。世與曾國荃賑晉並稱云。

七年，調湖南巡撫。撫標兵譁變，懲四人而事定。及擢總督，又有武漢教匪之亂，捕誅數十人，亦遂安堵。言官先後糾彈，事下彭玉麟，坐才力竭蹶，絓吏議。無何，御史陳啓泰劾宗瀛務封殖，仍下玉麟按覆，玉麟後白其誣。時左宗棠督江南，欲規復淮鹽、減川引，宗瀛以減川增淮，關川省數十萬鹽丁運夫生計，因抗疏力爭，言：「按年減運，則未運者將盡化爲私。縱使湖北置兵徼循，而巫峽流急，鹽船下駛，瞬息百里，兵少力不能制，多恐滋生事端。且鄂餉無著，下拂輿情，上虧國帑。」辭愷切。未幾，稱疾乞休歸。

初，宗瀛從廷棟講學，爲刊遺集，以理學稱。家居十餘載，以徐延旭獲譴，追坐舉主，下部察議。二十年，卒，年八十三。

黎培敬，字簡堂，湖南湘潭人。咸豐十年進士，選庶吉士，授編修。同治三年，出督貴州學政。阻寇弗能進，迺從劉嶽昭借軍數十，竟達貴陽。時總督勞崇光、巡撫張亮基不相協，軍事益壞。培敬上書言狀，朝廷始獲聞邊事。黔苗俶擾，謳誦寂寥。培敬曰：「士氣不伸，人心所繇不靖也。」於是出入寇氛，按試州縣，雖危棘不緩期，貴州士民始復知文教。道黔西，晤道員岑毓英，與語，知其諳戎事，遂請以滇中軍屬之。培敬秩滿，以太常寺卿石贊清薦，命權布政使。其時寇患方亟，賊酋潘名桀守龍里，久不下。培敬曰：「今附郭百里，倉廩猶實。不因以爲資，若轉藉寇，吾屬必爲所虜矣！」因說提督出城取龍里，逾歲，克之。旋復貴定，名桀遁去，黔軍克捷自此始。詔嘉之，予實授。繇是東定都勻，北靖開、修，南平陳喬生，西除林自清，蒞黔數載，境內悉平。

光緒改元，擢巡撫。繼曾璧光後，益嚴吏治。以上疏請釋前總督賀長齡處分並予謚建祠，鐫秩罷歸。五年，起四川按察使。時丁寶楨督蜀，課吏嚴。培敬至，寶楨出郊迎，曰：「此吾貴州賢使君也！」培敬以巡撫降官，絕無愠意，孜孜治事。寶楨數薦其賢。六年，擢漕運總督。漕督雖閒職，然膴仕，培敬誓不以自汚，公費所餘，以之修驛館，建兵房，增書院餐錢，興釋奠禮器，官煤、利濟諸局亦賡續告成，人無敢干以私。七年，授江蘇巡撫。未上，疾作，遂告歸。明年，卒，優詔賜卹，謚文肅，予貴陽、淸江浦建祠。

崧駿，字鎭靑，瓜爾佳氏，滿洲鑲藍旗人。咸豐八年舉人，由兵部筆帖式累遷郎中。同治六年，出知廣東高州府，以憂解。服除，起授山東沂州府，歷廣西按察使、直隸布政使、漕運總督。光緒十二年，巡撫江蘇，調浙江，所至興利除弊。以南糧改折色，吏民交困，並減旗營民糧、織造匠糧，令州縣糶價以供漕，弊乃革。十五年，浙患水祲，奏請免漕，發帑賑之，而於京、協諸餉仍從容籌解，復集貲購米實倉儲。杭、嘉、湖三府暨蘇、松、常、太諸水源出於潛天目山附近，苕溪南北二湖爲分洩地，歲久淤塞，用工賑法，招集流民疏濬之。其杭、嘉、湖、紹諸塘岸堰牐，靡不次第修治，民賴其利。十七年，卒於官。

崧駿以淸廉自矢，於國計民生服念不忘。撫江、浙績尤著，民請祠之，得旨兪允。子昆敬，戶部郎中。

崧蕃，字錫侯，崧駿弟也。咸豐五年舉人，初入貲爲吏部郎中。光緒五年，京察一等，簡四川鹽茶道，屢署按察使，保薦卓異。十一年，授湖南按察使，遷四川布政使。十七年，擢貴州巡撫。廣西寇陸亞潑煽亂西林，與貴州接壤，崧蕃遣將扼册亭要隘，邊患遂平。調雲南巡撫，擢雲貴總督。檢視防營缺額積弊，劾副將雷家春，並自請議處，革職留任。

二十六年，奏請陛見，值拳匪肇亂，命留京會辦城防事。旋扈駕至太原，飭還本任。行次，調陝甘總督。於城南建立大學堂，分兩齋，東齋考文，西齋講武。而修濬寧夏七星渠，尤爲民所利賴。寧郡隄工，創自乾隆時，魚鹽之利甲通省，後漸湮廢。中衞縣令王樹枏素講求水利，崧蕃檄令勘工，自七星渠上接白馬通灘，流濬通深百八十餘里，灌田六萬餘畝，磽确變爲沃壤，逃亡復業。又以渠水分自黃河，勢洶湧，春夏山水驟發，與黃流渾合，泥沙雜下，旋濬旋塞。乃倣古人暗洞激水法，凡傍山之渠，架油松成洞，覆以石板，山水流石上，而渠水潛行洞中。又度地勢築高隄，導山水使入黃河，並於渠口築進水、退水兩壩，使黃流曲折入渠，不致沖漫。工竣，數經暴水，卒不圮。設農務局，招墾荒地，如平羅、渭源諸縣，先後報墾數百千畝。舊有機器局，漸次擴張。凡興作實事求是，不惟其名。三十一年，調閩浙總督，未上，以疾卒，追贈太子少保。子外務部主事豫敬，以員外郎補用。

邊寶泉，字潤民，漢軍鑲紅旗人。同治二年進士，授編修。十一年，補浙江道監察御史。大學士李鴻章總督直隸，奏清苑麥秀兩歧。寶泉疏論之曰：「祥瑞之說，盛世不言。臣來自田間，麥有兩歧，常所親見。地氣偏厚，偶然致此，何足爲異？漢章之時，以嘉穀芝草，改元章和，何敞猶據經義面折宋由、袁安。至馬端臨文獻通考，乃舉歷代祥瑞，統曰『物異』。夫祥且爲異，今以無異之物而謂之祥，可乎？上年畿輔水災甚鉅，迄今沒水田廬猶未盡出；永定河甫經蕆工，北岸又潰；邊軍未撤，民困未蘇。鴻章身膺重寄，威望素隆，當效何敞之公忠，懲宋由、袁安之導媚。皇上御極之初，庶吉士嚴辰散館考試，曲意頌揚，奉旨嚴飭。今鴻章爲督撫大吏，非草茅新進可比，乃亦務爲粉飾，於治道人心關繫尤鉅。應請降旨訓飭。」是時鴻章又以永定河合龍，奏奬工員勞勩，奏上而河復決，寶泉又疏請撤銷保案。鴻章新建大功，寶泉再疏彈之，鴻章亦不以爲忤，天下兩賢之。遷戶科給事中。

先是都御史胡家玉疏陳丁漕積弊，語侵巡撫劉坤一，坤一覆奏家玉逋賦未完，且私書囑託公事。寶泉復劾：「坤一藉詞箝制地方長吏，此端一開，啓天下輕視朝廷之漸。」疏入，坤一下部議處。

光緒三年，出爲陝西督糧道，再遷布政使。九年，擢陝西巡撫。尙書閻敬銘議陝西收放糧米改徵折色，寶泉持不可，以謂：「穀數有定，今改折色，所收必有減於昔而民始樂從，所放必加多於前而兵乃足用。入不敷出，一時强爲彌補，後將何所取償？昔歲大饑，終賴道倉儲粟，多所全活。今並此而去之，恐饑饉洊臻，益無可恃。」上韙其議。十二年，調河南巡撫，移疾歸。

二十年，卽家起閩浙總督。閩鹽逋課積八十餘萬，前任奏報，率皆飛灑他項爲挹注。寶泉至，盡發其覆，乃有停釐補課之奏。船政舊設大臣，後以總督兼之。寶泉特疏請復故制，且條上造船、購料、延教師、籌經費四事，而不私其權，人嘉其廉讓。二十四年，卒於官，贈太子少保。

于蔭霖，字次棠，吉林伯都訥廳人。咸豐九年進士，改庶吉士，授編修。從大學士倭仁問學。光緒初，俄羅斯議還伊犂，蔭霖疏劾崇厚擅許天山界地數百里。及崇厚被逮，有爲之游說者，復嚴疏劾之，且劾樞臣畏葸欺罔。六年，授贊善，累遷中允。八年，出爲湖北荆宜施道。是秋淫雨，漢水溢，檄所屬開倉賑濟。又濬紫貝淵上游，改閘爲壩，疏支流，洩積潦，水患始息。新荆州書院，設經義、治事兩齋，生徒雲集，講舍至不能容。擒斬盜魁李人奴等，餘黨屏息。宜昌民教搆訟，法領事袒教民，挾兵艦至，蔭霖不爲動，後卒無事。英商漏宜昌關稅，旣覺，乃納賕請免，不許；請補稅，許之。英商歎其廉。

十一年，擢廣東按察使。廣東素多盜，至白晝劫掠衢市。蔭霖言於總督張之洞，奏請就地正法，報可。順德廩生簡明亮有學行，緣事繫獄，察其枉，立出之。十二年，遷雲南布政使，丁母憂。服闋，改授臺灣布政使，未行，會弟編修鍾霖以前在籍與蔭霖同辦賑務，爲奸商湯連魁誣控獲譴，蔭霖具疏辨。詔遣大臣卽訊，頗得連魁行賄狀，然蔭霖猶坐是落職，廢居京師。

二十年，日本戰事起，命往奉天襄依克唐阿軍。請募兵二萬自効，詔許募萬人，分四軍，與民團相應援。明年，和議成，總督張之洞、山東巡撫李秉衡交章論薦，詔賞三品頂戴。署安徽布政使，至則淸釐田賦，杜絕欺隱，增墾田萬八千餘畝，撙節庫儲至二百萬金。二十三年，德人索膠州灣，又脅朝廷罷李秉衡，蔭霖奮然曰：「是尙可爲國乎！」上疏極論王大臣不職，因附陳修省五事，不報。二十四年，擢湖北巡撫。之洞爲總督，頗主泰西新法，蔭霖斷斷爭議，以爲：「救時之計，在正人心、辨學術，若用夷變夏，恐異日之憂愈大。」之洞意迂之，然仗其淸正，使治吏事。湖北財賦倚釐金，蔭霖精心綜核，以舉劾爲激揚，歲入驟增數十萬。

二十七年，調撫河南。時兩宮西狩，德、法兵日謀南下，而河北莠民往往仇殺敎民，蔭霖檄彰衞懷道馮光元捕誅首惡數人。德、法兵至順德，聞教案已結，乃還。二十八年，調湖北。會詔裁缺，改廣西。廷議蔭霖不善外交，復降旨開缺，假居南陽。三十年，卒。

蔭霖晚歲益潛心儒先性理書，雖已貴，服食不改儒素，朱子書不離案側，時皆稱之。

饒應祺，字子維，湖北恩施人。幼穎悟好學，試作渾天儀，旋轉合度。年十二，入邑庠，益究心經世學。咸豐九年，粵寇石達開自湘、鄂犯蜀，道恩施，應祺率鄉團助城守。由候選訓導議敍國子監學正。同治元年，舉於鄉，揀選知縣，援例爲主事，分刑部。父卒，廬墓側。服闋，陝甘總督左宗棠檄參軍幕。以克金積堡、巴燕戎格諸處功，擢知府。光緒三年，署同州知府。時秦、晉亢旱，赤地千里，飢民洶洶，遮道不得前。應祺諭之曰：「此來賑汝飢耳！譁變者殺無赦。」乃捐俸錢爲官紳倡，弛重糶禁，旬日得糧七十餘萬石，又截留他省糧運以助不繼。復爲招流亡，定墾章，給牛種，蠲雜稅。歲稍轉，教民興水利，勸樹植，設義倉，行保甲。又規復豐登書院，創修府志，文化蔚興，士民爲立生祠。

左宗棠疏薦應祺守絕一塵，才堪肆應，請以道府簡補。十年，授甘州知府。陝西自軍興，兵差旁午，設里局董之，凡四十一廳州縣大困。上命巡撫邊寶泉赴陝查辦，疏留應祺理其事。應祺量道路衝僻定收支之數，分別兵流，掃浮汰冗，歲省數十萬兩。是年冬，抵甘州任，賑飢勸學，設織紡局、孤嫠所，革徵草之弊，復七觔一束舊章。十一年，遷蘭州道。瀕行，士民攀轅留行，多泣下者。旋署按察使。嚴搶嫠爲婚之禁，擒督署差弁及鄉人楊營弁置之法。手訂清理庶獄章程，以詔羣吏，視其功過而黜陟之。

十五年，調新疆喀什噶爾道，改鎭迪道，兼按察使銜。十七年，署新疆布政使；十九年，實授。新疆兵燹後，民物凋弊，地多荒棄。伊犂故腴壤，回屯舊八千戶，四不存一。應祺建議伊犂將軍給新裁錫伯、索倫兵牛糧，使之屯種；給新裁察哈爾、厄魯特兵羊馬，使牧放；並招致關內災民，按丁授地，實行寓兵於農之法。羅布淖爾者，舊史所稱星宿海也，漢爲且末、尉犂、婼羌諸國地，東西廣千六百餘里，南北袤千里或數百里，自陽關道梗，其地遂成甌脫。應祺建議巡撫築蒲昌城，設英格可力善後局、卡克里克屯防局，招徠漢回客纏，通道置驛，建堡濬渠，教以耕織。又請改防軍爲標營，定額徵糧石每年折色之法，畫一錢法。

俄領事原議駐吐魯番，後求移駐省垣，將軍、巡撫難之。應祺謂：「此不必爭。我所應爭者，洋商稅則須與華商一律，同時議定。新省毘連英、俄，陸路進口地不一，北道伊犂、南道喀什，應設關，各以本道爲監督；塔城、烏什、葉爾羌應設分卡，歸各道兼轄。」均如議行。南路初設領署，應祺貽書伊塔、喀什兩道曰：「交鄰之道，莫先於自治。我之用人行政，使彼族聞而敬服，則遇事不至以非禮相要，此爲折衝禦侮第一要義。飲食往還，平時貴以情誼相聯。至華洋訴訟，必先得華民是非曲直實情而後與之爭，庶可關其口而奪之氣。一詞稍僞，彼將執以相例，而全案皆虛矣。情以籥之，理以盾之，又其次也。」新疆向受協餉，每苦欵絀，應祺開源節流，數年庫儲逾百萬。

二十一年，河、湟回煽亂，蔓延甘、涼諸郡，其別股萬餘謀西竄。上命應祺署新疆巡撫，應祺檄提督牛允誠防安西、玉門諸處，拒寇境外。回酋劉四伏果竄玉門之昌馬，遇允誠軍，戰數不利，盡棄輜重，踰雪山西逸。應祺遣參將李金良要之紅柳峽，生擒劉四伏，降其衆八千，安置於羅布淖爾，設軍鎮撫。同時庫車回謀起事，寧遠回亦以爭新教相仇殺，洶洶思變。應祺皆先期撲滅，故四伏無內應，卒就殲。上嘉其功，實授巡撫。

應祺以新疆僻處國西北隅，密邇强俄，士卒衆而器械窳，生齒繁而司牧少，不足以固吾圉，乃購快槍萬枝於德國，而設機器廠製造子彈，奏設左右翼馬隊爲游擊師。又開辦于闐、塔城金礦，墾荒田，開渠井，廣興實業，凡有利於民生者，皆次第舉。自是地利盡闢，兵備有資，較初建行省時迥異矣。

拳匪亂起，俄兵自薩馬進逼邊卡，應祺會總督魏光燾、伊犁將軍長庚仿東南各省，與各領事結互相保護之約，俄兵乃退。議成，應祺應詔陳言，略謂：「古今中外治法務在求實。舊章非無可守，守之不以實，成法亦具文；新法非不可行，行之不以實，良法亦虛飾。心之實不實，宜於行事之實不實驗之。」逾年，詔設武備學堂，編立常備、續備、巡警各軍。應祺主操練用新法，器械用新式；人惟求舊，必樸實勤奮久於戰陣者，方可入選。上疏極論之，並謂：「中國習洋操三十年，一敗於日本，再敗於聯軍，爲務虛名而貽實禍之證。」所言皆切中時弊。

而尤斷斷於界約，不少遷就。帕米爾高原，國境也，有高宗御製平寇碑，立於蘇滿。英、俄交覬其地，而俄人先竊據之。應祺官布政使時，商之巡撫，以理退俄兵，遣軍戍焉。俄人悔失計，日聒於總署，要我撤兵。應祺持不可，謂：「我自守門戶，其理直。我退則英必至，英來則俄又必爭，是息事而益多事也。」後竟如應祺言。坎人求租種莎車屬喇斯庫穆荒地，應祺謂：「坎本我屬，宜示懷柔。其在玉河卡倫外者，可允其租墾，納賦比於華人；其在玉河東北屬邊內者，宜卻之，防後患。」總署與英使議界約，以坎部讓與印度，而塔墩巴什帕米爾及喇斯庫穆全境皆讓與中國。應祺抗言：「喇本我地，不得謂之讓。」而俄人轉謂中國以喇地讓與英人，利益宜均，以兵威相脅。應祺飭屬嚴備邊，而以議租原委及議約界限詳諭之，俄人始無辭。

應祺官西疆久，闢地安民，屢請建官設治以資鎮撫。二十八年，復疏言：「新疆自光緒四年改建行省，土地日闢，戶口日繁，原設州縣，轄境遼遠，非增設府廳，不足治理。西四城喀什噶爾道：疏勒州爲極邊重要，請升爲府；距府百八十里之排素巴特地屬唐伽師城，改爲伽師縣；莎車地廣而腴，英商麕集，請升爲府；府南爲澤勒普善河，增設澤普縣；府西南色勒庫爾爲古蒲犂國，實坎巨提出入要路，又與英、俄接壤，請設蒲犂分防通判；距于闐縣四百里之洛浦莊，增設洛浦縣；嗎喇巴什廳爲古巴爾楚地，改爲巴楚州。東四城阿克蘇道：溫宿州爲南疆要衝，請升爲府；舊城巡檢升爲溫宿縣；距縣四百八十里之柯爾坪，增設柯坪縣丞；焉耆府南六百三十里布古爾分防巡檢爲古之輪台，請分設輪台縣；卡克里克縣丞，其地爲古婼羌國，改設婼羌縣；庫車廳土地廣沃，請改爲州；州南沙爾雅增設沙雅縣。北路阜康縣之濟木薩縣丞，富庶逾於縣，舊驛名孚遠，升爲孚遠縣；距吐魯番二百四十里之闢展巡檢地爲古鄯善國，升爲鄯善縣；昌吉縣所屬之呼圖壁巡檢向收錢糧，請改爲縣丞。計升設府三，改直隸州二，增通判一、縣九、縣丞二。」又奏增設鄉試中額二名，會試中額一名，暨各府學官學額，先後皆議行。是年，調安徽巡撫，行抵哈密，病卒，賜卹如例。

惲祖翼，字叔謀，江蘇湖陽人。同治三年舉人。以知縣累至道員，再攝武昌道。教匪王覺一約期起事，祖翼時筦營務，乘夜率親兵掩捕之。總督涂宗瀛疏保祖翼有濟變才，光緒十五年，授督糧道。調漢黃德道，兼江漢關監督。以襄河漲發易壞舟，創設襄樊報水電，樹牌鳴鉦，各船備禦，水至遂無患。晉按察使，擢浙江布政使。祖翼以州縣徵糧照舊折價，近年錢貴銀賤，民力不支，乃重定銀價，設櫃徵收，不得假手書役，人稱其惠。尤盡心水利，於嘉興開泖河，疏港建閘，以資蓄洩。於杭州浚上塘河，臨平、喬司等處農田三十餘萬畝皆獲灌溉之利。上虞南塘舊以土築，水至輒決。采衆議，改建石塘千一百丈，始免水患。

二十六年，北京拳亂報至，祖翼獨起抑阻。匪陷江山、常山，衢民復毀教戕官，英國欲以兵艦赴浙。祖翼亟遴員馳往鎮撫，獲眞犯抵償，潛消兵衅。會兩江、湖廣總督與各國訂約保護南疆，電詢浙省。巡撫劉樹棠方臥病，祖翼卽逕電以浙省附約，人心以安。

旋擢巡撫。以浙省防練各營積弊，疏請整飭，略言：「浙省水陸防練各營數逾制兵，陸續添募，餉實不敷。而統領各營哨，不顧操練緝捕爲何事，汲汲焉唯浮冒尅減，食弊自肥。術愈出而愈奇，勇日雜而日弱，盜日防而日多。今將盪滌宿垢而作新之。立法自上，責在督撫。臣任事卽通飭各營，與之更始。以後如有貪劣將弁，仍敢浮冒尅減，決不姑容。擬先勵其廉恥，而兼課其材武。一面飭州縣查保甲，辦團練，以輔制兵之不逮；一面遴委廉幹道府，酌帶哨勇，分往浙東西，抽點名糧，認眞校閱。遇有大股盜匪，督率營縣搜拿，務絕根株。總期合散爲聚，化惰爲勤，堪備一日之緩急。雖然，營衞小疾，疏解足矣，受病旣深，斷非猛劑不治。天下之病，無一不根於利。統領營哨，聞見已慣，謂夫督撫所能操以繩其下者，撤之而已，參之而已。撤之則又顧而之他，參之則已飽颺而去；且未幾而又貪緣開復矣，未幾而以將才調用矣。惟督以峻法，務去泰甚，庶有以振暮氣而戢貪風。或震於各國一時之强，幾謂全恃火器，不知其本原仍在臨財廉，與士卒同甘苦。否則未戰先潰，火器徒以齎寇，直自伐耳。可否請旨飭下兵、刑各部，采臣治亂用重之議，嗣遇將弁贓證確鑿者，分別輕重，嚴定參革、追繳、倍罰、斬絞之例，庶軍心一振，於時局或有裨益。」疏入，詔飭各省著爲令。未幾，丁母憂歸。卒，卹如例。浙人請立祠祀之。

論曰：疆吏當承平時，民生吏治，要在因地制宜而已。日昌、寶第皆以尚嚴著績效。宗瀛、蔭霖飾之以儒術，亦後先稱治。培敬有爲有守，崧駿兄弟所至盡職，寶泉勵清操，祖翼能濟變，並有可稱。至應祺官關隴、新疆垂四十年，邊地初闢，治績爛然，實心實政，其勞亦不可沒云。

清史稿卷四百四十九

列傳二百三十六

錫良　周馥　陸元鼎　張曾敭　楊士驤　馮煦

錫良，字清弼，巴岳特氏，蒙古鑲藍旗人。同治十三年進士，用山西知縣，歷任州縣有惠政。光緒初，晉大旱，錫良歷辦賑務，戶必清查，款必實放，民皆德之。二十年，山東巡撫李秉衡奏調補沂州知府，擢兗沂曹濟道。抵任，值單縣大刀會滋事，亟率隊往，張示諭衆，祇擒首要，搜獲盟單，當衆焚之，匪黨感畏，皆散。調山西冀寧道，晉按察使。調湖南，擢布政使。

二十六年，拳亂召禍，京師危急。錫良以湖廣總督、湖北湖南巡撫會委，統率鄂、湘軍隊入衞，迎駕山西，立授巡撫。時和議未定，洋兵闌入晉邊。錫良念兩宮幸陝，和局固應兼顧，而保晉衞秦，亦不容忽。乃通令各軍嚴行防守，別遣委員出境犒師，相機因應，幸保無事。和約定，晉始弛防。

調湖北巡撫，復開缺。旋授河南河道總督。以事簡，奏請裁歸巡撫兼理，詔允行。調補河南巡撫，兼管河工。豫省吏治久隳，劾去道府以次數十人，政紀肅然。泌陽教案事起，立派兵馳捕首犯，被擾難民，無分民教，一律撫恤。調熱河都統。熱河本就蒙地設治，向沿舊習，不講吏事，尤患多盜。錫良首請改制，設立求治局，綜理吏治財政；開辦圍場荒地，以興墾務；整飭巡防，專意緝捕，匪風始戢。又以熱境地廣官少，奏請升朝陽縣爲府，並增設阜新、建平、隆化三縣，熱河自此始有吏治。

二十九年，擢閩浙總督，調署四川。時方議借外款修川路，錫良力主自辦，集紳會議，奏設專局，招商股，籌公股，復就通省田租歲抽百分之三，名爲租股，數年積至千萬以上，股款之多，爲中國自辦鐵路最。三十年，廷議整飭藏事，藏人疑懼，駐藏幫辦鳳全被戕。錫良飛檄提督馬維騏督兵進剿，並令建昌道趙爾豐率師繼進，遂克巴塘，仍飭爾豐進討裏塘。裏屬桑披寺築碉謀抗拒，爾豐以長圍困守六閱月，斷其汲道，始克攻破。桑寺既平，諸番慴服。於是自打箭爐以外，直至察木多、巴裏、鄉城、德格等處，均改縣治，擴地至數千餘里；且興墾、開礦，設學廣教，番人漸知向化矣。

三十三年，調雲貴總督。滇省軍政久廢，器械尤缺，乃創練陸軍，設講武堂，添購槍炮，舊有防營一律改編，自是滇省始有新軍。滇多煙產，土稅爲收入大宗，錫良毅然奏請禁種，各省煙禁之嚴，唯滇爲最。滇南連越，越匪竄入河口，戕官擾境，立飭出隊分路截剿，數日而定。滇西土司以數十計，日漸恣橫。宣慰使刁安仁曾遊東洋，外人稱以王爵，尤驕妄。聞有改土歸流之議，輒思蠢動。錫良先派員詢察，曉以利害，並令應襲各土司迅辦承襲，以安其心。刁安仁聞而畏感，遣其弟至，痛哭自陳改悔，邊境得以無事。

宣統元年，授欽差大臣，調東三省總督。東省自日俄戰罷，俄佔北邊，日踞南境，局勢日危。錫良蒞任，卽疏陳：「東三省逼邇京畿，關係大局。遼東租借之約，十三年卽滿期，請朝廷主持，上下一心，以天下全力赴之，以贖回遼東半島爲歸，否則枝枝節節爲之，恐其不能及也。」疏入，不省。錫良又以東三省兩隣分據，非修大支幹路，不足以貫串脈絡，因擬修錦州至璦琿鐵路。顧須橫貫南滿、東淸，必非日、俄所願，尤非密借强國外款，不能取均勢而策進行。適美國財團代表遊歷來奉，遂與密訂借款包修草約。三日議定，電奏請旨速正式簽定，卽日、俄再爭，已落後着。乃部議梗緩，復機事不密，事竟報罷。及日俄協約，東事益急。錫良以救亡興政，均非款莫辦，再請商借二千萬兩，以千萬設銀行；其餘，半以移民興墾，半以開礦築路。仍不省。錫良慮東省危急情形，朝廷尙未深悉，乃請入覲面陳。

時醇親王監國攝政，籌備立憲，廷議方注重集權。錫良先疏請實行憲法，歷陳：「立憲精神，在貴賤上下胥受治於法律，先革其自私自利之心。若敷衍揞克，似是而非，財力凋敝，人心渙漓，九年立憲，終恐爲波斯之續。」又以近年重臣親貴出洋考察，徒飾觀聽，見輕外人，疏請停派，並愼選親貴實行留學。再疏諫中央集權，以爲：「朝廷分寄事權於督撫，猶督撫分寄事權於州縣，無州縣卽督撫不能治一省。如必欲以數部臣之心思才力，統治二十二行省，則疆吏咸爲贅旒，風氣所趨，軍民解體。設有緩急，中央旣耳目不及，外省則呼應不靈，爲患實大。」均不報。至是，入都面陳監國，語尤切直，不省如故。告罷，又不允。

其時朝鮮爲日併，錫良以事勢益迫，欲固民心，先厚民力，當以防匪爲名，設立淸鄉局，籌備預備巡警，部以兵法，實卽民兵。奉人慮患思痛，爭先應募，期年得數萬人，全省皆兵。未幾，防疫事起，疫起俄境，沿東清鐵路，逐處傳染，未浹旬，蔓延奉、吉、黑三省。俄、日羣思干涉，錫良以防疫純屬內政，嚴起防治，三月而疫絕。十一國醫士來奉考察，開萬國鼠疫研究會於省署，錫良主議，咸起頌之。

錫良督東，嚴吏治，肅軍制，清理財政，整頓鹽務，籌辦八旗生計，頗著成績。唯目睹內憂外患日危一日，顧所以爲東邊計者，旣多未如志，而朝政日非，民心日去，又無以挽救，屢稱病乞罷。三年，始允解任調理。

武昌變作，召入覲，廷議本以錫良赴山、陝督師，並請獨領一軍衞京畿。顧有人甚之，乃改授熱河都統，力疾赴任。遜位詔下，以病勢難支，乞罷，允之。臥病六年，堅拒醫藥，卒，年六十有六，謚文誠。

錫良性淸剛，自官牧令，卽挺立無所倚。嫉惡嚴，所蒞止，遇不職官吏，劾治不少恤；非義之財，一介不取；於權貴尤一無饋遺，故遇事動相牽制云。

周馥，字玉山，安徽建德人。初侍李鴻章司文牘，累保道員。光緒三年，署永定河道。初，天津頻患水，馥迭治津沽入海金鐘河、北運筐港減河及通州潮白河，設文武汛官資防守。並言天津爲九河故道，不洩則水患莫瘳，請就上游闢減河而開屯田，南運下游分水勢。部議格不行。後提督周盛傳開興濟減河，屯田小站，實本馥議。丁艱，服除，署津海關道。朝鮮初通商，馥與美提督薛斐爾議草商約保衞之，首稱朝鮮爲中國屬邦，固以防侵奪也，而樞府削之。馥私歎曰：「分義不著，禍始此矣！」九年，兼署天津兵備道，俄眞除津海關道。中法事起，鴻章命赴海口編民船立團防。鴻章之督畿輔也，先後垂三十年，創立海軍，自東三省、山東諸要塞皆屬焉。用西法製造械器，輪電路礦，萬端並舉，尤加意海陸軍學校。北洋新政，稱盛一時，馥贊畫爲多。醇親王校閱海軍，嘉其勞，擢按察使。再署布政使。築永定河北岸石堤衞京師，盧溝南減水石壩工尤鉅，自是河不溢。

中日開釁，馥任前敵營務處，跋涉安東、遼陽、摩天嶺之間，調護諸將，收集散亡，糧以不匱。和議成，乃自免歸。鴻章疏薦之，授四川布政使。至則課吏績，廣銀幣，積糧儲。慮教案易生釁，撰安輯民教示頒郡縣。未幾，拳亂作，八國聯兵內犯，鴻章爲議和大臣，總督直隸，馥亦調直隸布政使。先隨鴻章入都，理京畿教案，數月事稍定，始赴保定受布政使印。先是法兵至保定，戕前布政使廷雍，遂踞司署。及聞馥來，列隊郊迎入署。久之，觀其設施，無間言，乃徐引去。鴻章卒，遂護直督。

俄擢山東巡撫，詔留議津榆路事。時和議雖成，外國兵壁天津，踞津榆鐵道，設都統，治民政，屢爭莫能得。至是，馥竟以片言解之。馥撫山東，値河決利津薄莊，議徙民居，不塞薄莊，俾河流直瀉抵海。沿河設電局，備石工，訖十餘年，河不爲災。德踞膠州灣，築鐵道達省治，因估路側礦山。馥奏開濟南、周村商埠相箝制，德人意沮，自撤膠濟路兵，還五礦。

馥既膺疆寄，則益欲大有爲，凡所以阜民財、瀹民智者，次第興舉，天子嘉之，擢署兩江總督，移督兩廣。三十三年，請告歸。越十四年，卒，諡慤慎。直隸、山東、江南士民皆祠祀之。

陸元鼎，字春江，浙江仁和人。同治十三年進士，以知縣卽用，分山西，改江蘇。光緒二年，權知山陽。有姦豪民交通胥役，略人口行鬻，捕輒先遁。元鼎黎明起，盛儀從謁客，中道折至民家，破門入，縛治其豪，取出所略女婦數十人各放歸，驩聲雷動。補江寧，以憂歸。服除，坐補原缺，調上海。法蘭西人擊殺縣人沈兆龍，傷隱不見，法領事不承擊殺。元鼎曰：「時計表墜地，有鋼條內斷而磁面未損者，與此何以異？」領事語塞。如皋焚敎堂，檄元鼎往視，敎士聲言議不諧，當以兵戎見。元鼎曰：「如皋非軍艦所能至也。」不爲動。抗議十餘日，乃定償銀四千，無他求。是時江南北焚敎堂十餘所，次第定議，悉視如皋。

移知泰州。城河久淤墊，歲旱，民苦無水。元鼎濬治之，又移徙市廛迫河濳者，雖巨室無所徇。下河斜豐港故有隄，在泰州境者六十里，入東臺境，隄庳，水至勿能禦。元鼎增高至十丈，廣如之，而豐其下以倍。工竟，按察使檄東臺治隄與泰州接，元鼎又助工十有一里，自是兩境無水患。尋調上元，援例以道員候選。

兩江總督劉坤一疏薦元鼎才任方面，二十一年，授惠潮嘉道，調江蘇糧道，遷按察使。陛見，溫語移時。論及前歲日本搆戰，我軍槍彈多與口徑不合，以故敗。帝因諭樞臣戒督撫審軍實，且曰：「毋謂語由元鼎，使督撫生芥蔕也。」江陰焚敎堂，縣吏捕首事者上之按察使。上海領事謂逮捕者非首犯，駐京公使言於總署，令領事往會鞫。元鼎曰：「會鞫有專官，按察使署非會鞫所。」領事言：「不會鞫，當觀讞也。」元鼎持不可，領事曰：「其如總署指揮何？」元鼎曰：「愼守國憲。官可辭，法不可撓！」領事怏怏去。樞臣聞而嘉之，曰：「不爾，又爲故事矣。」尋署布政使，護巡撫。

二十九年，遷漕運總督，調湖南巡撫。時方在告，廣西匪起，窺湖南，貴州匪逼靖州。元鼎力疾赴官，籌邊防，與總督張之洞會奏以堵爲防，不如以助剿爲防。於是募勇，令提督劉光才防西路，令衡永道莊賡良入貴州，而道員黃忠浩佐之。賡良攻下龍貫峒，忠浩亦大敗悍賊於同樂。又令提督張慶雲助擊廣西四十八峒。亂徐定，朝命雲南布政使劉春霖移湖南，率所部滇軍助湘防。元鼎言滇軍不可用，已而後營果叛。醴陵會匪謀叛事洩，自承革命，語連日本留學生。元鼎誅二人，囚一人，他無所株連，人心大定。

徵兵之議起也，元鼎已調撫江蘇。上言：「南人柔脆，其應徵者多市井無藉，不勝兵。當事選江北淮、徐諸府，不當限區域。」部議格不行。其後逃亡相屬，如元鼎言。二十九年，京察開缺另簡。明年，召入京，奏對，語及江、浙爭滬杭鐵道事，元鼎力言士民忠愛無他心，上爲動容。命以三品京堂候補，佐辦資政院事。俄，乞歸。宣統二年，卒於家。

張曾敭，字小帆，直隸南皮人。同治七年進士，以編修出知湖南永順府。地屬苗疆，號難治。斥貲募勇戢盜，悉置之法；吏之尤貪汚者，彈劾之。徙知廣東肇慶府，有惠愛，督撫交章論薦。光緒二十年，除福建鹽法道。閩鹽踊貴，私運蠭起。爲嚴立規約，奏免全釐以恤商，而正課亦饒。遷按察使，歲餘，病免。越三年，再起，召見，奏對稱旨，皇太后奬其明愼，卽日授四川按察使，未到官，遷福建布政使。調廣西，桂故瘠區，又分任庚子賠款，益不支。曾歂改釐章，嚴比較，裁冗費，罷不急官吏，用以不絀。

二十九年，拜山西巡撫。日俄釁作，日軍進駐遼南。曾歂建議：「闢要地爲商埠，別與日本密訂協守同盟之約，聲明不干內治。所慮者俄爲日敗，必將取償於我；伊犂隣近藩封，亦漸外嚮，故亟宜籌餉練兵，有備無患；而庫張鐵路可緩辦以伐其謀。」言頗扼要。馬賊劉天祐等擾後套，曾歂調集各軍討平之。

三十一年，調撫浙江。時浙西鹽梟煽熾，嘉湖統將吳家玉陰與梟通，都司范榮華尤不法。曾歂便道之官，或勸以兵從，曰：「是速之叛也！」遂輕騎逕嘉郡，召家玉入謁，諭以禍福，家玉不敢動，徐檄他將領其衆，而羈之甬東，僇榮華等，梟漸斂迹。浙路交涉久未決，草約逾定期，英領事猶堅執之。曾歂據約立爭，事乃定。

三十三年，頒下法律大臣沈家本試行訴訟法，曾歂言：「中國禮教功用遠在法律上，是以尊親之義，載於禮經。漢儒說論語，亦謂綱常爲在所因，此各省所同，浙不能異者也。浙西梟匪出沒，浙東寇盜潛滋。治亂國用重典，猶懼不勝，驟改從輕，何以爲治？此他省或可行，而浙獨難行者也。」於是逐條駁議之。

是年秋瑾案起。秋瑾者，浙江女生言革命者也，留學日本，歸爲紹興大通學校教師，陰謀亂。會歙遣兵至校捕之，得其左驗，論重辟，黨人大譁。調撫江蘇，俄調山西，稱疾歸。家居十四年，卒，年七十九。

楊士驤，字蓮府，安徽泗州人。光緒十二年進士，選庶吉士，授編修。保道員，補直隸通永道，擢按察使，遷江西布政使，復調直隸。三十一年，署山東巡撫。河貫東省千餘里，淤高而堤薄，歲漫決爲巨害。士驤以爲河所以歲決者，河工員吏利興修，又因以遷擢也。乃定章程：歲安瀾，官奏敍，弁兵支款如例；河決，官嚴參，不得留工効力，弁兵依律論斬。身巡河堤，厲賞罰，自是數年，山東無河患。曹州多盜，行清鄉法，嚴督捕。德兵違約，屯膠、高，久不撤。數月盜少戢，會各國撤京、津兵，士驤與德官議，遂盡撤駐路德兵。

三十三年，代袁世凱爲直隸總督。世凱爲政，首練軍籌款，尤多興革，務樹威信，北洋大臣遂爲中外所屬目。士驤承其後，一切奉行罔有違，財政日竭，難乎爲繼，而周旋因應，常若有餘，時頗稱之。明年，入覲。時議修永定河，士驤閱河工，疏言：「全河受病，一由下口高仰，宣洩不暢；一由減壩失修，分消無路。」盧溝橋以下舊有減壩，年久淤閉，宜折修，并挑減河，因請撥帑四十六萬餘兩。詔下部議。

宣統元年，德宗梓宮奉移西陵，詔所需不得攤派民間。士驤慨然思革百年之弊，疏曰：「國初因明季加派紛繁，民生彫敝，屢降旨申禁科累。近畿繁劇，供億多，不能盡革，故田賦較各省輕，而歲出差徭逾於糧銀之數。新政迭興，學堂、巡警諸費，無不取給於民，輸納之艱，日以加甚。擬官紳合查常年應官差徭，實係公用者，酌定數目，折交州縣自辦，不得濫派折錢；胥役書差，官給津貼。庶積弊一清，上下交益。」疏入，優詔答之。五月，卒，贈太子少保，謚文敬。

士驤少孤露，起家幕僚，至於專閫，與人無迕，衆皆稱其通敏云。

馮煦，字夢華，江蘇金壇人。光緒十二年一甲三名進士，授編修。疊上疏代奏，請圖自強，敦大本，行實政，德宗嘉納。典湖南鄉試，稱得士。二十一年，以京察一等授安徽鳳陽知府。鳳屬連年水潦，煦單騎按部，逐一履勘，以被災之重輕，定給賑之多寡，人霑實惠。並屢平反疑獄。總督劉坤一以心存利濟、政切先勞疏保，兩攝鳳潁六泗道。二十七年，遷山西按察使，調四川。廣安州有聚衆謀毀學堂者，獲四人，擬照土匪例正法。煦白大府，請按而後誅，以去就爭，至免冠抵几，不得請不止。旋署布政使，復調安徽，兼署提學使。

三十三年，擢巡撫。時國是日非，海內外黨人昌言革命。巡撫恩銘被刺，衆情惶惑。煦繼任，處以鎮靜，治其獄，不株連一人，主散脅從，示寬大，人心始安。復疏言：「今者黨禍已亟，民生不聊。中外大臣不思引咎自責，合力圖强，乃粉飾因循，苟安旦夕，貽悞將來，大局阽危，日甚一日。挽救之方，唯以覈名實、明賞罰爲第一義，而其要則在『民爲邦本』一言。有尊主庇民之臣，用之勿疑；有誤國殃民之臣，刑之毋赦。政府能使天下自治，則天下莫能亂；政府能使天下舉安，則天下莫能危。根本大計，實係於此。」疏入，大臣權倖多忌嫉之。明年，遂罷。

宣統二年，江、皖大水，復起爲查賑大臣，出入災區，規定辦法，施及豫東，未一年，凡賑三十九州縣，放款至三百餘萬。後復立義賑會。連年水旱，兼有兵災，遠而推至京、直、魯、豫、湘、浙，無歲不災，無災不賑，蓋自蒞官訖致仕，逮於耄老，與荒政相終始，衆稱善人。聞國變，痛哭失聲。越十有五年，卒，年八十五。

煦居官廉而好施。平素講學，以有恥爲的，重躬行實踐。文章爾雅，晚境至鬻文自給云。

論曰：光緒初，督撫權重，及其末年，中央集權，復多設法令以牽制之，吏治不可言矣。錫良强直負重，安內攘外，頗有建樹。馥諳練，士驤通敏，元鼎辦交涉，曾敭論法律，並能持正。煦善治賑，與荒政相終始。「民爲邦本」，善哉言乎！錫良初疏諫集權，樞廷轉相箝制。及事變起，大勢所趨，皆一如所言，世尤服其先見云。

清史稿卷四百五十

列傳二百三十七

李鶴年　文彬　任道鎔　許振禕　吳大澂

李鶴年，字子和，奉天義州人。道光二十五年進士，由編修改御史，轉給事中。父憂歸，服除，命赴河南襄辦軍務。同治元年，授常鎭通海道，署河南按察使，調直隸，授布政使。四年，擢湖北巡撫，調河南。

時捻匪由山東南竄，鶴年以爲十餘年來賊屢擾歸、陳、南、汝間，卽去而他竄，必假道於豫。乃增募兩軍各萬餘人，一曰毅軍，宋慶統之；一曰嵩武軍，張曜統之；更以馬隊屬善慶，與兩軍爲犄角。於是宋慶等軍大破張總愚睢州，鶴年親赴陳、留、杞督戰。任、賴各逆復乘虛北擾，鶴年以賊蹤無定，防河尤急。賊果犯中牟，以有備不得逞，乃於省治西決隄引水南流，擾及長垣。鶴年飛檄水陸各軍沿隄剿堵。賊西走湖北麻城、黃岡，詔飭宋慶一軍越境會勦，殲賊無算。鶴年自駐許州策應，賊竄裕州，慶擊敗之。善慶及淮軍劉銘傳大敗賊贛榆，任柱被戕死。賜鶴年頭品頂戴。七年，奉命督師出境，馳抵磁州。捻犯近畿，更由滑、濬等處沿河東趨。坐防堵不力，再議處。豫軍告捷，賞還頂戴。總愚溺死，捻匪平，照一等軍功議敍。

十年，擢閩浙總督。明年，陛見，賜紫禁城騎馬。旋署福州將軍，兼署巡撫。詔詢海防事宜，覆奏言：「海防之策，莫重於練兵、籌餉、製器、用人四端。四者之中，以用人爲急務，而尤在專其責成。沿海疆臣固責無旁貸，第無統率大員，仍恐意見紛歧，臨事推諉。」上韙其議。

光緒元年，調河東河道總督，兼署河南巡撫。七年，授河南巡撫，仍兼河督。十年，坐審辦盜犯胡體安連疏抗辨，部議革職，以覩槼恩賞降二級職銜。十三年，署河督，疏言：「黃河分流，自宋時河決澶州，分爲二派。明築黃陵岡，始合爲一。河性上漫則下淤，今兩路皆淤，急宜疏支河以預籌宣洩。」報可。逾年，鄭工復決，發軍臺効力。未幾釋歸，並賞三品銜。十六年，卒。宣統元年，開復原官。

鶴年有知人鑒，少與文祥同學相淬厲。及居言職，嚴疏劾肅順跋扈，而奏起曾國藩於家，謂必能辦賊。拔宋慶、張曜統豫軍，後皆爲名將。治豫久，多善政，豫人刻石頌之。始任河督，黑岡隄潰，不絕如縷。鶴年親督工二十餘晝夜，險工克濟。德宗嘗詢李鴻藻以善治河者，鴻藻舉鶴年，上亦識前事之枉也，故再任河督。其卒也，豫民有流涕者。三子葆恂博學多文，尤知名。

文彬，字質夫，納喇氏，內務府滿洲正白旗人。咸豐二年進士，授戶部主事。十年，以員外郎隨扈幸熱河。明年，遷郎中，出知山東沂州府。捻匪逼府城，會師攻拔賊巢，擒匪首孫化詳等。敍功，以道員用。同治四年，隨布政使丁寶楨敗賊滕縣臨城驛，更繞赴東平防賊北竄。補兗沂曹濟道，擢按察使。收復海豐，擢布政使。十年，署巡撫，補漕運總督。再署巡撫，旋還任。

光緒五年，督漕北上，因請陛見，並與河督李鶴年、巡撫周恆祺會商運河事宜，通籌河道寬深，改設運口，導引衞河，設立隄壩，繪具圖說以進。略謂：「現時北運口在張秋南八里廟，與南運口斜對，相距二十餘里。黃流至此雖收束，而溜勢散漫，歧汊甚多。大抵溜勢近南則北口淤墊，近北則南口淺阻。故漕船出南運口入黃後，必東北行二十里，至黃溜匯一之史家橋，再南行二十里，至八里廟北運口，汛水大漲，方能入運。今擬移北運口於史家橋北六里。黃河西岸，由阿城牐東隄開河一道至陶長堡，爲出黃入運口門，築壩灌塘，則黃水不至奪溜，可免牽挽之難。黃、運之間，自賈工合龍後，每伏秋大雨，水無所洩，民間低地有積水數年不得耕種者，若將陂水引歸一塘，不惟蓄水濟運，又可涸復民田。運口既定，即可導引衞河。自直隸元城集東三里衞河曲處鑿新河一道，經直隸之南樂、山東之朝城，至張秋南之蕭口涵洞入運。計衞高于運九丈餘，長百五十餘里，導以濟運，勢如建瓴。更有大小二丹水，亦可由衞濟運。凡建四牐二壩及挑河築隄，估銀七十六萬。較之借黃濟運旋挑旋淤者，相去遠矣。」

又嘗偕兩江總督吳元炳奏復淮流故道，略謂：「淮水匯四十餘河瀦於洪澤湖，楊莊以下雲梯關爲入海故道，餘波入運濟漕。遇旱，復蓄淮流由運河分入淮揚各牐洞，以溉民田。自洪澤湖不能瀦水，張、福引河又不通暢，每遇盛漲，運河一綫東隄，其勢岌岌。儻竟衝溢，不至以裏下河爲壑不止。論者謂必設法束水，然與其上游議堵，何如下游深通。」因條上疏濬楊莊以下舊河入海故道。

未幾，卒，有詔褒錫。兩江總督劉坤一以文彬遺愛在民，請建專祠清江浦，允之。子延煜，舉人，四川鹽茶道；延熙，舉人，九江知府；延燮，進士，武昌知縣；延照，舉人，禮部員外郎。

任道鎔，字篠沅，江蘇宜興人。拔貢，考授教職。咸豐中，在籍襄辦團練，除奉賢訓導。以籌餉勞，晉秩知縣，銓當陽，多善政，調江夏。同治二年，擢知順德府。畿南匪起，行堅壁清野法，修治城堡，屢擊賊於沙河、平鄉間。會捻衆北犯，道鎔率練勇守沙河。夜與賊遇，揮衆奮擊。矛傷及身，不退，賊徐引去，晉秩道員。洺河自廣平入，久淤塞。道鎔與鄰郡合濬，又濬郡北䜈水河，復民田萬餘頃。總督曾國藩、李鴻章迭薦之。十一年，調保定，尋擢開歸陳許道。剔河工積弊，驗工料必以實。嘗冒風雨搶護中河險工，四晝夜始定。

光緒元年，署按察使。授江西按察使，省獄羈囚四百餘人，道鎔便宜訊決，三月而清。四年，遷浙江布政使，調直隸。直隸自軍興，州縣報銷未清，又數值謁陵大差，交代糾葛。道鎔分別新舊案，定限清結。裁革州縣攤捐，實發養廉銀以卹吏，勸屬縣積穀備荒。七年，擢山東巡撫，疏陳營務廢弛，易置統將，以綠營額餉練新軍，責郡縣勤緝捕。泰山、沂水之間，驛路崎嶇，發卒開治平坦，行旅便之。旋以保獎已革知府潘駿羣被議，又以失察編修林國柱預報起復，被劾褫職，降道員。家居久之。

二十一年，起河道總督。故事，河督，開封、濟寧並設行署。自咸豐時，常駐開封，山東河事由巡撫專治。至是復改議河督駐濟寧，而河南巡撫兼治河。道鎔言：「官吏不相屬，則令難行，不如仍舊便。」報可。時河患多在下游，河督專司上游，事簡。道鎔務節費，歲以餘解還司庫。二十六年，拳匪起，河南姦民乘機煽亂。道鎔處以鎮靜，練河標三營助省防。次年，調浙江巡撫。承國威新挫後，民教相鬨，案多未結，持平訊決之。籌集償款，衡其緩急，民不重困。二十八年，乞病歸。逾三年，卒於家，年八十三。

許振禕，字仙屏，江西奉新人。咸豐初，以拔貢生參曾國藩戎幕。迨楚軍困於江西，都邑相繼陷，振禕偕內閣中書鄧輔綸募鄉兵擊賊進賢、東鄉，旋復吉安。敍功，以同知銓選。同治二年，成進士，授職編修，出督陝甘學政。時河州降回復叛，而西寧諸郡回、漢民亦日相仇殺，試事久停不舉。振禕始按試各郡，多錄降人子弟，補行八次歲科試，入學者數千人，回民大服。建味經書院於涇陽，廣置書籍，以化其獷俗。又請陝、甘分闈鄉試，各設學政，允之。總督左宗棠以謂邊氓長治久安之效，胥基於此。父憂歸。

光緒二年，起故官。八年，授彰衛懷道，減屬縣差徭費歲二十餘萬。豫修裏河隄防，淮海各鹽區得免水患。十六年，擢河東河道總督，築滎澤大壩，胡家屯、米童寨各石壩，河賴以無患。其要尤在嚴稽察，不私財權，令七廳徑赴司庫支領，故積弊除而工堅。二十一年，遷廣東巡撫，禁賭闈姓，粵民利賴之。二十四年，裁廣東、雲南、湖北三巡撫缺，振禕調內用。乞假歸，逾年卒。附祀江蘇、河南曾國藩祠。

吳大澂，字清卿，江蘇吳縣人。同治元年秋，彗星見西北，詔求直言。大澂方爲諸生，入都應京兆試。上書言：「致治之本，在興儉舉廉，不言理財而財自裕。若專務掊克，罔恤民艱，其國必敝。」後六年成進士，授編修。穆宗大婚典禮隆縟，疏請裁減繁費，直聲震朝右。出爲陝甘學政，奏以倉頡列祀典，允之。又薦諸生賀瑞麟、楊樹椿篤志正學，給瑞麟國子監學正銜，樹椿翰林院待詔銜，士風爲之一變。時詔修頤和園，大澂復言時事艱難，請停止工作。疏入，留中。

光緒三年，山、陝大饑，奉命襄辦賑務。躬履災區查勘，全活甚衆。左宗棠、曾國荃、李鴻章等交章論薦。四年，授河北道。時比歲荐饑，貧民減價鬻田，十不得一。巡撫涂宗瀛飭荒歲賤價之田准取贖，然往往爲勢家所持，以故失業者衆。惟大澂能判決如巡撫恉。

六年，詔給三品卿銜，隨吉林將軍銘安辦理西北邊防。大澂周歷要隘，始知琿春黑頂子地久爲俄人侵占。因請頒舊界圖，將定期與俄官抗議，未得旨。時有韓效忠者，登州人，傭於復州侯氏。負博進，遁往吉林夾皮溝。地產金，在寧古塔、三姓東，萬山環繞，廣袤七八百里。流亢嘯聚其中，亡慮四五萬，咸受效忠約束。效忠嚴而不擾，衆服其公允，屢抗大軍不出。大澂單騎抵其巢，留宿三日，勸效忠出，效忠猶豫，意難之。大澂曰：「我不疑若，若乃疑我耶？」對曰：「非敢疑公。某負罪久，萬一主兵者執前事爲罪。某死不恨，辜公意奈何？」大澂挺以自任，遂與效忠出，奏給五品頂戴，子七品，孫登舉有平寇功，授參將。七年，授太僕寺卿。法越事起，會辦北洋軍務，駐防樂亭、昌黎。

十年，遷左副都御史。俄，命使朝鮮，定其內亂，鹽運使續昌副之。至則日本使臣井上馨避不肯見，而挾朝鮮左議政金宏集於議政院，索償兵費三十萬。大澂謂續昌曰：「是蔑我也！」立率兵至議政院，排闥入，責數宏集：「柄國敗壞國事。今定約稍不愼，便滋異日紛，非所以靖國也。」宏集唯唯，井上馨亦氣懾，減索兵費十一萬而去。

十一年，詔赴吉林，會同副都統伊克唐阿與俄使勘侵界，即所侵琿春黑頂子地也。遂援咸豐十一年舊界圖立碑五座，建銅柱，自篆銘曰：「疆域有表國有維，此柱可立不可移。」於是侵界復歸中國，而船之出入圖們江者亦卒以通航無阻。十二年，擢廣東巡撫。葡萄牙侵界至澳門香山。總署與立約通商，畫澳門歸葡轄。大澂持不可，條上駁議，不報。

十四年，鄭州河再決，上震怒，褫河督李鶴年職，以大澂代之。是年冬，河工合龍，大澂力居多。大澂盛負時譽，會海軍議起，以醇親王奕譞爲總理。大澂素與王善，治河功成，實授河道總督，加頭品頂戴。大澂遂疏請尊崇醇親王稱號禮節。疏入，孝欽顯皇后震怒，出醇親王元年所上預杜妄論疏頒示天下。大澂幾得嚴譴，以母喪歸，乃已。

十八年，授湖南巡撫。朝鮮東學黨之亂也，日本與中國開釁，朝議皆主戰。大澂因自請率湘軍赴前敵，優詔允之。二十一年，出關會諸軍規復海城，而日本由間道取牛莊。魏光燾往禦，戰不利。李光久馳救之，亦敗，僅以數騎免。大澂憤湘軍盡覆，拔劍欲自裁，王同愈在側，格阻之，同愈以編修參大澂軍事也。光燾請申軍法，大澂歎曰：「余實不能軍，當自請嚴議。」退入關，奉革職留任之旨。乃還湖南，尋命開缺。二十四年，復降旨革職永不敍用。二十八年，卒，年六十八。

大澂善篆籀，罷官後，貧甚，售書畫、古銅器自給。著有古籀補、古玉圖考、權衡度量考、恒軒古金錄、愙齋詩文集。

論曰：河患日棘，而河臣但歲慶安瀾，即爲奇績，久未聞統全局而防永患，求治難矣。鶴年以善治河稱，文彬論治河改運口，復淮流，亦頗有識。道鎔剔河工積弊，務節減，振褘督工嚴，盡革中飽，尤以勤廉著，皆足收一時之效，然徒治標，非治本計也。大澂治河有名，而好言兵，才氣自喜，卒以虛憍敗，惜哉！

清史稿卷四百五十一

列傳二百三十八

李朝儀　段起　丁壽昌　曾紀鳳 儲裕立　鐵珊　桂中行
劉含芳 陳黌舉　游智開　李用清 李希蓮　李金鏞
金福曾 熊其英　謝家福　童兆蓉

李朝儀，字藻舟，貴州貴筑人。道光二年進士，授直隸平谷縣，歷署饒陽、三河。咸豐初，遷大興京縣，署南路同知，補東路同知，皆有治聲。時海防戒嚴，築寧河、北塘、大沽諸礮臺，工堅費核，平餘銀鉅萬，悉以入官，晉秩知府。十年，署順德。捻匪北竄，朝儀率鄉勇出禦，嚴陣以待，礮折大旗，迄不動。益使游騎左右馳突爲疑兵，賊來則擊之，退則寂守，久之，賊引去。同治四年，署廣平，敗賊馬疃橋，悉收難民入城，料賊必復至，儲糧械爲城守備。已而賊衆數萬果逼城，不敢犯，城獲全。五年，補大名。馬學孟者，故捻黨也，善戰，有勇力。既投誠，充團總，濬、滑、內黃數縣民多附之，其黨有殺人者，遠近因傳學孟叛矣。後朝儀與賊戰，朝儀馳入其居，曉譬利害，學孟悟而泣，願繳械請罪，遂夷其寨，赦勿問。得學孟死力，故不敗。

八年，授永定河道，署按察使。先後任河道八年，勤於職守，痛革河工積弊，課兵種柳，資工用焉。遷山東鹽運使，尋擢順天府尹。京畿靡薄，朝儀廉勤率之，捕劇盜，抑豪強，絕請託，期年風習一變。光緒七年，卒官。朝儀治河績尤著，民立祠固安祀之。

段起，字小湖，湖南清泉人。初入貲助餉，敍道員。咸豐初，佐廣西左江道王普相幕，數陳兵事。普相薦諸巡撫勞崇光，俾將百人，從解全州圍。別寇鄧正高乘虛襲永州，窺衡州，起單騎馳諭降其衆。貴州叛苗犯懷遠，起討平之。奉檄率所部援江西，謁曾國藩於軍中，國藩未之奇也。時賊踞建昌，久不下。起夜率四百人撲其壘，克之，乘勝復德安，國藩乃納其軍。七年，從劉騰鴻、李續宜攻瑞州，騰鴻戰死，起亦被重創，卒克之。八年，援浙，解衢州圍，還攻景德、浮梁，並克之。明年，陳玉成犯景德，起扼其衝，賊不得逞。出家財募勇，遣別將率以援浙，數有功。巡撫王有齡疏調起赴浙將水陸軍，會以前功加鹽運使銜，留江西以道員補用。十一年，李秀成犯廣豐，遂圍廣信。起嬰城固守，伺間出擊賊，敗之，賊遂引去，加布政使銜。同治元年，授江西督糧道，仍留治軍。二年，克鄱陽、彭澤，給瑚松額巴圖魯名號。

三年，始赴任。時軍事漸定，議撤兵。起條上兵弁安置之策，巡撫沈葆楨疏請頒行，武職借補及收標考課，著爲令。四年，鮑超軍索餉譁潰，起聞變馳視，遇前隊，傷頤，有識者大呼曰：「段糧道也！」皆棄兵拜，起反覆開譬，變乃定。尋兼署按察使。江西、閩、浙之交，有山綿亙千里，故爲盜藪，久封禁。賊未平時，民往往入山避亂，久之生息日繁。至是或頗言粵寇餘孽竄穴其中，詔三省會剿，起疑之，輕騎周歷詢訪，悉其狀，牒大吏疏請弛禁，民德之，立生祠祀焉。六年，以疾歸。邑大饑，傾貲賑贍，全活逾萬家。光緒二年，再授江西督糧道，調江南徐州道。六年，兩廣總督張樹聲調治海防，擢廣東鹽運使。八年，卒於官。

丁壽昌，字樂山，安徽合肥人。少爲里塾師，粵寇擾淮南，遂集里中子弟勒以兵法，築寨自保。同治初，率偏師從李鴻章東征，轉戰蘇、松間，由知縣晉秩知府。隨潘鼎新攻浙江，克乍浦，擢乍浦同知。又隨克嘉興，晉道員。進攻湖州，戰於晟舍鎮，賊憑河爲險。壽昌梟水破其兩壘，諸軍隨擊，立克之，湖州賊遂不振。論功，加按察使銜。六年，率師從劉銘傳剿捻，迭敗之黃安、鄧州。賊南竄泚陽，霖雨，平地水數尺，捻酋任化邦竄渡泚水而西。

壽昌先解衣率將士徒涉，伐木爲梁濟軍，既濟，乃斷梁。衆知無退路，奮擊破賊，追斬化邦贛楡城下。詔以道員簡放，加布政使銜。又戰濰縣，擒捻酋李芸等，給西林巴圖魯勇號，記名按察使。

八年，天津民、教搆釁，命壽昌率銘軍四千馳赴津、沽備非常。遂署天津道，尋實授。時人情洶懼，譌言繁興。壽昌處以鎭靜，扶良詰姦，屬境安堵。救火會董積憤西教，適大火，相約不救教堂。壽昌聞警奔赴，略無畛域。會董感其誠，乃施救。梁家園河隄將圮，壽昌親執畚立水中，衆益奮築，隄獲全。設廠以賑流民，廬竈藩溷悉有程式。會遭父喪，士民奔走籲留者萬人，堅請終制。服除，詔赴天津總理營務，兼充海防翼長。光緒四年，署津海關道，擢按察使，署布政使，以勤愼稱。六年，卒官。賜卹，贈太常卿，於天津建立專祠。

曾紀鳳，字摯民，湖南邵陽人。以諸生從軍，洊保知縣。駱秉章督四川，調領湘果後營。同治元年，石達開竄踞敍州雙龍場，分軍陷高縣。紀鳳從按察使劉嶽昭赴援，戰城下，克之。又迭敗之弔黃樓、羅家坳，涉水先驅奪賊壘。達開連營三十，與橫江爲犄角。紀鳳燬橫江西岸賊巢，遂薄雙龍場。計招賊黨爲內應，而潛軍襲其後。達開奔燕子灘，邀於橫河，半渡，擊之，遂竄滇境。三年，從克正安，進圍綏陽，屢戰有功，晉知府。尋調廣東，又調貴州，並任軍事。十年，與總兵鄧千勝克𥡛哈，擒楊阿保，晉道員。

十一年，會諸軍剿平苗民之梗化者。貴州下游東西驛道，苗在其南，漢民在其北。自咸豐時，行旅阻隔，垂二十年，至是始通。紀鳳辦理善後，自黃平以上歷清平、平越、𥡛哈、貴定二百餘里，建碉七十，分立四屯，各設屯官，戍卒六百分守之。墾荒供餉，責以巡緝。姦宄無所容，流民聞風踵至。十二年，古州苗叛，擾清江，旁寨響應。紀鳳率碉兵會諸軍進剿，擒其酋長，撫良苗百數十寨。黔疆略定，賜黃馬褂。光緒元年，授貴西道，巡撫黎培敬深倚之，薦可大用。擢按察使，晉布政使。十三年，調雲南布政使，剿倮黑及大戛寨夷，加頭品頂戴。因請以其地改土歸流，邊隅以安。十五年，乞養歸，尋卒。

儲裕立，字鶴樵，湖南靖州人。從軍貴州，累保知縣。同治初，苗亂熾，迭克天柱、清江，晉知府。十年，署古州同知。兵後彫㓟，羣苗伺釁出沒。裕立修戰備，撫遺黎，民氣漸復。仍統軍先後收復台拱、丹江、凱里諸城，擢道員。光緒三年，下游肅清，論功，賞黃馬褂。督治善後，築城堡百二十七，建義塾百三十九。八年，思南災，裕立往賑，徧歷災區，日稽錢粟出入，無假借，實惠及民。時遵義焚教堂，民情洶洶。裕立馳往撫諭，與法人往復詰難，事得解。尋署貴西道，再歷貴東糧儲。二十一年，卒，賜卹如例。

鐵珊，字紹裴，徐氏，漢軍正白旗人。咸豐中，由筆帖式議敍知縣。從欽差大臣勝保討捻山東，單騎入賊壘，招降捻匪劉占考，散其黨數萬。敍功，以直隸州選用。同治初，發甘肅，署通渭。值回亂，一歲九被圍，嬰城固守，卒得全。日供軍糧萬斤，民不堪命。鐵珊規減其半，民感德。及去任，攀轅不得行。迭攝平番、皋蘭、中衞諸邑，所至輒輕賦役，輯流亡，修城堡，除蠹胥。總督上其治狀，擢寧夏知府，未之任，調蘭州。議建貢院，與陝西分試，自光緒紀元始。是年，署甘涼道，武威、永昌、鎭番三邑共一渠，民爭水械鬬，久不決。鐵珊爲開支渠，別子母水，設牐刊石，立均水約，輪日灌溉，民大悅，爲立祠渠上。地宜牧，因畜羊三千頭，歲以蕃息，用給貧民無告者。十三年，擢河陝汝道，擒巨盜李復岐等，置諸法。建陝州書院以課士，文風始振。閿鄉城北濱河，南臨澗水，歲屢圮，議築石壩殺水勢，艱於鑿運，竟得石閿底鎭激湍中，工遂成。十六年夏，淫雨河漲，陝城不沒者數版。民謂官能捍患，恃以不恐。鐵珊復築石堤，四月畢工，身親其役，竟以勞卒。士民請建專祠，詔賜卹。

桂中行，字履眞，江西臨川人，先世賈貴州，遂占籍鎭遠。爲諸生。咸、同間，積軍功，爲知縣安徽，署合肥、蒙城、阜陽。曾國藩率師征捻，檄中行察勘蒙城圩寨。蒙城故捻藪也，中行單騎歷諸圩，曉以利害，擇良幹者爲圩長。堅壁清野，寇無所掠。禮接耆老賢士，從詢方略。得通捻姦民簿記之，誅其魁桀數十人，豪猾斂迹。歲餘，威化大行。民陷賊及遠徙者，相率還歸。以功晉知府。調江蘇，筦揚州正陽釐榷。光緒元年，署徐州，以祖母憂去官。

三年，宣城、建平民教鬨，焚毀教堂。總督沈葆楨强起中行往治，中行謂：「民倡亂當治如律，然民所以亂，由教堂侵其地。今當令民償教堂財，而教堂還民地。」持數月，卒如中行議。內艱歸，服闋，檄治皖南墾務。皖南兵燹後，客民占墾不輸賦，至是淸丈田畝，無問主客。客民譟，捕斬其魁，乃聽命。三歲事竣，增賦鉅萬。

九年，補徐州。值水災，興工賑，修隄埝二百餘里。又濬邳州艾山河，築宿遷六塘埝，水患除，民以不饑。治徐十二年，課農勸士，盜賊衰息。擢岳常灃道，數月，遷廣西按察使，復調湖南。二十年，卒。中行所至有聲，官江南最久，民尤愛戴之。附祀徐州曾國藩祠。

劉含芳，字薌林，安徽貴池人。同治初，李鴻章率師東征，從克蘇州，司運糧械。後隨征捻，積功至道員。鴻章督直隸，命含芳治軍械天津。得西洋利器，省覽機括，久之悉通其意。鴻章方拓北洋軍備，於西沽建武庫，廣收博儲，以肄將士，擴充機器、製造兩局，募工儆搆，創設電氣水雷學堂，編立水雷營，皆以含芳董其役。

光緒七年，詔求人才，以鴻章薦，交軍機處存記。時海軍初立，造船塢旅順，含芳兼領沿海水陸營務處。十四年，署津海關道，授甘肅安肅道，留治海防。尋調山東登萊青道，監督東海關。十九年，始之任。含芳自隨鴻章至天津，凡十四載，屯旅順十一載，至是雖領一道，猶隸於北洋。

二十年，遼東兵事起，海陸軍屢挫，旅順、威海相繼陷。登萊青道駐煙臺，敵軍日逼。俄報軍艦沒於劉公島，寧海亦陷，敵前鋒距煙臺十餘里。時巡撫李秉衡亦駐師煙臺。西國諸領事言巡撫在，則敵攻之急，於租地不便，巡撫乃退萊州。領事復言含芳，含芳曰：「巡撫大臣也，可去。某守土吏，去何之？今死此矣！」因置鴆二盂案上，與其妻郝冠服坐待，意氣堅定，民恃無恐。有潰卒數千，持兵譟呼求食。含芳單騎馳諭，處以空營，重爲編伍，不願留者厚給遣之，皆出私財。初，西人聞潰兵，甚戒嚴，俄而散遣，殊出不意，咸稱道之。和議成，奏派渡海勘收還地。始威海、旅順、大連灣皆荒島，含芳瘁心力營搆十餘年，所成險塞，至是見盡毀矣，因憤慨流涕，以疾乞歸。卒，贈內閣學士。

陳黌舉，字序賓，安徽石埭人。少從其鄉陳艾游，以諸生爲曾國藩所識拔。李鴻章督師，令主辦行營支應。或謂「大軍轉餉關天下，往者輒命大臣，今以諸生任耶」？卒用不疑。自粵亂作，海內困軍餉。黌舉曰：「餉糜則斂重，戰久則餉虧，兵不潰，民且寇矣。」乃釐訂條款，杜絕冒濫。軍行數載，餉節民和，平捻之功實基此。鴻章移直隸籌海防，凡炮臺、船塢、製造、電報及疏河、屯田諸役，需費尤鉅，皆倚之以辦。先後綜軍糈二十餘年，一介不苟。將吏服其廉潔，雖被裁抑，無怨言。直、晉大災，兼籌賑務，廢寝忘食，稽核勤摯，人不忍欺。以私款歸實濟，全活以億萬計，衆皆德之。旋以積勞病卒。初由訓導累功至知府，詔贈道員。與含芳同附祀鴻章祠，入祀淮軍昭忠祠，並祀鄉賢。

釁舉子惟彦，亦見重於鴻章，命繼司軍計。由大理寺丞累保知府，官貴州，歷開州、婺川，調守黎平。首革票差催糧，遏龍世渭逆謀，破鴨販彭三等血案，遠近驚爲神明。鄰邑有訟，往往越境就訴。興學育才，並創立體仁堂養老恤孤，勸工習藝，政聲頗著。巡撫疏爲良吏第一，以道員改江蘇，總釐捐，任督銷。去弊化私，以廉直稱。旋授湖南財政監理官，復委辦兩淮鹽政，創設淮南公所，歲增至二百萬。歸，與弟惟壬於縣境修巨橋跨舒溪，亙六十餘丈，便行旅。邑人私謚曰慈惠。〔一〕

游智開，字子代，湖南新化人。咸豐元年舉人，揀選知縣。同治初，李續宜巡撫安徽，調司釐榷，以廉平稱。四年，署和州知州，日坐堂皇決事。又時出巡四境，延見父老，問其疾苦。親爲諸生考校文藝，剖析經旨，敎以孝弟廉讓。期年，治化大行。州舊由胥吏墊完糧賦，最爲民病，禁絕之。築灝江隄防，自督工役，費節而堤堅，免水患。補無爲州，署泗州，治盜尤嚴。曾國藩稱其治行爲江南第一，移督直隸，調智開署深州。興義學，減浮征，民大悅。補灤州，民苦兵車，爲別籌輸送，免擾累。俗健訟，姦民居間交搆，痛懲之，其風漸息。

十一年，擢知永平府，一車一蓋，周歷下邑，得其情僞。遇有事，牧令未及報，輒已聞知。一日侵晨，馳至遷安獄，獄吏方私繫囚求賂，卽拘吏至縣庭笞之。令始驚，起謝。葺書院，築城垣，修郡志，皆事舉，無濫費。灝海產鹽，貧民資爲衣食。部牒禁私販，疏官引。智開上言民間少一私販，卽地方多一馬賊。鹽本宜行官引，惟永平則仍舊爲便，事得寢。有巨室以析產搆訟，久不決。智開坐便室，呼兩造至，不加研鞫，自咎治郡無狀，變起骨肉，望族如此，況齊民乎？訟者流涕請罷。李鴻章疏陳智開清勤端嚴，足勵末俗。光緒六年，擢永定河道。河患夙稱難治，智開每當搶護險工，立河干親指揮，日周巡兩岸以爲常，員弁無敢離工次者。左宗棠議將永定河南岸改北岸以紓水患。智開以上下游數百里，城市廬墓，遷徙不便，力爭而止。兩以三汛安瀾邀優獎。

十一年，擢四川按察使。攜一僕乘篼輿入蜀，密訪吏治得失，民情愛惡。督屬清釐積案，常躬自訊結，獄訟爲清。兩權布政使。十二年，護理總督。重慶教案起，智開奏言是案當以根究起釁之由，先收險要及預定款目爲關鍵。非贖回險要，無以服渝民之心；非嚴誅首犯，無以制洋人之口；非議賠銀兩，無以爲結案之具。諗知教首羅元義激成衆怒，幾釀大變，飛檄拘之入省，民團始散。又以元義身雖入教，仍是中國子民，自應治以中國法律。請敕總理衙門據理與爭，勿許公使干預。時中外皆恐以肇釁端，智開持之益力，卒置元義於法。薄給賠償，而案遂結。

十四年，遷廣東布政使，署理巡撫。劾貪墨吏，不避權要，嚴賭禁，却闈姓例餽三十萬金。僧寺匿匪，廢改義塾。十六年，以老乞休。二十一年，起廣西布政使。爲政務持大體，事有不可行，力持不變。痛除官場積習，僚屬化之。靈川鬧糧，省令發兵剿辦。智開以事由激變，辦理不善，責歸縣令，民獲保全。又念粵西地瘠，向鮮蓋藏，捐廉儲糧石，通飭各屬積穀備荒。凡廉俸所入，悉以辦公益，無自私。閱三年，因病罷歸，卒於家。所至各省俱請祀名宦祠。

李用清，字澄齋，山西平定州人。同治四年進士，改庶吉士，出大學士倭仁門，散館授編修。安貧厲節，日研四子書、朱子小學，旁稽掌故，於物力豐瘠，尤所留意。大婚禮成，加侍讀銜。十二年，丁父憂，徒步扶櫬返葬。服闋，入都，仍課生徒自給。

光緒三年，記名御史。會山西奇荒，巡撫曾國荃、欽差大臣閻敬銘奏調用清襄賑務，騎一驢周歷全境，無間寒暑，一僕荷裝從。凡災情輕重、食糧轉輸要道，悉紀之册。深窮病源，以爲晉省罌粟花田彌望無際，必改花田而種五穀，然後生聚有期，元氣可復，上書國荃詳論之。國荃疑晉新荒，禁烟效緩，且全國未禁，徒歛怨，說竟不行。賑竣，卻保獎。還京，傳補御史，引見有日矣。法越事萌芽，張樹聲以廣西邊防奏調。樹聲督兩廣，復調廣東任海防釐權，洗手奉職。七年，授惠州知府。境故多盜，喜博，喜私鬬。用清推誠化之，俗乃稍革。

八年，遷貴州貴西道。明年，超擢布政使，署巡撫。實倉儲，興農利，裁冗員，劾缺額之提鎮，擒粵匪莫夢弼等置諸法。巡閱所至，召士子講說經傳，將吏環聽，相與動容。黔地土瘠，多種罌粟，暢行湘、鄂、贛、粵諸省，用清奏陳禁種之法，分區限年，時自出巡，刈剷煙苗。言者疑其操之過急。十一年秋，有旨來京候簡。召對，猶痛陳罌粟疚國殃民狀，冀可挽回萬一。旋命署陝西布政使，荒瘵之後，休養生息，仍嚴煙禁。十四年，復命來京候簡，遂以疾歸，主講晉陽書院凡十年。用清嚴於自治，勇於奉公。藩黔時，庫儲六萬，年餘存十六萬，陝庫三十萬，再期六十餘萬矣。所至尤措意桑棉織組。嘗濬三源縣龍渠，溉田千餘畝。俸入不以自潤，於黔以購粟六千石，於陝購萬石，備不虞。鄭州河決，捐工需二萬兩。二十四年，卒。子貴陽扶柩歸，以毁殤。

同縣李希蓮，字亦青。咸豐十年進士，授戶部主事，再遷郎中。性節儉，官京曹三十年，車馬羸敝，不顧訕譏。英、法兵入都，曹司多走避，希蓮昕夕詣署無間。以忤肅順，乞假歸。同治元年，起原官。時軍興餉絀，希蓮條陳開源節流數端，恭親王奕訢韙之。雲南報銷案發，同僚有褫職遣戍者，希蓮獨無所染。光緒中，出爲江西廣饒道，除濫稅，復徵額。擢山東鹽運使，調長蘆。累遷貴州按察使、陝西布政使。戊戌政變，希蓮頗憂大亂將起，與總督陶模議籌建陪都。及兩宮西幸，人始服其先見云。

李金鏞，字秋亭，江蘇無錫人。少爲賈，以試用同知投効淮軍。光緒二年，淮、徐災，與浙人胡光鏞集十餘萬金往賑，爲義賑之始。後遂賑直隸、山東，皆躬其役。五年，晉秩知府。調直隸，修西淀隄。吳大澂督防吉林，金鏞任琿春招墾事。界外蘇城溝墾戶數千，苦俄人侵略，相率來歸，咸得奠居。海參威既通商，俄人援例要請東三省要地設領事，嚴拒之。又力爭八道河民被俄焚掠，抵俄官於法。將軍銘安以爲才，疏留吉林任用。中俄界約，自瑚布河口循琿春河至圖門江口，以海中之嶺爲界嶺，以西屬中國，距江口二十餘里立土字碑。界圖疎略，致嶺西之罕奇、毛琛崴等鹽場置綫外。俄復於黑頂子地私設卡倫，距江口幾百里矣。大澂使金鏞會勘，據約爭還侵地，重立界碑。署吉林知府，整錢法，開溝洫，攤丁於地，以蘇民困。

九年，署長春廳通判。廳境爲蒙古郭爾羅斯地，初招流民領墾納租，久之墾逾所領，謂之「夾荒」。民懼增稅，因出錢免丈量，刻石紀之。至是蒙旗復牒理藩院請丈，金鏞挾碑文謁將軍爲民請命，曰：「誠知清丈則公與某各有所得，然如民何？」將軍聞之愕然，奏罷其事。創建書院，厚其廩餼，購書數千卷，資學者誦習。捕斬劇盜苗青山等，境內乂安。不時巡歷鄉僻，呼召父老，爲講孝弟力田。金鏞性坦易，口操南音，所至民愛而憚之。以功晉道員。

俄侵佔精奇里河四十八旗屯地，在黑龍江岸東。金鏞爭還補丁屯至老瓜林百七十餘里，劃河定界。漠河者，在璦琿西，三面界俄，地產金，俄人覬覦之。北洋大臣李鴻章議自開採，以金鏞任其事。陸路由墨爾根入，水運由松花江入，各行千餘里，僻遠無人。披斬荊棘，於萬山中設三廠，兩年得金三萬。事事與俄闗涉，艱阻百端。又開廠於黑龍江南岸札伊河旁之觀音山，皆爲北徼名礦。集商貲立公司，流亢遠歸，商販漸集，收實邊之利焉。十六年，病卒工所。贈內閣學士，予漠河建祠。

金福曾，字苕人，浙江秀水人。以諸生從軍，先侍祖父衍宗溫州教授，任籌團練助城守。旋隨官兵肅清金、處，協守獨松關，解杭州圍。李鴻章器其才，克蘇州，檄辦善後。捻事起，往贊徐州道張樹聲軍務。捻衆北竄，出防大名。丁憂歸，福曾積功已至知縣，服闋，赴江蘇，歷署婁、南滙、吳江諸邑。所至興學校，課農桑，理寃獄，禁溺女，勸墾沙田，開濬河道，多善政，民有去思。光緒初，河南、山西大祲。吳人謝家福等倡義賑，集四十餘萬金，推福曾董其事。四年秋，至河南分賑洛陽等十二州縣。新安、澠池災尤重，福曾創立善堂，恤嫠掩骼，收贖子女，購車馬若干輛，代疲民應役。開渠澗，製龍骨車，興水利。又濬洛陽、宜陽廢渠，貫通伊、洛，灌田二萬頃。五年，賑山西虞鄉等十縣。事竣，移賑直隸。時直隸水患方急，持以工代賑之策。

七年，疏大清河，濬中亭河，培千里隄。福曾先援例以道員候選，至是鴻章督直隸，奏留總辦籌賑局。福曾以淀地淤塞爲清河受病之源，淸丈東淀無糧地，釐定葦租，規復垡船。八年，濬東淀河道，修築天津三河頭隄。九年，築子牙河隄，展寬正河，又別開支河王家口以洩盛漲。十年，畿東大水，福曾疏靑龍灣減河入七里海，疏筐兒港減河入塌河淀，並出北塘海口。又開瀝水各河以洩武清、寶坻窪區積水。十一年，濬饒陽滹沱河。十三年，濬四女寺南運減河。兩署永定河道，塞決口，於下口別闢新道。又就大淸河合流處別濬新河，永定河水始直達天津海河。山東河決數爲災，鴻章輒檄福曾往助工賑，親至蘇、浙募貲。

會浙西大水，巡撫崧駿復疏留福曾治工賑。于是杭、嘉、湖三府各河次第疏瀹。會廷議濬餘杭南湖，以福曾董其役。明年工竣，直、魯又告災，福曾已卧病，猶力疾籌賑濟。十八年，卒。鴻章等疏請優卹，贈內閣學士。福曾廉公好義，歷辦工賑十餘年，無日不勞身焦思，治行卓然。及其歿，士民同聲惜之。

熊其英，字純叔，江蘇青浦人。以貢生就訓導。家福集金賑河南，其英請行，始事濟源。濟源山僻小縣也，災尤劇，多方補苴，次第以及他邑。其英親履窮僻，稽察戶口，不避風雪，食惟麥粥、麪餅、菜羹，與飢民同苦。初頭病瘍，足病濕，醫少愈，仍從事不肯休，遂卒於衞輝。巡撫上聞，詔許被賑各州縣立祠祀之。

家福，字綏之，吳縣人。世以行善爲事。聞豫、晉災，呼籲尤切。義聲傾動，聞者風起。自上海、蘇、揚及杭、湖，願助賑者衆。日賚錢至家福門，或千金，或數千金，不一年得銀四十三萬有奇。凡賑二十七州，繼其英往者七十四人。家福才識爲時重，於創辦電報及推廣招商輪船局事多所策畫。李鴻章尤賞之，嘗疏薦稱有「物與民胞」之量，體國經野之才。金福曾亦聞而歎許焉。家福歷保至直隸州知州，卒不仕。時又有吳江紳富沈中堅，鬻田三十頃，親往山西賑災。亦義行之尤著者。

童兆蓉，字少芙，湖南寧鄉人。同治六年舉人，從軍陝西，積功晉知府。光緒三年，署榆林。歲祲，便宜發倉，復運粟於包頭、寧夏，單騎臨賑。既而大疫，延榆綏道及榆林令皆遽歿，代者不至。兆蓉一身兼攝三官，比戶存問，爲具醫藥，全活甚衆。六年，署延榆綏道。屬郡荒僻，士僿民貧。爲拓學舍，購書勸課，教民樹藝畜牧。治榆溪河，開渠溉田，民利之。八年，授興安知府。汰胥役，禁私錢。總兵余虎恩販錢爲利，獲而燬之。稅胥索賈人金，榜治幾死。民間婚娶苟簡，爲定禮制，禁淫祀，葺昭忠、節孝祠，以正民志。安康令徵糧苛急，民聚而譁，兆蓉往撫諭。總兵及釐局挾前嫌，誣爲激變，遂解任。尋得白，署漢中，逾年還本任。川匪擾境，擒斬其渠，賊潰走。調西安，攝督糧道，定徵糧改折，上下稱便。

二十六年，擢浙江溫處道，先署杭嘉湖，明年乃之任。値拳匪亂後，瑞安民楊茂奶與教堂積釁。浙東法國主教趙保祿尤橫，挾兵船至溫州，必欲殺楊。兆蓉力爭曰：「彼法不當死，我不能殺人以媚人。」卒拒之，以此名聞。颶風爲災，賑糶並舉，民不乏食。三十一年，卒於官。

論曰：光緒初，各省重吏治，監司大吏下逮守令，皆一時之選。朝儀以下諸人，或禦亂保民，或治盜清訟，或興學勸業，或救災恤患，莫不以民生爲重。承兵燹後，辛苦凋殘之人，得生存以至今日者，實賴於此。「民亦勞止，汔可小休，惠此中國，以爲民逑」。誠知本哉！

〔一〕按：劉含芳傳所附陳甓舉傳，關內本與關外一次本無。

清史稿卷四百五十二

列傳二百三十九

洪汝奎　楊宗濂　史樸 史克寬　沈保靖

朱其昂 弟其詔　宗源瀚　徐慶璋 徐珍　蒯光典

陳遹聲　潘民表 嚴作霖　唐錫晉　婁春蕃

洪汝奎，字琴西，湖北漢陽人。道光二十四年舉人。咸豐初，考取官學教習，期滿以知縣用。參曾國藩軍事。同治初，洊保至江南道員。總理糧臺，供應防軍及他省協餉。又籌還西征洋債，出入逾二千萬，綜核名實，不避嫌忌。光緒中，沈葆楨爲兩江總督，尤倚任之。葆楨治尚威猛，因疾在告，輒疏請汝奎代治事，聲望益起。會詔求人才，大臣交章論薦。五年，特擢廣東鹽運使。調兩淮，裁冗費，建義倉，濬揚州城河。方欲大有爲，而江寧三牌樓之獄起。

先是有棄尸三牌樓竹園旁，汝奎令參將胡金傳偵獲僧紹宗等仇殺謝姓男子，又稱薛姓，名亦屢易，汝奎請覆訊。葆楨以會匪自相殘，卽置大辟。逾三年，得眞盜周五、沈鮑洪等殺朱彪事，時地悉合。事聞，命尚書麟書、侍郎薛允升往江南卽訊，金傳坐濫刑失入，治如律；汝奎失察，褫職遣戍；葆楨以前卒，免議。於是朝旨申戒各行省愼重刑獄，並禁嗣後武員毋庸會鞫。汝奎至戍所，未幾赦歸，遽病卒。宣統初，總督端方疏陳其治行，復原官。

楊宗濂，字藝芳，江蘇無錫人。咸豐末，以戶部員外郎在籍治團練。時錢鼎銘乞師於曾國藩，宗濂偕行。及李鴻章以援師東下，宗濂率舊部爲軍導，屢著戰績。劉銘傳進剿江陰，宗濂率濂字營守楊舍。賊來犯，宗濂領沙團擊卻之。沙團者，起於江岸集衆自衞，以技勇名，賊皆畏之。攻無錫，宗濂任前鋒。與賊酋黃子澄鏖戰，夜奪北門入，拔其城。合攻常州，宗濂督戰西門，架浮橋，獨騎先進，馬驚逸，墮河，躍起易騎再進，揮兵肉薄登，遂擒陳坤書。江南平，隨鴻章移師剿捻，總理營務處。軍興所至索官車，吏民交困，宗濂創立車營，行軍所需，預爲儲峙，隨時無不備。諸軍仿其制，皆稱便。積功擢道員。同治十一年，權湖北荊宜施道，被劾罷。鴻章創北洋武備學堂，奏起宗濂總其事，成材甚衆。光緒十六年，授直隸通永道。時畿輔大潦，宗濂主賑事，假便宜發緡粟。復大治水利，修潮白、青龍、薊運、北運、通惠、永淸各河。疏渠樹防，闢膏腴數萬頃，士民刊碑頌德。以憂歸。再起，爲山西河東道，歷權布政使、按察使，遷長蘆鹽運使。二十六年，聯軍犯天津，宗濂督蘆勇登陴固守，飛丸裂左脛，血流如瀋，猶裹創治軍。城陷，巷戰，又傷右股。命駐保定督糧臺，旋隨鴻章入都議和。事定，賞三品京堂。未幾，以病乞休，卒。

史樸，字蘭畦，直隸遵化州人。以進士用知縣，分廣東，歷惠來、乳源、南海等縣，所至有威惠。潮陽盜鄭段基殺前令，樸涖任，立捕誅之。晉羅定知州，留省捕劇盜劉亞才及餘盜九百，並置諸法。粤省海盜久爲患，樸航海往勦，降盜魁張十五仔等，盡散其黨數千，有不受撫者勦平之，擢知府。勦英德土匪，遇伏佛岡，沒深澗，罣木得不死。賊踵至，睨之，曰：「史公也！」爭引出，跪進飲食。樸責以大義，數且詈，誓絕粒。賊益敬畏，羅拜感泣，願縛渠自効。會救至，舁之歸。詔革職，仍令自効。匪平，復故官。

粤東匪起，省城戒嚴。守獵德礮臺，連破沙灣、茭塘、新竈各賊巢，賞孔雀翎，知肇慶府。梧州被圍，督兵往援，拔其衆還軍封川，且戰且守。會英人陷廣州，大府不遑西顧。樸與賊相持五閱月，大小數十戰，殺賊數千人。其後賊大至，會提督崑壽水陸並進，大戰封川江口，連捷殲賊，軍遂復梧州。晉道員，再權肇羅道。同治二年，移廣州，攝按察使，旋署糧儲道。樸在粵前後垂四十年，善治盜，尤善用人。南海隸爲盜誣，特出之，後督捕得其死力。撫瓊盜，易名入伍，多死敵。省圍乏餉，出勸募，立集百萬金。賊初起，獨主撫，及踞梧，則主剿，皆得其機宜。光緒二年，以籌解西征協餉，加鹽運使。鄉舉重逢，賞二品服。四年，卒。

史克寬，字生原，安徽六合人。咸豐中，與兄克諧辦鄉團禦賊。太湖陷，克諧殉。克寬從克太湖、宿松，解六合圍，以國子監典簿保知縣。同治初，劉銘傳剿捻，移征西回，皆挾克寬與俱，爲司饋運及營務處。敍功，擢知府。光緒中，李鴻章督畿輔，檄董工程局，掌河事，治滹沱，於獻縣朱家口闢減河三十里，循子牙河故道入海。鴻章上其績狀，因奏任淸河道，民立石頌其德。旋以他事被劾奪職，遂歸。

沈保靖，字仲維，江蘇江陰人。咸豐八年舉人。父燿鋆，湖北通判，武昌陷，罵賊被害。保靖出入賊中覓遺骸，三載始得死事狀，得賜卹立祠。李鴻章督師上海，招參幕事，積功至道員。同治十一年，授江西廣饒九南道。時英使訂約煙臺，議於江西湖口輪舟停泊起卸貨物，保靖以有礙九江關稅務，力爭之，總署卒廢約。擢按察使，攝布政使。光緒七年，遷福建布政使。法越事起，方事急，城閉，錢米歇業，居民洶洶將爲亂。保靖出諭，發庫款三十萬以濟市面，人心始定。以他事被劾奪職，旋復官，遂不復出。所著有讀孟集說、韓非子錄要、怡雲堂內外編等。

朱其昂，字雲甫，江蘇寶山人。同治初，從軍攻南滙。城賊願降，要一人入盟，無敢往者，其昂毅然請入受其降，城始下。旋納貲爲通判，累至道員。北洋大臣李鴻章頗奇其才。福州船政造軍艦不適用，奏改商船。其昂與其弟其詔創議官商合辦，請設輪船招商局，鴻章上其事，遂檄爲總辦。御史董儁翰劾以力小任重，下鴻章查覆，仍力贊其成。於是官商合力開局集股，並收併外人所設旗昌輪船公司以保航權。數年，成效大著。光緒初，直、晉災，其昂輸私財力任賑撫，以勞致疾。鴻章特委權津海關道，越三日卒，詔優卹，贈光祿寺卿。

其詔，字翼甫。納貲爲知縣，累至道員。歷充江、浙漕運事。輪船招商局既成，復請以額定漕運費給輪船代爲海運，局基始固。再權永定河道，時出巡河堤上下，務盡其利弊。遇伏汛暴漲，嘗三晝夜不交睫，親督弁兵搶護，始免潰決，民皆德之。擴充天津電報學堂，成材益廣。時方議辦海軍醫學堂，其詔復捐自置天津法租界地四十畝爲校址以成之，其急公好義類如此。未幾，卒，贈內閣學士。

宗源瀚，字湘文，江蘇上元人。少佐幕，洊保至知府。光緒初，官浙江，歷署衢州、湖州、嘉興府事，敏於吏事，判牘輒千言。在湖州濬碧浪湖，興水利。時太湖溇港淤塞，前守楊榮緒疏濬無功，會有疏陳治法者，下郡，源瀚乃議大興工役，所規畫甚備。榮緒回任，卒成之，補嚴州。兵後凋敝，多溫、台客民寄墾，習於剽劫，廉治其魁，遣散歸者六千人。治嚴五載，煦嘔山民，穿渠灌田，引東、西湖以洩新安江之暴漲，旱潦不害。每巡行田野，勸民力穡。調寧波，通商事繁。有戈鯤者，素豪猾，爲英國領事主文牘，積爲姦利病民。源瀚發其罪狀，牒上大吏及南、北洋大臣，逐鯤海外。法國兵船犯浙洋，源瀚從寧紹台道薛福成籌海防，多所贊畫，數有功。晉道員，署杭嘉湖道。二十年，日本搆兵，調溫處道，沿海戒嚴，處以鎭靜，清內匪，捕誅盜渠十餘人，疆圉晏然。又三年，卒於官。

源瀚優文學，尤精輿地，所繪浙江輿圖世稱之。

徐慶璋，字璵齋，浙江山陰縣人。初佐都興阿戎幕，累保知縣，歷任奉天寬甸、蓋平、義州，晉興京同知。所歷多善政。常微行市中，遇有訟爭者，輒爲剖其曲直而遣之。倡修養濟院，收養貧民。興俗春耕遲，慶璋集村氓語以農事不可違時之義，衆承其訓，有「早種一天早收十天」之諺，至今誦之。

光緒二十年，由鳳凰廳調遼陽知州。值中日戰亟，省東南各縣相繼淪陷。僅遼陽爲盛京門戶，賴先事籌備。募餉練兵，號鎮東軍，沿邊設防。自遼陽而岫巖、海城、復縣三千六百村士民，編團數萬人，以遼南岵峒徐珍爲練長，勒以兵法。日兵至，慶璋語衆曰：「敵迫矣！援師未集，汝等自爲計，毋與我偕亡。我死，分也！」衆感奮，皆請殺敵，遂迭敗日兵，俘百數十人。戰守歷五越月。長順、依克唐阿方督戰，皆倚以爲重，屢詔嘉獎。是時州西連年水災，復募款捐濟，全活無算。慶璋才而負氣，其平日爲政寬猛兼施，衆畏之如秋霜，愛之如冬日，有徐青天之稱。和議成，擢甘肅慶陽知府，遷甘涼道，積勞致病，卒於官。

徐珍，字聘卿，遼陽人。剛正多勇略，日軍犯遼，珍獨率民團守吉洞峪，扼險堅持，敵不得逞。慶璋既屬以練長，會將兵者忌之，飭散團衆，防務遂弛，而吉洞峪鄉團之名，乃著于中外。事定，以抗敵出力，保用縣主簿。拳匪亂作，珍復辦民團，聯數百村，有匪卽剿捕，不分畛域。匪攻鷹鰲堡及荒溝，先後剿平之。日俄之戰，珍嚴守中立，不稍假藉。總督趙爾巽嘉珍功，以辦團成績上，有「上不支官款，下不取民財，徒以忠義之故，護衞鄉閭，保全無算」之語。歷保至知府。武昌變起，土匪假革命名嘯聚煽亂。爾巽知珍義勇，委充巡防營鬻統，分防遼陽、海城、岫巖、本溪四城，地方賴以安謐。尋以巡防改編陸軍，遂辭職。卒後，州人建專祠祀之。

蒯光典，字禮卿，安徽合肥人。父德模，見循吏傳。光典幼慧，八歲能詩，隨父官江南，所師友多當代名儒，聞見日擴，名亦日起。其論學務明羣經大義，而以六書、九數爲樞紐，治六書則必求義類以旁通諸學，識雙聲以明假借。性强記，有口辯，尤熟於目錄掌故。有所論難，援據該洽，莫能窮也。

光緒九年進士，授檢討。典貴州鄉試，與其副不相下，以狂倨見譏，然榜發稱得士。充會典館圖繪總纂，精密勝於舊。中東兵起，發憤上書，不報，遂乞假歸。總督劉坤一聘主尊經書院講席。光典念國勢弱，在列諸人惟鄂督張之洞有大略，又嘗所從受業師也，因往說之洞愼選才俊，習武備，爲異日革新庶政之用。之洞韙之，卒不果，而聘爲兩湖書院監督。二十四年，敍會典館勞，以道員發江南，創辦江寧高等學堂。大學士剛毅按事江南，司道百餘人同詣謁，獨延光典密室縱談國事，語切直。剛毅大憾，卽議裁高等學堂。光典力爭，不能得，拂衣去。坤一兩解之，檄赴鹽城丈樵地，樵地者，故鹽場葦蕩也。年餘得可耕之地七萬五千頃，收入荒價亦鉅萬。領正陽關督銷局，歲增銷官引百數十萬。會之洞代坤一爲之洞因奏陳總督，以江南財匱，用不足，議增貨釐。光典謂增新釐則病商，毋寧整齊鹽課。兩淮鹽事衰旺，謂：「北鹽視正陽銷數，南鹽視儀棧出數。光典爲江南治鹽第一，督正陽旣有績，請使主儀棧。期三年，成效必可覩。」詔允之。光典旣蒞事，以輪船駐大江三要區，首金、焦，次三江口，次沙漫洲，輔以兵艇，私梟斂迹。始儀棧出數不足四十萬引，比三年，增引十餘萬，歲益課釐銀百五十餘萬。乃益增募緝私兵隊，日夕訓練成勁旅，又於十二圩設學堂，建工廠，遂隱然爲江防重鎭。

三十二年，授淮揚海道，加按察使銜。寶應饑民劫米，令潛逃。適光典舟至，剴切諭解之。而揚州亦以饑民劫米告，詗知猾胥陰煽衆，卽擒治胥。大吏怒，將窮其獄，以光典言得免。運河盛漲，光典先分檄河員增修隄，而自泊舟高郵守視。壩險工迭出，大吏以故事，視節候測水，檄啓壩，不爲動。歷月餘啓二壩，七月杪乃啓三壩，下河六縣獲有秋。建言淮海災區廣，宜寬籌賑金，不宜設粥廠，使災民麕集，費不貲，且生事。與布政使繼昌議不合，會奉檄入都參議改定官制，遂去任。後江北賑事欵絀而費糜，一如光典言。

三十四年，命赴歐洲監督留學生。諸生不樂受約束，輒相訾謷，歲餘謝職歸。詔以四品京堂候補，充京師督學局長。宣統二年，赴南洋提調勸業會，卒於江寧。

陳遹聲，字蓉曙，浙江諸暨人。光緒十二年進士，改庶吉士，授編修。出爲松江知府，鹽梟久爲患。遹聲到官，密致其黨爲導，帥健卒策疾騎踔百餘里，掩其魁捕之，寘諸法。松窪下，數苦潦，濬支河三十餘，並籌歲修費數萬金以澤農。以憂歸。拳禍起，暨俗素强，與教仇。不逞者轉相煽惑，衆至千餘，城鄉約期將爲亂。遹聲獨命輿往喻之，塗與衆遌，勢汹汹，斫輿前衡深寸許，正告之曰：「吾楓橋陳某也，來活爾！」爲指陳利害。衆悟且泣，皆羅拜，爭棄械而走。而城中莠民忽蠭起，遹聲促官守閉城，捕其魁五人斬以徇，事立平。縣北江藻村，賭窟也。每歲十月，吳、越賭徒紛集，一擲累千金，破家者無算。遹聲請於大吏，屆時縣官蒞邨坐禁，著爲例，數百年敝俗至此而革。服除，以勞遷道員，入參政務、練兵、稅務諸政。

三十三年，授川東道。川東，盜藪也，蒞任未浹旬，開縣寇萬餘躪旁縣，立平之。次年，黔中盜魁劉天成結蜀邊逋寇撓川南，防軍數爲所敗。省檄練軍七營剿之，寇至，委械去。遹聲立募精勇數百人，部以兵法，疾馳赴援，未匝月，生縛天成歸。江北廳產煤，礦脈綿延數百里，至合州。奸民私售龍王洞於英商，外務部與訂租約，胥江北廳礦產授之；復要展拓至石牛溝，且蔓及兩川。川人憤，將與英商角。遹聲力爭之英領事，並密囑川人收石牛溝左右地。英商以無佗地可得，得溝與洞，猶石田也，恫喝百端，不爲動，卒以賤值贖回。治渝兩載，大吏交章論薦，遽引疾歸。當軸數招之，謝不出。著有明逸民詩、畸廬稗說及詩集等。

潘民表，字振聲，江蘇陽湖人。同治十二年舉人。光緒初，數募金賑直隸、河南、山西諸行省。十五年，山東河決，凡賑歷城、齊河、臨邑、齊東、濟陽、惠民、商河、青城、濱、霑化、海豐、陽信、蒲臺十三州縣，閱四年始竣。災民無歸者衆，民表於歷城卧牛山建屋五百間、窩棚千間居之，使植桑麻，興耕織，疾病婚嫁，皆有資助。別建工廠百間，義塾八所，設教養局董之。因其規畫，歷十年之久，多有藝成自給者，乃以經費改設蒙養學堂。十九年，賑山西大同邊外豐鎮諸廳，亦倣卧牛山成法，收集教養之。尋以州同就職山東，署恩縣，補平度，擢泰安知府。二十八年，河決利津，詔頒內帑十萬，大吏檄民表去任專賑事。晉道員，發陝西，筦農工商礦局。民表諗同官縣土質宜磁，建磁窰同官，興大利。貲竭將中輟，請兼鹽釐釐榷，以羨餘助磁業，仍不給，且虧稅，計無所出，竟仰藥死，時論惜之。

民表瘁於賑務二十餘年，每遇災祲，呼籲奔走，置身家不顧，敝衣草履，躑躅泥塗，面目黧黑，非人所堪，貲斧悉自貸。及服官，俸入悉以償賑債，充賑用。自義賑風起，或從事數年，由窭儒而致素豐。如民表之始終無染，歿無餘貲者，蓋不數覯。

嚴作霖，字佑之，丹徒人。以儒生奮起司賑事。自光緒二年始至三十年，歷賑山東、河南、山西、安徽、江蘇、直隸、廣西、奉天、陝西數行省。每兼濬河修隄，以工代賑。作霖性強毅，赴事勇決，綜覈無靡費，久而爲人所信，故樂輸者衆。其施賑不拘成法，隨時地而取其宜。當時疆吏以義賑可矯官吏拘牽延緩積習，樂倚以集事。作霖不求仕進，輒辭薦剡，僅受國子監助教銜，數被溫詔嘉焉。積賑餘貲興揚州、鎭江兩郡善舉。及歿，子良沛出二十餘萬金爲恤嫠、保節、備荒等用，成其遺志云。

唐錫晉，字桐卿，無錫人。父文源，闔門殉粤難，積尸滿井。亂平，錫晉拾親骨，瀝血取驗，誓奉遺訓力行善。光緒初，聞豫、晉災，始募義賑。十四年，以恩貢授安東縣教諭。時淮、徐、海大水，錫晉棹小舟往賑，憂勞甚，鬚髮爲白。明年，安東澇，益募金賑之。冬，復賑山東沿海諸郡災，爲置常平倉。二十六年，兩宮西狩，關中大饑，人相食。錫晉釀金四十萬往賑，歷二州八縣，艱困不少阻。災區廣，賑款且匱，乃單車詣行在，請於大學士王文韶，得二十萬金益之。事竣，返安東。坐劾安東知縣貪殘，同落職。兩江總督端方等奏復錫晉官，改銓長洲，後以輸金助賑保道員。三十二年，湘中災，官紳復以賑事囑。秋，淮浦被水，流民數十萬洶聚，喻遣勿散，咸曰：「有司行賑不足恃，必得唐公。」時錫晉臥病，猶強扶而至。衆見其來，驩曰：「吾生矣！」乃各還歸待賑，遂以無事。

宣統三年，方籌賑江、皖，而武昌變起。錫晉憂憤，病日劇，越歲卒。錫晉治賑，自乙亥至辛亥，凡三十有七年，其賑地爲行省八：山西、河南、江蘇、山東以及陝西、湖南，東至吉林，西至甘肅；其賑款過百萬以上。義賑之遠且久，無過錫晉。歿後衆思其德，受賑各省咸請立祠祀之。

婁春蕃，字椒生，浙江紹興人。以貢生納貲爲同知，歷保道員。久參北洋幕府，李鴻章尤重之，常倚以治繁劇。春蕃熟諳直隸水利，永定河常歲決，思患預防，以時消息之，河不數病。長蘆鹽商久困增釐，春蕃務爲寬大，課裕而商不撓。尤精刑律，審覈維愼，直省遂無寃獄。拳亂作，力主勦辦。爲總督裕祿草奏，痛陳邪術萬不可信，戰衅萬不可開，以一服八，決無倖理。裕祿初頗信之，不能堅持，卒致敗裂。匪以通敵誣紳富，請搜殺。春蕃力阻，多保全。事亟，春蕃首請召鴻章北上停戰議和。及聯軍猝至，同僚皆走，春蕃獨留不去，艱苦謀措拄，至一月之久。鴻章至，復參和議，約成，辭優保。辛亥事起，人心惶惑，春蕃夙夜籌慮，獨爲地方謀保安。焦勞益甚，猝病卒。

春蕃敦節操，有經濟才。自鴻章延入直幕，先後垂三十年。歷任總督如王文韶、榮祿、袁世凱、楊士驤、端方、陳夔龍等，皆敬禮之。雖不樂仕進，未親吏治，而論治佐政，留意民生，各郡縣皆奉爲圭臬。歿後，直人思其德，公請附祀鴻章祠。

論曰：各省監司能著聲績者，大抵多起於守令，蓋親民之效焉。及兵事興而有軍功幕職，捐例開而有輸餉助賑，雖其初不必盡親吏治，而以實心行實政，流愛於人，民之感之，亦豈有異？自汝奎、宗濂以至錫晉、春蕃諸人，德惠在人，後人稱之至今，不可敬哉！

清史稿卷四百五十三

列傳二百四十

榮全 喜昌 升泰 善慶 柏梁 恩澤 銘安 恭鏜 慶裕 長庚 文海 鳳全 增祺 貽穀 信勤

榮全，鬬佳氏，滿洲正黃旗人，一等威勇侯那銘嗣子。咸豐元年，襲爵，授二等侍衞。從征山東，以功遷頭等，還直乾淸門。十一年，出爲塔爾巴哈臺領隊大臣，歷喀喇沙爾辦事大臣、伊犂參贊大臣。同治五年，以鑲紅旗蒙古副都統署伊犂將軍。明年，調烏里雅蘇臺參贊大臣。時纏回襲陷伊犂，俄乘機遣兵入，藉口代爲收復。榮全內籌守禦，外示羈縻。又以索倫、蒙古被兵，民多亡入俄境，爲請擇地安插，分部護之。

八年，朝旨以新疆各城多與俄接壤，命榮全會俄官，依三年勘辦西北界約記，建設烏屬界牌鄂博。先是，塔城和約兩國分界，自恰克圖西北踰烏梁海，首沙濱達巴哈，訖浩罕邊界，繪畫地圖，識以紅綫。至是，集議烏克克卡倫仍依舊界，惟自東北沙濱達巴哈至西南賽留格木山柏郭蘇克壩補牌博八，明定界限，所謂烏里雅蘇臺界約是也。九年，坐烏魯木齊城陷，褫職留任。十年，俄遣柯福滿將軍占領庫爾札，聲收烏魯木齊，詔榮全赴伊犂收回城池。榮全遂自烏城西進至霍博克賽里，直抵塔爾巴哈臺。會天大雪，止舍。踰歲，與俄官布呼策勒傳斯奇集議色爾賀鄂魯勒，榮全向之索還。俄官陽言請命本國，而陰遣兵襲取瑪納斯，駸駸欲東犯。榮全不獲已，返塔城。是時，俄人據伊犂可千餘人，滋驕橫，索倫、錫伯苦之。十二年，錫伯窘益甚，榮全濟以銀，俄官反出阻之。榮全曰：「爲我屬地，我自濟之。與俄奚涉焉？」牒駁之，俄官詞屈。上聞而嘉之。

會回搆安集延擾動，上命榮全進攻瑪納斯綴寇勢，遂復其官。十三年，白彥虎犯上馬橋，榮全遣軍敗之沙子山。光緒二年，師克瑪納斯南、北二城。榮全數有功，尋召入京，歷兼護軍統領、右翼前鋒統領。五年，卒，卹如制。

喜昌，字桂亭，葛濟勒氏，滿洲鑲白旗人，世居吉林。亦以防俄著。初從軍征捻，累功至協領。河內之役，以少勝衆，功尤盛，晉副都統。西捻平，賜頭品秩，充西寧辦事大臣。光緒六年，調烏里雅蘇臺參贊大臣。時中俄有違言，俄軍窺吉林邊壤。朝命喜昌佐防務，因上言琿春爲兵衝要地，宜練馬隊二千、步隊八千資守禦。踰歲，抵琿春，相度地勢，迺專囑伊克唐阿防守事，而自率所部頓磨夷石，扼雙城、紅土巖來路，上韙之。和議成，授庫倫辦事大臣，條上邊防六事，尋謝病歸。十七年，卒，予易州建祠。

升泰，字竹珊，卓特氏，蒙古正黃旗人。入貲爲員外郎，銓戶部。出知山西汾州府，有政聲。回寇擾境，錄守城功，晉道員，除河東道。歷浙江按察使、雲南布政使。光緒七年，賞副都統銜，充伊犂參贊大臣，尋授內閣學士。明年，署烏魯木齊都統，與俄羅斯定阿爾泰山邊界。俄人遇事齟齬，升泰執原議不稍讓，始受約束。

十三年，改充駐藏幫辦大臣。時藏人築卡隆阿，爲印度所敗。上命辦事大臣文碩令藏人撤卡。文碩謂爲藏地，無可撤，嚴旨責焉，以升泰代之。而藏人誓復仇，頓兵帕克里，將痛擊印軍。升泰搜集乾隆五十三年舊檔，哲孟雄受偪廓爾喀，達賴以日納宗給之，以雅拉、木支兩山爲界，持示藏人。藏人曰：「地雖予哲，今哲通英，宜收回。」升泰數止之，不從。英使愿媾和，朝旨令升泰赴邊界與印官議約。十四年，印軍收哲全境，藏兵又敗咱利，亞東、朗熱並失。隙愈深，羣思報復，升泰數嚴止之，仍不從。會天寒，印官趣升泰赴議，而藏人請代索哲孟雄、布魯克巴侵地，否則傾衆一戰。升泰仍百計諭藏僧，戒藏番毋妄動。及至邊，布部長遣兵千七百人護衛。升泰慮爲英口實，謝去。并乞印綬封典，升泰允代請諸朝。

既與英政務司保爾會於納蕩，索藏償兵費。升泰曰：「哲爲藏屬，索費無名。」英人又在布境及後藏干壩修路，藏人益大震。英官要求甚奢，升泰力折之，藏人漸就範。升泰數要英撤兵，英不可。升泰以大雪封山，運糧無所，退駐仁進岡。英人既掠哲地，復羈其部長土尕朗思，置之噶倫綳，招印度、廓爾喀游民墾荒。廷議以哲事無從挽救，慮梗藏議，諭升泰勿問。

藏、哲舊界，本在雅拉、支木。後商人往來咱利，爲新闢捷徑。升泰議以咱利山分藏、哲界，以符前案。其印、哲界在日喜曲河，擬約中註明。哲部長母挈兩孫赴升泰營泣訴，丐中朝作主，升泰無如何。英人又欲易置其部長，升泰力阻之。土尕朗思謂愿棄此居春丕，升泰弗許，慮英責言也。

十五年春，藏兵撤退。升泰請總署達英使，電印軍速撤。逮既撤，而英人猶久不訂約。升泰上疏略謂：「聞藏人言：『與有仇之英議和，不若與無仇之俄通好。』設藏番果與通款，英、俄必互相猜忌，後患方長。乞告英使，電趣印督速定藏約。」又言：「與英初次會議，英人欲至藏貿易。告以番情疑詐，始許退至江孜。力言再四，又許退至帕隘。臣力諭藏番，通商萬不能免，始出結遵辦。今英慮他國援以爲請，忽議中止。在藏人固所深愿，在俄人亦不能有所干求。惟日後防範宜嚴，未可再涉疏懈。入夏至今，曠日持久，請敕總署牒英使速議結。」

十六年，以升泰爲全權大臣，與印督定約八款，自布坦交界支莫摯山起，至廓爾喀邊界止，分藏、哲界，哲境歸英保護，所謂藏印條款是也，語詳邦交志。十八年，卒於仁進岡。事聞，優詔賜卹。

善慶，張佳氏，滿洲正黃旗人，黑龍江駐防。初從勝保征捻，積勳至協領，賜號濟特固勒忒依巴圖魯。克鳳陽，擢副都統。論復定遠功，晉頭品服。同治元年，追捻至靈壁，平宿州寇墟。創發，乞病去。踰歲，朝旨以捻事棘，命選吉林、黑龍江騎旅赴皖。軍抵河南，張之萬疏留，連敗粵寇於南陽及湖北陽邳灘鮮花鎮。坐所部兵馬疲瘠褫職，仍留軍。四年，授吉林雙城堡總管。以戰功復故官，卽於軍前除杭州副都統。再坐營馬侵踏民田褫職，追擊竄賊大同集，被宥。

六年，與劉銘傳剿東捻，敗之濰縣松樹山。捻奔贛榆，追及之。銘傳自當賴文光，而令善慶當任柱。任柱殊死鬭，善慶令騎旅下馬結陣疾擊之，尸山積，猶進不止。會大霧，窈冥不見人。銘傳分軍襲其後，善慶率隊大呼衝殺，槍礮雨坌，降人潘貴升斬任柱於陣。善慶乘勢追擊，斬馘千餘級。論功，賞黃馬褂。賴酋勢益蹙，阻瀰河弗能達，迺據壽光王胡城。銘傳等分左右進，善慶與溫德勒克西拒之。追至鳳凰臺，爲他將所敗，就縛於揚州，予騎都尉世職。七年，西捻平，張總愚自沉於河，餘匪爲善慶等所殲，晉二等輕車都尉，赴本官。

擢杭州將軍。杭州駐防自克復後，崑壽規復營制，連成重建營牆。善慶至，籌設漸備。光緒改元，調綏遠城，歷寧夏、江寧。召還，授正紅旗漢軍副都統，駐師通州。十一年，充御前侍衞，佐海軍事務。十三年，出爲福州將軍。次年，卒，予建祠，謚勤敏。

柏梁，字研香，瓜爾佳氏，滿洲正白旗人，杭州駐防。父麟瑞，咸豐末陣亡乍浦，見忠義傳。柏梁少從其叔父鳳瑞出，隸李鴻章軍，轉戰江、浙。攻太倉州，柏梁自南門先登。復攻蘇州，戰於黃天蕩，陣斬悍目。攻嘉興、宜興、江陰、金壇，柏梁皆有功。改隸勝保軍，戰江北，屢捷，累保至協領，賞花翎。杭州克復，調歸駐防，補協領。承歷任將軍辦理營務，善慶尤倚任之。光緒中，駐防初設洋槍隊，以柏梁充全營翼長，兼掌兵司。規畫營制，均照新軍式訓練，紀律肅然。敍勞，以副都統記名。入覲，奏對稱旨。以曉暢戎機、訓練出力，賞頭品服。駐防舊有旗倉，久爲兵燹，柏梁請撥款重建。旋授乍浦副都統。乍浦駐防營燬於粵亂，副都統駐杭州。柏梁蒞任，歲至乍浦巡視海防。以勞卒，賜卹如制。

恩澤，字雨三，噶奇特氏，蒙古鑲藍旗人，荊州駐防。光緒初，以佐領從金順出關，克黃田，復烏魯木齊諸城，擢協領。其秋，回寇奔呼圖壁，追擊之，大潰，又扼之頭屯河，白彥虎益窘。進攻瑪納斯，轟潰城垣數丈，恩澤先登，諸軍繼之，城拔，晉副都統。歷權巴里坤、烏魯木齊領隊大臣。以劉錦棠薦，除吉林副都統，移琿春。

二十年，日本敗盟，與將軍長順籌戰守。迺治團練，築臺壘，設疑兵，敵知有備，引兵去。尋署將軍。其時東山馬賊猖獗，伯都訥、烏拉教匪乘機竊發，竄擾官街、白旗屯。恩澤聞警，率師分擊之，夷其堅堡。又遣提督雲春等，搜東山逸匪。明年，調黑龍江，督邊防。恩澤先後疏請改練洋操，招墾荒地，賑恤窮乏。俄而鬍匪據觀音山南北圍，謀劫金廠。恩澤詗知之，嚴備以待。已，寇果至，營官王槐林等迎擊，大敗之。別遣將大搜山林，自是首觀音山訖烏蘇里滿卡，千餘里無寇蹤。又以撓力溝素窟匪，留兵鎭攝之。上以爲能，降敕襃嘉。二十五年，卒於官，予黑龍江及立功省分建祠。

銘安，字鼎臣，葉赫那拉氏，內務府滿洲鑲黃旗人。咸豐六年進士，選庶吉士，授編修，除贊善。累遷內閣學士，歷泰陵總兵、倉場侍郎。同治十三年，調盛京刑部。德宗纘業，充頒詔朝鮮正使。光緒二年，勘事吉林，條上四事，曰：剿馬賊、禁賭博、設民官、稽荒地，上韙之，命署將軍。吉省武備久弛，寇盜充斥。銘安蒞任，嚴治盜。復募獵戶爲礮勇，號吉勝營。先後檄統領穆隆阿、協領金福，分道追剿，斬馘甚衆。益練西丹步隊八百，入山窮搜，寇勢漸蹙。已，復捕治東山逸匪，擒誅金廠黨魁，軍威大振。默念吉省幅幘四五千里，斷非十數委員能濟事；且旗員未諳民治，請破積習，調用漢官，部臣尼之，銘安抗疏力爭，始愈允。

五年，實授。又言盜賊雖平，餘孽未靖，亟宜增置民官，畫疆分治。先後奏改伯都訥同知、長春通判，理事，爲撫民，置知府、巡道各一，賓州、五常同知二，雙城通判、伊通知州、敦化知縣各一，並請無分滿、漢。又奏弛秧蔘禁，免山獸貢，增各旗義學，士民利賴之。東北與俄接壤，舊設卡倫，無兵駐守。迺遣將分扼要塞，並築營伯力、紅土崖、雙城子，守以重兵，因上安內攘外方略，稱旨。長春號難治，銘安稔知鍾彥才，奏請除通判，部臣以違例請下吏議，銘安盛氣抗辯，上兩解之。然銘安終不自安，引疾去。尋坐失察屬吏受賄，降三級。二十三年，上以治吉有功，部民感念，復故官。明年，鄉舉重逢，加太子太保。宣統三年，卒，年八十四，詔優卹，謚文肅。

恭鏜，字振魁，博爾濟吉特氏，滿洲正黃旗人，大學士琦善子。以任子授吏部主事。累遷郎中，兼內務府銀庫員外郎，充總理各國事務衙門章京，出爲湖北荊宜施道。論捕獲江陵敎匪功，加按察使銜。同治十年，擢奉天府府尹，坐事降。光緒三年，賞二等侍衞，充烏魯木齊領隊大臣。越二年，遷都統。

先是，陝回阿渾妥明客參將索煥章家。煥章者，前甘州提督索文子也，素蓄異志。戍卒朱小桂告變，提督業普沖惑煥章言，誣斬小桂。及煥章反，烏城陷，業普沖被害。至是恭鏜廉得實，請予平反。奪索文榮典，分別卹小桂、業普沖及赴援殉難諸臣，人心稱快，賜頭品秩。九年，除西安將軍，病免。十二年，署黑龍江將軍。疏請舉辦漠河金礦，杜俄人覬覦。又建議墾荒十利，曰：儲國帑、濟民食、嚴保衞、便輯綏、裕經費、富徵收、集商賈、益釐稅、廣生聚、實邊備，詔不許。十四年，實授。明年，移杭州，入覲，道卒天津，詔優卹。子瑞澂，自有傳。

慶裕，字蘭圃，喜塔臘氏，滿洲正白旗人。以繙譯生員考取內閣中書，充軍機章京，兼總理各國事務衙門行走。從文祥赴奉天剿匪，還補侍讀。出知湖北鄖陽府。追錄平捻功，晉道員。光緒元年，擢奉天府府尹。歷遷至漕運總督，調河東河道。九年，除盛京將軍。明年，法越搆衅，慶裕巡視沒溝營、旅順口、大連灣，諭示居民曰：「有能殺敵立功，擒獲奸細者賞。」又遵旨增練蘇拉千人、食餉旗兵五百，上言：「整頓旗營，兼顧海防。今日多一兵，即有一兵之用；異日補旗兵，即可裁客兵之餉。所費者少，所繫者重。」詔嘉許之。朝鮮亂作，檄提督黃仕林等扼隘口。以營口爲兵衝要地，運石塞海口，設電綫達省城。建議籌邊籌餉機宜，附陳宜變通者三事：一，道府年終加考；一，推廣薦舉卓異；一，崇府尹品秩，行巡撫事，議行。

十一年，安東十二州縣告災，慶裕籌賑撫卹，民獲甦。是秋霪雨，遼河、大淩河暴漲，田禾被淹。發倉以濟，設粥廠牛莊、田莊臺收養之。明年，金州蝗，旱魃爲虐。又明年，興京水祲，賑如初。十九年，授熱河都統。道孫河、半壁店，上流民被災就食狀，並請變通盜案、稅額章程。又使吏捕平泉黑役爲害鄉里者，頗著政聲。二十年，調福州將軍。閩海關沿襲舊規，吏胥因緣爲奸，上敕其整理。既至，鉤稽糾剔，蠲苛息煩，弊風盡革。其秋，卒於官，卹如制。

長庚，字少白，伊爾根覺羅氏，滿洲正黃旗人。以縣丞保知縣。伊犁將軍榮全調充翼長。時白彥虎糾西寧回匪寇烏垣，進圍哈密。安集延酋帕夏並僞元帥馬明衆，合烏魯木齊、古牧地、昌吉、瑪納斯、呼圖壁漢回，撲犯沙山子，與爲遙應，勢張甚。長庚奉榮全檄，領練勇赴援。而烏魯木齊都統景廉所遣黑龍江營總伊勒和布兵亦至。兩軍夾擊，殲擒殆盡，卒解沙山子圍。旋贊都統金順戎幕，總理營務，積勳至道員。光緒六年，授巴彥岱領隊大臣。未幾，丁母憂。服闋，入覲，上召見，垂詢西北情形。長庚手繪輿圖，奏陳邊事，以阿爾泰山宜設防守，伊犂邊防宜籌布置，纏金等境宜開屯田，漠北草地宜善撫綏，及哈薩克應仿例編爲佐領等條以對。遷伊犂副都統。

十四年，命充駐藏大臣。行次裏塘，值瞻對番族叛。長庚暫住碩般多，廉知釁由番官肆虐釀成，遴員授以機宜，調集漢、土官兵，聲罪致討，殲渠宥脅，嚴懲藏官，事乃就緒。議者遂欲收其地，仍歸川轄。長庚以瞻對自乾隆以來，叛服靡常，勞師糜餉。同治初年，西藏底定，奉旨將瞻對劃歸達賴喇嘛，派堪布管理。今若蹊田奪牛，使朝廷失信於衞藏，恐所得小而所失大。乃爲詳定善後章程，與將軍岐元、川督劉秉璋等同上。藏亂遂定。

擢伊犂將軍。時伊犂當大亂後，萬端待理。長庚至，多所規畫。葱嶺西有帕米爾者，即唐之波謎羅也，東距疏勒約一千四百里。乾隆二十四年，將軍富德窮追回酋，一至其地，立碑記焉，然稱之爲葉什勒庫爾，未明言帕米爾三字。嘉、道以來，久未顧問，碑亦湮沒。咸、同後，俄人遽以哈薩克右中各部與浩罕八部，設土耳其斯坦、斜米七河、費爾干等省，甚至塔城西之舊雅爾城、阿克蘇之察林河卡倫，同就淪胥。葱嶺東有坎巨提者，一名乾竺特，其都城曰棍雜，與哪咯耳隔水相望，在莎車州西南約二千里。其西北可通帕米爾。坎民貧而多盜，其酋縱掠鄰郡。英人責言，牒告我政府。坎酋又交通俄人。英使臣以割分帕地請，政府恐啓俄爭，拒弗許。時英、俄各以兵壓境。長庚致書新疆巡撫陶模，謂：「屬地當爭，邊地當守，兵釁萬不可開。況能戢土匪之將士，未足以禦强敵；軍中所資，仰給內地及濱江海各省，數月乃達。而俄境鐵軌已至薩瑪爾干，英屬鐵軌已至北印度之勞爾，遲速迥殊。又新疆南北路與俄地犬牙相錯者幾五千餘里，雖兵倍加，不敷防守。且俄若以輕兵由齊桑斯克走布倫托海犯鎭西、哈密，卽可梗我咽喉。當此民窮財匱之時，尤不可輕戰。只能備豫不虞，徐圖轉圜。毋以小忿遂起大釁，增兵徒增民困。」陶模以爲然，卒如長庚議。

又伊、塔之間，有巴爾魯克山者，西連俄界，南逼精河，西南與博羅塔拉接壤，爲伊、塔要道，泉甘土沃，久爲俄人垂涎。自借與俄後，俄人視爲己有。先是，北路劫盜多竄此山，擾行旅。前副都統額爾慶額請租借期滿索回。總署以俄使有續借之請，函詢情形。長庚詳陳利弊，謂此山關係重大，急應收回。隨遣員赴塔城與俄領事會商，堅持人隨地歸之約，卒收回。二十年，甘回作亂，官軍兜勦。賊不能得志於甘，欲循白彥虎故事，西竄新疆，由伊犁遁俄境。長庚諜知，遣兵扼守珠勒都斯等地，賊不能越，遂就擒於羅布淖爾。二十二年，命兼鑲藍旗漢軍都統。二十六年，拳匪肇亂，俄人調兵入伊。長庚與俄領事交涉，凡教堂及俄人財產，力任保護，諭令退兵，人心乃定。調成都將軍，未之任，奉電旨飭赴阿爾泰山查勘界址。旋內召，授兵部尚書。

三十一年，復授伊犁將軍。疏陳伊犁應辦事宜，並言籌餉練兵，必合新疆全省籌畫。將軍事權不屬，莫若裁去新疆巡撫、伊犁將軍，增設總督兼管巡撫事宜，庶呼應靈而事權一。又籌擬北方興屯、置省事宜，請築西安至蘭州、歸化至包頭、包頭至古城各鐵路，皆不果行。

宣統元年，遷陝甘總督。三年，武昌事起，西安等處繼之。前陝甘總督升允奉命督辦軍務，事略定。遜位旨下，長庚乃將總督印交布政使趙惟熙而去。越四年卒，謚恭厚。

文海，字仲瀛，費莫氏，滿洲鑲紅旗人。以繙譯舉人考取內閣中書，充軍機章京，遷侍讀。光緒九年，轉御史。建言培養人才，宜令中外大臣杜徇情，勵廉恥，以植其本，上嘉納焉。十二年，巡視北城。以兄文治授詹事，依例迴避，調戶部郎中。十四年，出知貴州安順府，調貴陽。所莅有聲。

二十二年，數遷至按察使，尋加副都統，充駐藏辦事大臣。旣至，卽上言叛番雖靖，餘孽猶存，兵未可罷，願自任剿辦。二十五年，呼圖克圖第穆搆康巴喇嘛用邪術咒詛達賴。文海曰：「此關風化，不可不有以懲之也。」迺奏請奪其名號。已而野番出掠博窩，地爲川、藏孔道，行旅苦之。官軍入昂多往捕，彼卽扼縮隆岡來路，崛强莫能制。文海率衆進擊，別遣通番語者繞道叩其壁，宣播朝威，反覆開喩。於是上博窩業魯第巴宿木宗，中博窩雨茹寺，下博窩蒲隆、瓊多諸寺，皆相率乞款附，數月而事定，賜頭品服。未幾遘疾，請入川療治，卒於塗。依尙書例賜卹，予入城治喪。

鳳全，字茀堂，滿洲鑲黃旗人，荊州駐防。以舉人入貲爲知縣，銓四川。光緒二年，權知開縣，至則使吏捕仇開正。開正故無賴，痛以重法繩之，卒改爲善。李氏爲邑豪族，其族人倚勢，所爲多不法。鳳全直法行治，雖豪必夷，以故人人惴恐。歷成都、綿竹，補蒲江，署崇慶州，一如治開。舉治行第一，擢卭州直隸州。二十三年，調資州。大足縣余蠻子亂起，其黨唐翠屛等搆衆入境。鳳全迺治城防，設間諜，練鄉勇，聯客軍，諜定寇至，亟遣軍間道襲擊。戰太平場，捕斬略盡。復越境搜治餘黨，不兩月而事寧。州屬患水祲，民多失業，設法賑濟之，全活甚衆。再以治行聞，調署瀘州。二十八年，權知嘉定府。緣江會匪嘯聚，旣蒞事，舉團練，嚴治通匪土豪，居民莫敢玩法。無何，拳匪延入蜀，嘉定當水陸衝，郡中一夕數驚。鳳全內固人心，外嚴拒守。嘗提一旅師四出游弋，匪不敢近。故隣境多破碎，惟嘉郡差全，各國僑民多樂就之，繇是名大著。岑春煊性嚴厲，喜彈劾，屬吏鮮當意，獨亟賞鳳全，一再論薦。遷成綿龍茂道，特加副都統。

三十年，充駐藏幫辦大臣。行抵巴塘，見土司侵細民，喇嘛尤橫恣，久蔑視大臣。鳳全以爲縱之則滋驕，後且嬰患，因是有暫停剃度、限定人數之議。喇嘛銜之深，遂潛通土司，唆番匪播流言，阻墾務，漸至戕營勇，燔教堂，勢洶洶。鳳全率衛兵五百人往，至紅亭子，伏突起，戰良久，被害。事聞，予建祠，謚威愍。繼室李佳氏留成都，聞變，率子忠順馳入打箭爐辨遺骸，隨喪歸省垣。祠既成，迺觴將軍、總督以下官及文武士紳，告靈安主，慨然曰：「吾可以見先夫於地下矣！」事畢，夜赴荷池死，獲附祀。

鳳全清操峻特，號剛直，然性忭急，少權變，不能與番衆委蛇，故終及難云。

增祺，字瑞堂，伊拉里氏，滿洲鑲白旗人，密雲駐防。以佐領調黑龍江，佐練兵事，歷至齊齊哈爾副都統。光緒二十年，署將軍。二十四年，擢福州將軍，充船政大臣，兼署閩浙總督，旋遷盛京將軍。奉天自中日戰後，副都統榮和、壽長編練仁字、育字兩軍，營務廢弛，增祺奏請派員查辦，上命李秉衡往查，奪二人職，交部治罪，軍制肅然。

二十六年，拳匪亂作，副都統晉昌率衆附和，增祺不能阻，遂啓戰釁。奉省自日還遼南，旅順、大連既轉歸俄租，復築鐵道，沿路皆駐俄兵。戰累挫，蓋平、熊岳先後失守。增祺先以敵强兵脆，大局不支，連電上達，並照會旅順俄水師提督、營口俄領事，磋商停戰，不果。俄兵遂抵省城，諸軍皆潰。增祺奏請恭奉盛京大內尊藏聖容、太廟册寶出城。俄兵至，招增祺還，商議善後。增祺往旅順，與俄議訂奉天交地暫約九條。以荒謬交嚴議，詔革職，尋仍留任。諭楊儒向俄外部商改，以吏治兵權不失自主爲要。二十八年，交收東三省條約始成。俄兵駐奉數年，遇事强横，無復公理，增祺隱忍周旋，憂勞備至，至是駐兵始退。

未幾，復有俄日之戰，朝旨守中立。增祺嚴飭文武官吏堅明約束，並告兩國主兵者勿得犯中立。日兵迫省亟，勸俄兵先退，日兵官始入城，省城幸免戰禍。

三十年冬，諭增祺賑撫東三省難民，並發內帑三十萬賑之。明年，懿旨復發內帑三十萬賑恤。增祺招集流亡，商民復業。頗留意吏治，先後增設洮南、海龍、遼源、開通、靖安、西安、西豐等府縣。凡牧廠、圍場及蒙荒，逐漸放墾。奉省財政素絀，徵榷一切，向無定章，咸豐後始辦貨釐，光緒初始辦鹽釐。增祺銳意清理，籌辦糧、酒、烟、藥各稅，明定規章，變通鹽法，就廠徵稅，歲入漸增。尤嚴治盜，以增官設治爲弭盜清源之本。三十一年，以憂免。三十三年，授寧夏將軍，改正白旗蒙古都統。宣統元年，遷廣州將軍，兼署兩廣總督。三年，調京，仍授都統，兼弼德院顧問大臣，旋去職。越八年，卒，謚簡慤。

貽穀，字藹人，烏雅氏，滿洲鑲黃旗人。光緒元年舉人，以主事分兵部，晉員外郎。十八年，成進士，選庶吉士，授編修，累遷內閣學士。兩宮西幸，貽穀聞警，步行追及宣化，流涕入對，隨扈西安。授兵部左侍郎，屢召詢時政，直言無隱，上皆嘉納。明年，扈駕還京。兵部公署已燬，假柏林寺爲廨舍。貽穀昕夕涖事，如在行在時。

是冬，山西巡撫岑春煊奏晉邊察哈爾左右翼及西北烏蘭察布、伊克昭兩盟荒地甚多，請及時開墾，派大員督辦。詔以貽穀爲督辦蒙旗墾務大臣。貽穀有經濟才，艱貞自勵。既奉命，銳以籌邊殖民爲己任。其督墾地界，綿延直、晉、秦、隴、長城、河套，凡數千里。統籌全局，擬陳開墾大綱，規畫至詳。疏入報可，並加理藩部尚書銜，節制秦、晉、隴沿邊各廳州縣。旋復授綏遠城將軍，事權始一。

貽穀首重官墾，立墾務局，設東路公司，官商合辦。初辦察哈爾右翼，改舊設押荒局爲豐寧墾務局，旋分爲豐鎭、寧遠兩局。淸查舊墾，招闢生荒，派員丈勘繪圖，酌留蒙員隨缺地畝及公共牧廠，其餘乃悉開放之。牛羊羣地，錯處左右翼間，直隸、山西民戶，頻年互爭，貽穀親往勘之，由固爾班諾爾中分界址，其爭始息。繼放察哈爾左翼地，爲留牧廠、隨缺，與右翼同。移正黃旗牛羊兩羣於商都牧羣，又移驪馬羣於騍馬羣，籌撥直、晉邊廳學田。

烏蘭察布、伊克昭兩盟夾河套爲部落，烏拉特三公，杭錦、達拉特數旗，尤逼近套。其地特河渠灌之，自元、明以還，渠盡湮廢，或並古道不存。貽穀躬蒞其地相度，修通長濟、永濟兩大幹渠，又疏濬塔布河、五加河、老郭諸渠，增鑿枝渠數十、子渠三百餘道，水利始興。先後六年，始自察哈爾兩翼八旗，而推之二盟十三旗，以及土默特、綏遠右衞與駐防馬廠各地，凡墾放逾十萬頃，東西二千餘里。絕塞大漠，蔚成村落，衆皆稱之。

復以時創設陸軍，置槍礮器械，築營壘，興警察，立武備陸軍學校及中小蒙學校數十所，創工藝局、婦女工廠。資送綏遠學生出洋，或就北洋學堂肄業。建設興和、陶林、武川、五原、東勝五廳。練巡防馬步十營，修繕綏遠城垣，濬城外溝渠，建築蒙地郵屯，植樹造林，勸課園圃果實蔬菜。暇輒就田間耕夫婦豎問疾苦，或策單騎馳營壘，召士卒申儆之，敎之以習勤崇儉，戒嗜好，勤勤如訓子弟，不率者乃罰譴之。方其治河套墾地，蒙人時起抗阻，台吉丹丕爾攘其旗主地，戕文武官吏，貽穀請於朝誅之，衆始帖伏。

三十四年，貽穀劾歸化城副都統文哲琿侵呑庫款，而文哲琿先以敗壞邊局、蒙民怨恨劾貽穀。朝命軍機大臣鹿傳霖等往查，傳霖以已革布政使樊增祥等爲隨員，奏覆，褫貽穀職，逮京，下法部勘問，三年不能決，卒坐誅丹丕爾事，譴戍川邊。宣統三年赴戍，方經鄂，武昌變起。直隸總督陳夔龍奏請進止，詔改易州安置。國變後，嘗自歎曰：「昔姜埰譴戍宣城衞，自號『宣城老兵』。吾其終此矣！卽死，必葬於是。」丙寅年，卒。晉邊官紳念其德，請昭雪，釋處分，遂葬易州白楊村，成其志。

信勤，字懷民，鈕祜祿氏，滿洲鑲黃旗人。以廕生累至浙江布政使，署巡撫，代貽穀爲綏遠城將軍。督辦墾務，踵其遺規。益勤遠略，頗禮致賢才，思有所建樹，功未竟而遽罷。辛亥後，久病，卒。

論曰：將軍、都統，職視專圻，西北邊疆大臣與之並重，非才足當一面者不能任也。榮全、升泰以下諸人，或多戰績，或著邊功，或勤旗務，或兼民治，所至皆能盡其職，多有可稱，故並著於篇。

清史稿卷四百五十四

列傳二百四十一

劉錦棠 張曜 劉典 弟倬雲
金順 弟連順 鄧增 托雲佈 果權 劉宏發 曹正興
穆圖善 杜嘎爾 額爾慶額 豐紳 文麟 明春 富勒銘額 徐學功

劉錦棠，字毅齋，湖南湘鄉人，松山從子也。從松山討捻，積勳至同知直隸州。從入陝，復同州、朝邑，釋省城圍，擢巡守道。同治七年，左宗棠西征，從克懷遠、鎮邊，還定綏德，賜號法福凌阿巴圖魯。進軍甘肅，攻金積堡，夷旁近七寨，破靈州。九年，擊馬五寨，松山戰死，詔加三品卿銜，接統其軍。軍新敗，偏裨自恃爲宿將，滋驕，錦棠禮詘之。喪懸吳忠堡，或請徙它處，錦棠不可，曰：「櫬在軍，可繫將士心。」宗棠貽書，爲列堅守、退頓二策。錦棠謂：「不力戰，則靈州不保，必勠力致死，而後軍可全。」於是一戰擒馬五，再戰破河、狄，軍復振。

是時馬化龍燄日熾，三決水困我軍，錦棠三拒之，不獲逞，糧且匱，率其子耀邦乞款附。錦棠曰：「諾。令若先繳馬械。」不應，再引馬連水入湖。會大風從西北起，濤齧堤岸，勢洶涌。錦棠囊土以禦，化龍計益窘，哀詞乞耕墾。錦棠知其詐，隱卒下橋、永寧洞，又敗去，乘勢下蔡家橋，克東關。化龍度不得脫，於是三踵軍門乞撫矣。錦棠白宗棠請進止，迺徙陝回化平川，而分置甘回於靈州。論功，予雲騎尉世職，賞黃馬褂。十年，誅化龍父子，生致馬八條，置喪所，臠而祭之，遂輿喪歸。

明年，度隴攻西寧。次碾伯平戎驛，先破小峽，遣軍奪南北兩山，圍解，道員郭襄之率男婦二萬繦負來迎。是役也，提湘軍八十營，扼攻九十里，往往徹夜不休，露立冰天雪窖中，詔嘉之。十二年，克大通，斬叛官馬壽。遴陝回爲旌善五旗，餘徙平涼、秦安、清水。白彥虎奔肅州。方湘軍之定西寧也，宗棠緣事責錦棠，盛氣辨，銜之，以故徇肅州未下，亦不召。及錦棠至，又大喜，爲夸其軍以勵衆。錦棠計誅馬天祿，殺土回、客回立盡，關隴平。權西寧道。明年，破河州，獲閔殿臣，伏誅。迺合諸將蹙回於賈家集、郭家嘴，殲焉。

光緒元年，出關。時彥虎走依安集延，帕夏阿古柏助之，勢復熾。二年，至阜康，與金順計事，議先攻古牧。遣將分壁木壘河，而自領軍軍九營街。度戈壁乏水，佯掘井以懈敵，陰遣精騎襲奪黃田，通汲道，收古牧地。錦棠策烏城寇必駭奔，復自將精兵走之，遂復烏魯木齊、迪化，予騎都尉世職。

三年春，踰嶺西南攻達坂。寇引湖水衞城，泥深及馬腹。錦棠周城徼循，誡各營警備。列燧如白晝，轟擊之，彈落爆藥窖，聲砉然，人馬碎裂。迺下令軍中曰：「能縛獻服異服者賞。」於是愛伊德爾呼里以下皆就俘，愛伊德爾呼里，猶華言「大總管」也。且釋降回數千，給貲糧縱歸。或請其故，曰：「俾歸爲我宣播朝威也，吾欲以不戰勝之。」自是破吐魯番、托克遜，南路門洞開，阿古柏如失左右手，亦被執，飲藥死。賞雙眼花翎。

已而彥虎據開都河西岸，覬入俄。師抵曲惠，與余虎恩分擊，彥虎亦決水以阻。錦棠入喀喇沙爾城，廬舍漂沒，迺徙和碩特帳房河東數百戶，實後路，復庫爾勒。會軍中患飢乏，下令掘窖糧，獲數千石以濟。連下庫車、拜城。其南纏回苦安集延淫暴久，重以彥虎奔擾，益不堪命，旦夕望我軍如時雨。比至，各城阿奇木伯克、阿渾玉子巴什各攜潼酪，持牛羊來犒師。抵阿克蘇，錦棠先入城，受降畢，回皆伏服。聞彥虎奔烏什，亟遣旌善旗渡河復其城。於是東四城俱下，詔晉三品京卿。值喀城守備何步雲告亟，遂大舉出師，令虎恩、黃萬鵬分道進取，而自率師徑搗葉爾羌，並克之。彥虎遁入俄。錦棠進定英吉沙爾，遣董福祥收和闐，西四城亦下，錫二等男。

四年，錦棠既定喀城，以次巡歷葉爾羌、和闐。凡西人僑居其地者，英乳目阿喇伯十餘人，印度溫都斯坦五千餘人，咸服其勇略，稱爲「飛將軍」云。方彥虎之入俄也，俄人處之阿爾瑪圖。錦棠猶致書圖爾齊斯坦總督，謂將入境搜捕，宗棠勸止之。俄復徙之托呼瑪克。其秋，彥虎又遣黨犯烏什邊，驟入格爾品。錦棠扼之瑪喇爾巴什，別遣將要其歸路，大敗之。未幾，安集延入，又破之玉都巴什。是歲補太常寺卿，轉通政使。五年，安夷復搆布魯特內犯，戰烏帕爾，捕斬二千餘級。自是邊寇頗息警。

維時俄據伊犁，宗棠疏請崇其秩，資鎭撫，詔佐軍事。俄益增兵守納林河。已，宗棠入都，上以此專屬任錦棠關外事，命署欽差大臣。徙頓哈密，益治軍。逾歲除眞。八年，和議成，錦棠策善後，請設新疆行省，省置巡撫、布政使，加鎭迪道按察使銜，道、府、州、縣視內地。立城垣、壇廟、學校、驛傳，又廣屯田，興水利。南疆歲徵賦至二十餘萬石。九年，擢兵部右侍郎，加尙書銜，旋除新疆巡撫，仍行欽差事。十一年，進駐烏魯木齊，奏省參贊大臣，改置都統，設喀什噶爾、阿克蘇、巴里坤提鎭各營。復增道、府、廳、縣，徙分防官駐要塞，南北郡縣之制始定。

先是，錦棠以祖母老病，累疏乞歸省，不許。十三年，申前請，始俞允。錦棠悉召諸部酋長大酺，遂發。所過，黃童白叟望風相攜負以迎，往往擁車數日不得走。十五年，加太子少保銜。明年，晉太子太保。二十年，晉錫一等男。會弟鼐以山西按察使入覲，垂詢近狀，欲强起之。適中日有違言，電旨趣召，未行而病作，朝廷書問日數至。疾革時，猶喃喃呼舊校指述邊事。未幾，卒，年五十一。事聞，震悼，謚襄勤，予建祠。

張曜，字朗齋，其先上虞人，改籍大興，既，復隸錢塘。生有神力，幼嘗持竿結陣，部勒羣兒，無敢譁者。少長，依舅蒯賀蓀。賀蓀宰固始，適豫捻起，集團勇三百屬之。捻欻至，時已昏。曜獻策，謂：「伏軍城外，彼不知衆寡，可以計走也。」夜半，捻縱掠，轟擊退。僧格林沁追捻亟，遙見火光，詢知爲曜部，召與語，甚悅，命從軍。積勳爲知縣，權知固始。皖捻來犯，嬰城守，寇駸駸西去。亡何，李秀成又搆捻入，圍城三匝。捍禦七十餘日，城獲全。上嘉其功，賜號霍欽巴圖魯。

咸豐十年，擢知府。先後遭憂，仍留軍討皖捻。屢捷，晉道員。明年，除河南布政使。是時陳大喜、張鳳林各樹幟，延擾數千里。曜謂寇援斷，師未能驟克，寨中患飢乏，多猜貳，宜廣設購募間其黨。迺縱降者爲內應，捻迺竄，諷諭各寨，皆款服。鳳林僞降，計擒之。

同治元年，御史劉毓楠劾其目不識丁，詔改總兵。二年，大喜走阜陽，戰秦宣寨。皖捻復入，曜慮華莊失，亟斂兵退，以銳師胥加之，殲渠率。時張總愚走鄢陵、臨潁欲西，曜拒之嵩山麓，令不得西。攻大金店，擾寇四起，遣總兵保英略中路，爲寇乘。曜手刃退縮者，士氣迺奮，卒敗之。攻太子望寨，久相持。曜曰：「捻詭悍，堅守山口，阻我進兵。坐爲所綴，非策也。」間道出奇擊之。總愚西北走鎭平，追殺黑龍集。犯南陽，又戰卻之。三年，捻會宛南，總愚赴盧氏，嗾粵寇入豫。曜扼之，使不能合。次橋川，寇自西北至，狙伏以擊，寇奔楚。曜浮渡丹江，追越鄖西百四十里，會陝、楚軍至而還。四年，僧格林沁軍麻城，騶騎失利。曜赴難，七戰皆克。僧王旣戰死，臺臣劾其養寇遺患。巡撫吳昌壽按覆，事白，曜假歸葬親。踰年，淮北捻益亟。朝旨趣復出，曜遂部合新舊選鋒號嵩武軍。厥後軍氣大振，論者謂爲湘、淮軍後勁云。

六年，出頓許州八里橋，任柱等見曜大纛，駴走。梁山寇與合，五日至鉅野，渡運而東。曜與總兵宋慶往馳之。當是時，李鴻章議防運河北，首安山訖沈家口。曜等至，令慶築長牆。慶留副將蔣東才、參將李承先二軍屬曜。曜以沈家口黃、運交滙，調黃河水師入運助守。守河防運自此始。久之，總愚陷陝綏德，分擾米脂。朝命防河北。捻濟河入晉，犯吉州鄉寧，平、蒲告警。檄曜還豫，而捻已自絳州曲沃入偪豫疆，曜迺追敗之湯陰。

七年，捻東走，扼晉州西北路，折而南。諸將謀逐之，曜謂賊勢未蹙遽南奔，必有深謀。迺卷甲北趨，出其前二百里，至饒陽，果遇捻。捻不敢擊，錯愕去，潛渡滹沱。亟引兵至河干，未渡者殲焉。濟漳次清化，捻伐木爲矛，又擊破之。長驅滄州，劉松山軍運東，曜自南夾擊，捻披靡，追至臨邑。初，李鴻章遣郭松林自臨邑築牆，屬之馬頰河，虛西南以餌敵。逮曜馳至，捻不肯深入，走濟陽。鴻章知計不售，使曜趨武定，遇捻於濱州，始敗退。會天大雨，河暴漲，諸將慮捻東逸，謀扼徒駭河。曜自博平守至東昌，誘捻入河套，與慶合擊之。捻衆陷泥淖中，死者枕藉。自是總愚不復能軍，逐北茌平，殺其黨且盡，騎能屬者十餘人耳。總愚自度不得脫，迺沉於河。論功，賞黃馬褂，予騎都尉世職。

八年，詔趨左宗棠赴涇州，責金順以邊外事，命曜自古城西進爲後路，軍次蘭扇，破回於察漢綽爾，又敗之紅柳樹，阿拉善圍解。抵纏金，詗知寧夏西岸自石嘴山至中衞，陝回麕集。遣將要擊之，回遁走。金順赴沙金托海與議進兵事，方將鼓行而西，而寧夏降回復叛，圍郡城。遂倍道應赴，敗之城下。俄而陝回入賀蘭山。曜赴河北，南破漢渠集，圍納中閘，拔其壘，與金順夾渠而軍，殲守賊殆盡。會金積撫局成，通昌、通貴乞款附，獨王家疃不下。曜怒，破其堡，屠之。攻剋納家寨，河西無悍寇。詔屯之，兼顧阿拉善旗。是爲寧郡河北之師。九年，授廣東提督，仍留軍。明年，加雲騎尉世職。

白彥虎據肅州，徐占彪攻弗克，請益師，宗棠檄曜頓金積助之。上以爲勇，賞雙眼花翎。十三年，彥虎亡命出嘉峪關，竄烏魯木齊，哈密城南北附之。俄羅斯方擁伊犁，巴里坤且岌岌。朝命總防討，亟援哈密。曜刻日出關，師行乏水草，絕幕二千餘里，運餽艱阻，於是議立屯田。十三年，出屯，大興水利，墾荒地二萬畝，歲獲數萬石濟軍。光緒二年，師規南路，西取七克騰木、闢展及魯克沁臺、勝金臺、哈拉和卓城，降纏回萬餘，遂復吐魯番。明年，拔烏魯木齊，彥虎遁入俄。

俄歸伊犁，宗棠疏薦堪重任。六年，詔贊軍事，命移駐喀什噶爾，兼轄西四城，籌善後，所至創立義塾。回夙獷噬，至是頗聞絃誦聲。十年，入關防直北，賞巡撫銜，敍邊功，晉秩頭品。

明年，除廣西巡撫，未行，董所部治都城河，加尚書銜。旋命赴山東勘河，踰歲至壽張，調撫山東。東省河患日深，曜蒞任，首重河工，以黃、運並淤，非總濬通海不爲功。時王家圈等處先後漫口，先議疏濬海口，挑淤培埝，並增築徒駭河兩岸隄工，以防氾濫，然後挑空全河，參用西法，以機船疏運。凡南北兩岸隄埝口門，一律籌辦。疏上，皆從之。又先後築王家圈、姚家口、張村、殷河大寨、西紙坊、高家套各決口，復改濬韓家垣，以洩尾閭，莫不身親其事，計一歲中奔走河上幾三百日。有言河務者，雖布衣末僚，皆延致諮詢，唯恐失之。民或遇災，常籌粟賑濟。復建海岱書院於青州，葺洙泗書院於曲阜，士民德之。

十四年，被命襄辦海軍。明年，晉太子少保，命會閱南、北洋海軍。至煙臺，聞臺灣巡撫劉銘傳稱疾去，則抗章請行，優詔答之。十七年，方駐河干督工，疽發於背，回省就醫，遽卒。疾革時，猶貽書鴻章，首言山東爲北洋門戶，亟宜治礮臺備不虞；次言新疆軍糈，部令裁營清釐，緩不濟急，恐失信外域，貽君父憂。遺疏入，上震悼，贈太子太保，諡勤果，予建祠。

曜魁梧倜儻，自少從戎，不廢書史，字法橅顏平原，書疏雅馴猶餘事。嘗鐫「目不識丁」四字印，佩以自勵。甯夏平，築樓面黃河，對賀蘭山，顏曰「河聲嶽色」，日嘯詠其中，人謂有羊叔子登峴風。居官垂四十年，不言治產事，性尚義，所得廉俸輒散盡。尤禮賢下士，士爭往歸之。其修道路，開廠局，精製造，凡有利於民者，靡不畢舉。死之日，百姓巷哭失聲，喪歸，且傾城以送。以兩世職併爲男爵，子端本襲，官南韶連道。

劉典，字克盦，湖南甯鄉人。少伏溈山，與羅澤南友善，以學相期許。齋匪亂，集衆保鄉邑，敍訓導。參左宗棠戎幕，轉戰江西。善察形勢，嘗輕騎詗敵營，夜率所部劫殺，數獲奇捷。李秀成欲以長圍困宗棠，斷曾軍糧運，典敗浮梁，又破之樂平，婺源餉道始達祁門。積勳至直隸州知州。宗棠撫浙，典以偏師討衢、嚴。同治改元，破馬金街，進克遂安，遷知府。擊花園港，李世賢遁，超授浙江按察使。世賢謀據金華，分黨擾龍游、湯溪、蘭谿，衆號數十萬。典還軍援衢，力據上游，悉夷東南北寇壘。明年，收蘭谿，諸軍亦下三城，浙東告寧。宗棠規杭州，策江、皖邊圉安，方可一意進取。迺令典將五千人，道嚴出皖南。當是時，新復郡縣糧饋不屬，典持印票空文，向民間貸糧，遇寇遮擊，而屯溪，而黟縣，所蒞風靡。民望典軍如時雨，以故壺漿塞塗。沈葆楨謂其截擊寇衆，功不在克省城下。江、皖既平，賜號阿爾剛阿巴圖魯。其秋，父憂歸。

三年，詔起督師，典募新軍八千，次貴溪。世賢入閩陷漳州，汪海洋亦陷龍巖，勢復熾。典進汀、連，號西路軍。遇海洋，新軍輕進，敗績，還保連城。四年，再戰，斬寇萬餘，進復龍巖、南靖。世賢爲高連陞所殪，奔粵，宗棠麾下壯士騎從者八百餘人馳之。典至南雄，語其將黃少春曰：「尾寇而追，非計也。寇返奔亟，必不久據嘉應，當走粵、閩邊。左軍孤，遇寇必不支。」迺持二旬糧，取道大嶺脊，晨夜應赴，抵大埔，先宗棠一日，遂會師復嘉應，晉二品服，予世職。事寧，乞歸省。

五年，宗棠徙督陝、甘，起典甘肅按察使，旋賜三品卿，佐軍事。典自紫荆關入，值竄渭北，迺駐潼關，偪渭而軍，扼其南渡。七年，詔署陝西巡撫。初，宗棠援晉，以征回事屬典。典以關中戎備寡，調提督周達武壁隴、汧顧後路。至總前敵師干，則舉蔣益澧自代，朝旨弗許。尋復有是命。典遂進駐三原，調度諸軍，軍大振。明年，與宗棠定三路剿回策。

已，復念民事，重入省，治善後，集流亡，舉屯牧，恤艱阨，革差徭。又以其時濬鄭白舊渠，關中漸喁喁望治矣。惟銳然以減餉自任，諸軍舊欠各餉，十給其七，士卒不無怨望云。又明年，再乞歸省。

光緒元年，復命佐宗棠軍務，典辭以疾，詔罷其行。時譚鍾麟督西征餉事，力言司左軍後路非典莫屬。朝旨迺趣赴甘，於是典三起討賊矣。二年，至蘭州，宗棠以善後畀之。凡整軍節餉，以及生聚教誨，有裨於民生久遠者，咸殫心厥事。至關外平定，亦嘗指陳方略，贊畫功多。經營新疆凡三年，卒於軍次。詔視侍郎賜卹，諡果敏，予江、浙、陝、甘建祠。

典秉性清嚴，貴後自奉儉約。楊昌濬嘗詣典，環堵蕭然，一如寒素，寓書宗棠共稱之。

弟倬雲，少隨典讀書長沙。典主鄉團，倬雲以廩生治軍書。從援浙，領偏軍，戰常陷堅。李、汪二酋奔贛，扼臨江使不得西，敍知縣。龍巖既復，會糧罄，軍士乏食，爲貸隣邑以濟，民德之，建生祠。將軍庫克吉泰檄赴陝，值連陞營哥匪謀變，戕主帥。倬雲馳入，殲其渠，餘衆悉定，再遷知府。時慶陽大飢，人相食。倬雲興屯政，立賑局，流民懷集。假歸，適會匪亂，連下龍陽、益陽，詔用道員。越法事起，赴閩綜營務，署按察使。以捕海盜名，晉二品秩，授汀漳龍道。興蠶桑，建書院，賙卹隄防諸政，次第畢舉。尋謝病歸。二十九年，卒，卹如制。

金順，字和甫，伊爾根覺羅氏，滿洲鑲藍旗人，世居吉林。少孤貧，事繼母孝。初，從征山東，授驍騎校。嗣從多隆阿援湖北，復黃梅，賜號圖爾格齊巴圖魯。移師安徽，克太湖。歷遷協領。掛車之役，將騎旅直搗中堅，當者輒靡。

同治二年，從討陝回，連下羌白、王閣，賜頭品秩。復渡渭敗之零口。三年，漢南回奔鳳翔，趨灃峪，擊卻之，授鑲黃旗漢軍副都統。調西安，時羣寇集陝南，陝回導至灃河，金順禦之，斬虜多。回入鄠，傍山西走，復率馬隊邀擊敗之。四年，攻寧夏南門，奪其礮臺。已，聞寇集黃河兩岸，率師分路進，陣斬其酋孫義保等，寇稍卻。明年，調寧夏副都統。七年，復寧條梁。聞榆林警，遂迎擊五龍山，大破之。追至邊外禿尾河，馬隊忍寒裸涉，要之金雞灘，回大潰。復遣將破之葭州。

八年，平綏德，朝旨以邊外事屬之。四月，回犯花馬池，遣部將富勒琿馳救。回自烏拉爭渡，奔札薩旗。金順自將出邊，回已遁。迺率師道札薩郡王答拉旗，自包頭迤西濟河而進。會天酷暑，暫頓什巴爾臺就水草，與張曜期會沙金托海。七月，自中灘鼓行而西，而寧夏回復叛，迺兼程赴援，敗之於城外。無何，甘回納萬元等迎戰漢渠，復與曜從東繞擊。回走納中閘，追至龍王廟南，悉拔其東南各壘，殲守賊殆盡。

九年，金積撫局成，獨王家疃未下，率其弟連順分兵迎擊，數獲勝。自是連順無役不從，積勳至金州副都統。金軍頗有聲，明年，克之，賞黃馬褂。又與曜破納家寨，河西悍黨殲焉。寧夏平，擢烏里雅蘇臺將軍。尋以赴鎮番未報，褫職，命即日赴肅州。既至，頓北崖頭，奏調曜軍助擊。時烏魯木齊提督成祿猶訴軍糧乏，難赴哈密，詔金順接統其軍。十二年，左宗棠至軍，約期並進。金順發地雷東北角，城潰，乘隙奪據其上，自是老弱伏服者相繼。城拔，復故官。

烏魯木齊都統景廉駐古城，與金順齟齬。宗棠奏言金順寬和，爲羣情所附。詔率所部二十營赴之，規烏城，於是遂發。出關數十里，至瀚海，吏士忽不行。詢之，則曰：「先鋒營駐，有所議。」金順知有變，疾馳視，手刃六人以徇，曰：「敢留者，視此！」軍以次行。瀚海既過，迺列六尸祝之曰：「雜賦不飽，佐以野蔬，天下無若西軍苦。此行度戈壁，乏水草，吾非不知。但不忍汝六人，如全軍何？如國家何？如關內生靈何？」聞其言者，無不激揚。道授正白旗漢軍都統。明年，至古城，與景廉會師。一日演礮，漢、回觀者數千百人。景軍指敗堵烟筒爲的，擊之再，烟筒無恙。所部礮隊總兵鄧增、參將張玉林曰：「是何足擊？請卷旗卓之爲的。」增先測視，請於金順再測視，既竟，礮響旗飛，若翦霞空際。已而玉林亦爾。觀者讙譁聲震遠近，回聞之氣奪。尋命佐新疆軍務。

光緒改元，代景廉爲都統。二年，軍阜康。劉錦棠赴軍所商進止，議先攻古牧。迺輕騎襲黃田，通汲道，克之。連下烏魯木齊、迪化、昌吉、呼圖壁諸城，直偪瑪納斯，斬其僞帥馬興，南北二城以次皆下。賞雙眼花翎，予世職，調伊犁將軍。七年，詔接收伊犁，按圖劃界。十一年二月，軍標譁變，五月，再變，並譟餉戕官。伊地本極邊，協餉乖時，軍多疲饉。金順馭衆寬，將領營官相率蒙蔽，而總督譚鍾麟劾其上下縱恣，民怨沸騰，爲陳籌餉易人之策。於是上召來京，以錫綸代之。道肅州，病卒。身後不名一錢，幾無以爲斂。寮宋醵金，喪始歸。部伍縞素，步行五千里至京者，達二百人云。事聞，贈太子太保，諡忠介，予建祠。

妻託莫洛氏，婚甫踰月，囑事繼母，撫諸弟，遂出。轉戰二十餘年，至新疆，迺遣使往迓。謂使者曰：「太夫人老矣，寧能涉萬里？吾義不得獨行。且彼處有姬侍，宗祧不墜，吾又何求？」竟不往。時論賢之。

增，字錦亭，籍廣東新會。年十七從軍，積勳至游擊。西征之役，領開花礮隊，平金積，取河州，並以善用礮知名。方是時，錦棠治兵西寧，寇堅壁自守，而牧馬湟水北岸。增隔水轟擊，寇駭愕踰山遁。增馳之，先以輕騎當寇，乍戰佯北。寇易之，悉衆下山，我師以巨礮環擊，大潰。俄援寇至，壁平戎驛。錦棠不與戰，而使增據山上俯擊。寇懾礮威，退湟北，增復隔河擊之，皆走。錦棠攻高寨急，舁大礮列北山上，使增測準寇壘，發礮子六十餘，牆壁皆裂，賜號伊博德恩巴圖魯。規肅州，城高厚踰常制，增築礮臺臨城關，轟潰十餘丈。繼復築礮臺街口，裹創力戰，卒擊退之，晉總兵。從金順出關，以戰功擢提督。金順舉將才，稱增精究礮術。除伊犁鎮，調西寧。

光緒二十一年，解循化圍，回渡河趨巴燕戎格，增追至亂思觀。會札什巴陷，分三路擊之，城拔。六月，西寧回韓文秀等犯增營，增分軍迎擊，遇伏將卻，增手刃先退者以徇，衆皆躍馬陷陣，寇潰。時西寧南北西川、大通、碾伯、丹噶爾皆叛，增聞警，馳歸守郡城。八月，哆吧寇來襲城，薄小橋。增將出拒，或勸沮之，增曰：「寇氛甚惡，不力遏之，是示弱也。且主帥不出，將士孰肯用命？」遂往，短兵接，人百其氣，大敗之。自此寇望見鄧軍旗幟，輒不戰而遁。明年，克川北、營城，關內外平，授固原提督。既至，會甘軍搜治海城叛回。閱三年，海城回田百連復叛，遣將討平之。拳亂作，車駕西狩，召赴行在。回鑾，節度隨扈諸軍，晉頭品服。旋回任。三十一年，卒於官，詔附祀宗棠祠。

其時隨金順征回著績者，又有托雲佈、果權、劉宏發、曹正興。

托雲佈，瓜爾佳氏，滿洲鑲藍旗人。初，從軍剿髮、捻，賜號綽勒郭蘭闊巴圖魯。攻寧夏，釋平羅圍，襲擊黃河兩岸，數有功，累遷協領，坐事免。金順請留軍自贖，截擊竄寇於榆林，復官。進拔蘇家燒房、納中閘，晉副都統。時寇據金積，其旁堡砦並險固。托雲佈充前鋒，大小數十戰，寇稍卻，克王家疃，賜頭品服；平通昌各寨，賞黃馬褂。自是從出關，迭克名城，卽於軍前授青州副都統。瑪納斯之役，血戰六十餘日，天山以北告寧，予雲騎尉世職。光緒十一年，創發乞歸，賞食全俸。十八年，卒，予優卹。

果權，莫得里氏，滿洲正藍旗人，吉林駐防。驍騎校，從副都統福珠里出師伊犂。以戰功，累遷協領。瑪納斯既復，金順薦署伊犂錫伯營領隊大臣，頓車排子屯田。詔念前勞，晉副都統，賜號志勇巴圖魯。光緒十七年，調充東三省練兵行營翼長，校閱吉林邊練各軍。二十七年，授呼蘭副都統。卒，卹如制。

宏發，黃陂人。正興，鄖西人。自同治初久從金順軍，復肅州，進新疆，屢有功，後皆官至提督。而宏發軍過玉門、安西，官民尤翕，頌贊不置云。

穆圖善，字春巖，那拉搭氏，世居黑龍江齊齊哈爾，隸滿洲鑲黃旗。家貧，事親孝。初以驍騎校遷參領，從征直、魯、晉、豫，所向有功。援安徽，迭克城隘，賜號西林巴圖魯。同治元年，從多隆阿入陝，道鄧州，遇粵寇陳得才，敗之紫荊關，擢西安右翼副都統。時回氛熾，率步旅扼洛水北岸，半修營，半出擊寇，寇始奔。亡何，捻酋姜泰林犯武關，夜襲多軍。

穆圖善設伏敗之，追羣寇入鄂境，悉驅出西河口。二年，再入陝，攻高陵，先登，裹創力戰，下之，賞黃馬褂。寇渡涇據南岸，穆圖善泗水而濟，寇大潰。三年，多隆阿圍盩厔，中礮，病篤，疏薦穆圖善賢，遂命署欽差大臣。其夏，擢荊州將軍，與劉蓉會辦陝事。

粵寇據樓觀、黑水、西駝峪，蓉遣蕭慶高趨鄠，穆圖善率師助擊，戰店子頭，敗績。七月，擊破大峪西堡，進攻樓觀。先是，得才入鄂，穆圖善遣二十八營赴援，無統帥。至是蓉奏請穆圖善往湖北，詔勿許，令移師赴甘。既至，與將軍都興阿議定先規寧夏。十一月，檄杜嘎爾、額爾慶額等攻破清水堡。踰歲，詗知羣寇元日椎牛置酒，必不誡。穆圖善奪城南礮臺，連燬其寨。已，復慮寇乘春漲決渠下灌，分兵扼城東南。尋調寧夏將軍，主甘肅軍事。嗣以寧夏諸軍久不得要領，責之。五年，收靈州。初，回寇馬兆元攻陷州城，馬朝清計誅之，禁靈回無滋事。逮寧夏失，道且梗塞。朝清者化龍也。至是，親詣穆圖善哀詞乞款。會州紳亦請置官，乃使豐紳等往招撫，州事定。閩華亭回竄慶陽，復遣軍擊走之，城圍解。

明年，署陝甘總督，值歲大饑，人相食。迺馳書阿拉善王，令運蒙糧至河北，與軍民交易，食迺濟。是時米拉溝既下，河、洮、狄道、西寧回皆反正，而南八營李得昌各部，乞擇地安插。上慮回情叵測，敕穆圖善嚴備之。穆圖善令降回繳械，遣范銘赴洮，張瑞珍赴蕭何城，王得勝赴靜寧辦撫事，自是頗惑撫議。已，復使曹熙等赴河州，回羈之，遣黨潛襲省城，而東鄉回嵎負固，楚軍將彭楚漢等破之。而東鄉回嵎負固，彭忠國聲款附。穆圖善率輕騎往，中伏奔還，遂圍城五日，楚軍將彭楚漢等破之。而東鄉回嵎負

如故，穆圖善親督諸軍敗之。十一月，攻州城，弗克，還蘭州。會傅先宗敗回禮縣，彭忠國敗回安定，穆圖善迺令進規渭源，而自從金縣進。七年正月，克之。迺使諸將會攻狄道，南北兩山相峜，中有平川，寨卡林立，先宗等一鼓破之，毀其寺，軍威大振。於是穆圖善赴前敵，北莊牟佛提率男婦三千人乞降，受之。師旋，復叛。穆圖善再渡河，直搗黑山頭、太子寺。寇斷我糧運，戰數失利，不獲已，退保狄道。明年，狄城糧盡，又退至秦州，寇乘之，師潰。朝旨令穆圖善甘軍受左宗棠節度。

初，穆圖善狃撫議，羣回叛服靡恆，而所部百數十營皆徵糧民間。清水守將敖天印以橫暴激民變，逐防軍，殺縣役。提督黃金山率所部戰狄道康家巖，敗潰，北入皋蘭，四出淫掠。穆圖善迺遣潰勇屯寧夏，而訾報敖軍於朝，敖軍亦力詆之。於是宗棠調度諸軍，先秦州固餉源，遂赴涇州受總督印。

穆圖善既卸事，猶日歷四鄉，勸民修堡寨，置軍械，蘭人甚德之。詔仍駐蘭州，統西路軍。化龍黨崔三搆河、狄回出擾，輒敗去。十年，河州賊襲陷皋蘭西古城，再敗之，長驅北山兔窩，寇大潰。其冬，會左軍渡河，連克要塞，寇退扼大東鄉，師聚而殲之。論功，予世職。

光緒元年，召署正白旗漢軍都統。會吉林馬賊竄巴彥蘇蘇，命權將軍，捕治之，漸散其黨與。明年，道員舒之翰獲譴，罪及舉主，褫職。又明年，起授青州副都統，擢察哈爾都統。五年，出爲福州將軍。法人爭地越南，分兵艦窺閩疆，詔參宗棠軍事。出駐長門，誓師設伏，擊沉法艦一艘。既而防軍潰，法人登岸搦戰，伏起，轉敗爲功。以故閩事壞，獨免議。十一年，詔授欽差大臣，會辦東三省練兵事。明年，以積勞卒於軍，謚果勇。予黑龍江、安徽、甘肅建祠，蘭民且樹碑誌德焉。

杜嘎爾，哈勒斌氏，滿洲正藍旗人，黑龍江駐防。初從都興阿征粵寇，積勳至佐領，賜號莽賚巴圖魯。嗣以京口副都統從討甘回，規寧、靈，頗能以少擊衆。寇竄寶豐，克張家村、紅柳堡，深入沙磧，背水成軍，旬日間城復。攻寧郡，斬虜多，卽於軍前調官寧夏。寧城回增建寨栅，首城南訖納家閘。與金順誘城東寇出，數敗之，乘勝破護城隄清水堡。尋隨都興阿赴奉天，調補正藍旗蒙古副都統，歷察哈爾，坐事免。光緒六年，起授烏里雅蘇臺將軍，撫士卒，卹蒙部。十四年，創發，乞休。明年，卒，謚武靖。

額爾慶額，字藹堂，格何恩氏，隸滿洲鑲白旗，墨爾根城駐防。以驍勇聞，歷遷至委參領。清水堡之役，賜號法福靈阿巴圖魯。會諸軍克狄道，授黑龍江副總管。剿金縣竄匪，擢涼州副都統。命佐關外軍事，統領吉、黑騎旅頓西湖，令寇不得西。烏城回自奎屯敗退安集海，擊卻之。光緒二年，聞白彥虎搆瑪納斯南北二城回擾糧道，與總兵馮桂增、參將徐學功約期會師大河廠。額、馮二軍先行，徑薄北城，而南城回湧至，桂增負傷墜馬，寇舁入城。額爾慶額憤甚，先登陷陣，斬寇無算。因士卒傷亡多，止戰。屆期學功至，距城十餘里，見額爾慶額被創還，遂率所部救之。金順責其援不力，宗棠曰：「額爾慶額等輕進貪功，咎由自取。且先夕進攻，學功何能豫知耶？」

歷古城領隊大臣、科布多幫辦大臣。命偕參贊大臣升泰勘界，以奎峒山爲科、塔兩城外蔽，哈巴河南流入中國，與俄官抗爭，始得展地定界。新疆底定，晉頭品秩。十二年，調伊犁。伊犁設副都統自此始。蒞任七年，興辦屯田，軍民輯睦。十九年，卒，卹如制。

豐紳，字漢文，吳扎拉氏，隸滿洲正白旗，吉林駐防。都興阿督江北軍，檄守揚州，以戰功歷遷至協領。克寶豐，取寧夏，數獲勝。穆圖善遣往靈州招撫，馬化龍就撫。穆圖善上其功，晉副都統。尋護寧夏將軍。時伏莽未靖，自寧城至靈州，隘口數十，爲商旅來往孔道，豐紳詰奸禁暴，行旅便之。先後平陝匪西河、橫城堡，補官錦州，擢黑龍江將軍。坐事褫職。光緒間，起故官，歷綏遠城、江寧。中日事起，出駐通州，事寧回任。二十四年，卒。詔優卹，予建祠。御史彭述劾其侵冒，奪卹典。

文麟，字瑞圃，兀扎拉氏，滿洲正藍旗人。道光二十二年，考取內閣中書，遷侍讀。咸豐八年，出爲甘肅蘭州道，調鎮迪。同治四年，回竄據古城，文麟上防守奇臺狀，上嘉其知大體。濟木薩者，回衆屯糧地也。文麟潛遣練勇攻克之，獲糧萬數千石。索煥章竄瑪納斯，分掠阜康、吐魯番、迪化。文麟分兵扼三臺要隘，上疏乞濟師。詔令嚴守濟木薩，援未至而哈密、奇臺相繼淪失。亟與巴里坤領隊大臣訥爾濟合兵進擊。聞寇集東路，使佐領恆昌先進，敗於奎蘇，而自請赴前敵。上怒，訶責之，下部議，坐擅離職守，降二級調用。

詔以藍翎侍衞充哈密辦事大臣。文麟遂率所部收復城垣。馬金貴、白彥虎先後圍攻，瀕危者數矣，文麟拊循士卒，卒能以饑軍驅强敵，俾纏回轉危爲安。五年，遭母憂，改署任。明年，肅州回竄玉門，戰紅柳灣，敗之。回復大舉犯城關，文麟督軍嚴守，伺間出擊。圍解，迺爲籌耕種，葺廬舍，訓練軍士，且戰且屯。服闋，以頭等侍衞補本官。益招哈密團首孔才至，以其練勇二百編入伍籍，遣往古城與屯修堡。後收徐學功散勇二千餘，任耕戰。於是古田、濟木薩屯政大舉。令充裨將，自是數與妥明、馬明、白彥虎相攻殺，所向皆捷。

十二年，肅城回數出關犯哈密東山，文麟令魏忠義出駐塔爾納沁堡，分扼各隘，剿撫馬賊，擒回馬五十九。旋魏軍大失利，文麟飛章自劾，被宥，益感奮，率所部進擊，力保危城。降敕褒嘉，加副都統銜。明年，彥虎援肅州，潰退安敦玉，文麟使騎旅追之，彥虎遁入山，肅州平。詔張曜等馳赴哈密，會文麟進剿。光緒二年，卒。

文麟治軍數載，囊無私蓄，與士卒同甘苦，故人皆願爲盡命。及其沒也，闔營慟哭失聲。明春、富勒銘額先後狀其績以上，予褒卹，附祀新疆哈密專祠。

明春，巴羽特氏，隸蒙古正紅旗。初從勝保平河北，補前鋒校。征陝回，隸多隆阿麾下，以戰功數遷副都統。搗肅州，壓城爲壘，與回相持者半載，追藍得全被重創。肅州回出掠安西、玉門、敦煌，明春馳逐三城間，三月，圍悉解，授哈密幫辦大臣。光緒二年，擢辦事大臣。時南疆平，肅纏民悉還故土。明春爲晰地畝給貲糧，勸使復業。凡治道路，繕隄防，興水利，有裨民生久遠者，靡不具舉，民德之，至今猶虔祀云。十二年，卒，卹如制。

富勒銘額，佚其氏，隸滿洲鑲白旗，古城駐防。烏魯木齊陷，古城大恐。富勒銘額出與寇戰，數被創。事亟，如烏里雅蘇臺乞援，弗應，城破，全家殉焉。富勒銘額適在外，得免於難，憤詣文麟軍所，願從殺賊。紅柳灣之役，以功擢防禦。回擾安西，設計抗禦，斬虜多，並搜治西山逸匪，盡殲之，解敦煌圍，晉頭品秩，賜號堅勇巴圖魯，充古城協領。西陲告寧，置屯田，修兵房。以都統恭鏜薦，光緒十四年，授伊犁副都統。時游勇搆哈薩克回寇邊，富勒銘額遣軍捕其酋，餘燼悉平。十六年，署將軍。增卡倫，整營制，索倫、錫伯、察哈爾、額魯特兵卒咸復游牧舊業。十九年，徙塔爾巴哈臺參贊大臣，練軍興屯，收還巴爾魯克山，清界置卡，其治復倣伊犁，屹然成重鎮。二十三年，乞歸。二十九年，卒，卹如制。

學功，烏魯木齊農家子。好技擊，値回亂，結健兒數十，掠回莊貲貨以自贍。遇漢民，力護之，雖邊外悍回皆已憚之矣。厥後附者益衆，集五千人，精練馬隊，每戰突陣，驟若風雨，回見之輒走。學功先後陣斬僞帥馬泰、阿奇木馬仲。仲子人得襲僞職，與妥明積不相能，妥明復以黨攻之。安酋帕夏迺約學功破吐魯番，進攻烏魯木齊，下之。妥明走綏來，數日死，帕夏遂據烏垣。

初，帕夏以學功善戰，故與交驩，冀藉其力，王哈密，以南八城，歸獻朝廷，已，知其無遠略，且百戰未得一階，益輕之，令還綏來南山。於是學功大恚，屢攻烏城，其民人時降學功，時投人得，轉輾屬役，迄不得息。同治七年，俄人搆土回纏頭將襲烏垣，聲赴綏來易市，驅駝馬數千，載貨鈔至石河，去綏來八十里。學功以騎旅截之，僇數十人，餘縱還。自此俄人不敢東窺。十二年，彥虎率悍回數千分掠烏垣、綏來，學功復橫截之，殺數百人，奪槖駝五百。彥虎勢益孤。學功既任職，但承大將風指，異於初起血戰時矣。後與孔才並官至提督。孔才，哈密人。

論曰：從左宗棠立功西陲最名者，湘軍中稱二劉，豫軍中稱曜。之數人者，投袂攘難，不數月，廓清萬里，雖張騫、班超，奚多讓焉！金順、穆圖善提塞北健兒，橫行玉門、金嶺間，其志尤壯。文麟名出二人下，而招團興屯，兼任畊戰，不煩國家一兵，遂定西邊，其功亦足並傳云。

清史稿卷四百五十五

列傳二百四十二

董福祥 張俊 夏辛酉 金運昌 黃萬鵬 余虎恩 桂錫楨 方友升

董福祥，字星五，甘肅固原人。同治初，回亂作，鳳、邠、汧、瀧寇氛殆遍。福祥亦起安化，與其州人張俊、李雙良蹂躪陝、甘十數州縣，竊據花馬池，犯綏德，窺榆林，潰勇、飢民附之，衆常十餘萬。嗣爲劉松山所敗，其父世猷降，福祥亦率衆乞歸款。迺簡其精銳者，編爲董字三營：福祥居中營，俊居左，雙良居右。從攻金積堡，福祥襲卡後，被創不少卻，破其禮拜寺。頓板橋，寇來爭，與蕭章開夾擊敗之。金積堡平，超授都司。十一年，從劉錦棠至碾伯，趨峽口，與陝回禹得彥、崔三大戰，破之。進擊白彥虎於高家堡，焚其壘而還。已而僞知府高桂源搆彥虎圍西寧，撲雙良營，福祥又大敗之，圍解，遷游擊。徙守向陽堡城，復討平河州叛回，積功至提督。

光緒元年，從出關，戰天山，會大風晝晦，吏士弗敢進。福祥率衆先登，一鼓殲之，又破之木壘河、古牧地，進復烏魯木齊諸城及瑪納斯南城。是時彥虎猶據開都河西岸，覬入俄。福祥自阿哈布拉緣塗置哨壘，至曲惠而營，士卒儲薪草，濬井泉，以俟錦棠軍至，破之，復喀喇沙爾。是冬，克和闐，南疆西四城告寧。繇是董軍名震西域。論功，賞黃馬褂、世職，賜號阿爾杭阿巴圖魯。

安夷旣就撫，布魯特酋阿布都勒哈誘之，復入寇色勒庫爾，北走庫倫，福祥馳之，抵空谷根滿，步卒足重繭，迺遴健者乘騾隊，從騎旅及之木吉。寇方解鞍秣馬，驚起，依山而陣，俊敗之，福祥縱兵搜捕，復斬三百餘騎。自此寇不敢犯邊。授阿克蘇總兵，駐防喀城。未幾，而所部索餉譁變，戕營官胡登花，或請擊之，福祥曰：「營勇與叛勇有約，如昏夜響應，將奈何？不如閉城守，彼勢孤必自斃也。」越三日，悉爲兵民擒獻，乃分別誅宥之。事定，領俊及夏辛酉移駐葉爾羌、和闐。

十六年，擢喀什噶爾提督。二十年，加尚書銜。會德攘膠澳，命率甘軍入衞。明年，西寧、碾伯又告警，督師還抵狄道。河州馬永林叛，渡洮戰卻之，連破高家集、三甲集，道始通。事寧，調甘肅。福祥自請援西寧。又明年，克上下五莊，乘勝復大通、多巴。朝命駐西寧專剿撫，以魏光燾二十七營屬之。會巴燕戎格、劉四復奔關外，福祥亟遣騎踵之，拔卡爾岡，先後夷海城、治諸𠩄、甘州南山寇堡，關內外及青海悉平，加太子少保。

二十三年，入覲，命領武衞後軍，召對，福祥曰：「臣無他能，唯能殺外人耳。」榮祿頗信仗之。拳亂起，日本書記杉山彬出永定門，福祥兵殺之。於是董軍圍東交民巷，攻月餘不下。敵兵自廣渠門入，福祥走彰儀門，縱兵大掠而西。兩宮西幸，充隨扈大臣。和議成，外人堅欲誅福祥。李鴻章曰：「彼綰西陲軍寄久，慮激回變，當緩圖之。」迺褫職錮於家。榮祿在西安綜大政，福祥移書讓之，略謂：「辱隸麾旌，任公指使，命攻使館，祥猶以殺使臣爲疑。公言『僇力攘外，禍福同之』。祥本武夫，恃公在上，故敢効奔走。今公執政而祥被罪，祥死不足恤，如軍士憤懣何！」榮祿得書，置不答。三十四年，卒。其子天純，輸銀四十萬濟帑復官。

俊，字傑三。金積堡之役，與福祥並授都司。規西寧，余虎恩困峽口，俊力戰解之。連破小峽、潤家溝，從攻河州、肅州，以戰功歷遷至副將，賜號倭興巴圖魯。光緒初，從征西陲，復烏魯木齊，擢總兵。錦棠令入關募軍，於是成定遠三營。先後從克東西四城，晉提督。安夷復叛，俊倡議主剿，衆論譁起，錦棠獨韙之。寇竄庫倫，俊追至木吉，分三路入，戰良久，手刃執紅旗悍卒，寇愕走。進至卡拉阿提，會日已入，止舍。天未曙，整軍復進，日午及之。寇不能反拒，槍矛所至，屍相填藉。抵黑子拉提、達坂，止餘數十騎，踰山入俄境，不復追。是役，四晝夜馳八百餘里，凡擒愛伊德爾呼里二人，安夷所謂「大通哈」也，胖色提以下數十人，猶華言「營官」。賜頭品服、黃馬褂，授西寧鎮總兵，調伊犂。二十一年，代福祥爲喀什噶爾提督。尋還甘肅。二十五年，入都，充武衞全軍翼長，兼統中軍。踰年卒，謚壯勤，予建祠。俊好舞刀，所部衣幟皆白色，時稱「雪張」云。

辛酉，字庚堂，籍山東鄆城。初從僧格林沁討捻。宗棠西征，從討陝回，積勳至守備。攻金積，裹創力戰，稱驍果。規肅州，充前鋒，拔塔爾灣、黃草壩，關內大定。數遷至游擊。師出關，下阜康，襲黃田，破古牧，無役不從。進規南路，攻托克遜。彥虎子小虎殊死守，師行不得志，獨辛酉率游軍數戰，略有斬擒。達坂之役，與余虎恩輕騎先涉，列城左山岡。比回覺，悉力轟拒，師少卻。辛酉斬先退者數人，迺止，卒大破之。遷副將，賜號振勇巴圖魯。

從錦棠復庫車，至拜城，履冰抵上銅廠。回出盪，辛酉躍馬徑前，生擒貂衣賊一人。回驚走，遂下阿克蘇。是時，帕夏奔葉爾羌，彥虎奔烏什。錦棠專力討彥虎，令俊進擊，辛酉自西會之。濟胡馬納克河，行戈壁八十里，破寇什城東，城拔，擢總兵，易勇號霍伽春。南疆平，賞黃馬褂。逸寇犯三臺，辛酉隱勁騎沖壳罕山，誘之出。伏起，短兵接，斬其酋賽屹塔黑振江。俄而安酋阿里達什寇邊，從錦棠出屯玉都巴什。辛酉率二百騎爲前驅，怒馬陷陣，斬執旗賊，奪其旗以歸。寇大潰，追至畢勒套格，殺其黨且盡。西陲告寧，乞歸養。甲午之役，率師鎮登州，卽於軍前授廣西右江鎭，治軍如故。尋徙鎭登州。拳亂作，充武衞軍先鋒左翼長，從李秉衡禦敵，未戰而潰。後除雲南提督，未到官，卒，卹如制。

金運昌，字景亭，安徽盱眙人。少孤，遭寇亂，總兵郭寶昌之母曹氏撫之，從姓郭。旣長，入貲爲守備。從寶昌征髮、捻，積勳至游擊。論河防功，賜號勉勇巴圖魯。平畿南，擢總兵，晉勇號鏗僧額。西捻平，遷提督，復姓金氏。從寶昌卓勝軍還陝。同治八年，寶昌創發，運昌代領其衆，調防綏德。

時湘軍已剿金積堡，運昌自淸澗至，分所部略其西北，毀長牆。馬化隆勢蹙，遣黨擾北山，冀斷湘軍糧運。一自河西道葉昇堡，屬劉松山；一自山西道花定，屬運昌：並達靈州。回旣陷定邊，運昌所部多南人，雜食靑稞、高粱，患腹病。左宗棠調寶昌來援，以河防不能赴。是時，陝回陳林、禹彥祿等十三營，益以本地土回，號稱十餘萬，卓勝軍孤立其間，幾無日不戰。

明年正月，軍益飢疲，至殺馬爲食。回且決渠灌我壘，會風濤大作，運昌晝夜立水中，激厲將士，列樁囊土禦之，回不得逞。適劉錦棠等越渠橫出，回大潰。因議夾河築壘護餉道，兩日壘成，回至，運昌戰卻之。湘軍開溝築隄以防水，運昌壁近棗園。冰忽解，回迺憑秦渠設卡，運昌越渠擊之，回收入堡。越二日，堡回悉衆出，騎寇趨板橋，步寇決渠水南下。運昌軍阻水，錦棠分三路泅水與合，幷力轟潰其衆。未幾，回復運輒石築卡於北，環以長隄，欲引馬連水以困我。運昌亟令軍士攜鋤鍤，夷其卡而還。四月，陳林率衆出花定掠食。運昌使提督王鳳鳴禦之，敗之輒井鎭。同時葉昇堡道亦通，軍威復振。七月，克馬家兩寨。值新麥熟，運昌與錦棠分刈，並糜粟割之。回來爭，輒敗走。遂築壘蔡家橋。橋跨秦渠，內設卡，外障水，馬化隆前所爲阻遏官軍者也。至是決水反灌，破壘三、卡十有一，乘勢下秦壩關，逼東關。議掘壕築牆久困之，與錦棠分段興工。三日畢迺事，遣兵分守之，遂合金積圍。日咯血數次，戰不少休。陳林降，運昌以西林、河州未下，宜稍示寬大。强者編籍，弱者就糧，羣回多乞款。馬化隆勢蹙，亦東首歸命。於是寧、靈悉定，論功賞黃馬褂。

駐纏金，平甘回馬勝福亂，晉頭品服。徙駐包頭，數請於宗棠，願西征。光緒二年，宗棠請敕淮勇出關助剿，報可。明年夏，行抵烏魯木齊，命署提督，越二年，實授。口外經喪亂後，戶口減耗。運昌興水利，課農桑，建橋梁，皆割俸自任之。其斥巨款賑饑萏，實秉義母郭曹氏命。李鴻章爲請於朝，特建坊旌異之。十一年，謝病歸。逾年卒，卹如制，入祀卓勝軍昭忠祠。妾王氏、馬氏、張氏，先後仰藥殉節，皆獲旌。

黃萬鵬，字搏九，湖南寧鄉人，本籍善化。初從曾國荃援贛、皖，積勳至都司。從克江寧，歷遷總兵，賜號力勇巴圖魯。捻入鄂，犯德安，萬鵬馳救，大敗之，又破之安陸。會師新洲，於是夾擊，大破虜，擢提督。

左宗棠西征，調赴陝，署漢中鎮總兵。同治十一年，從攻西寧，抵碾伯，戰硤口，回潰走，圍解。明年，從劉錦棠克向陽堡，進圍大通，降之。選降衆立旌善五旗，馬隊屬萬鵬領之，隨攻肅州。事寧，賜頭品服。十三年，河州閔殿臣復叛，萬鵬率崔偉等進擊，敗之城南二十里鋪。寇竄賈家集，官軍攻弗克，萬鵬從姚家嶺馳下合攻，燔其堡，更勇號爲伯奇。

光緒二年，出關。時土回馬明據古牧，白彥虎聞官軍至，自紅廟子與合師，夜襲黃田。旦日，聞古牧角聲起，萬鵬與余虎恩馳擊寇騎卻之，語詳余虎恩傳。烏魯木齊諸城既復，追至池墩而還。捷入，賞黃馬褂。北路略定，逸寇多亡匿東南山谷。萬鵬復與虎恩取道大小鹽池墩至柴窩，略有斬擒。八月，金順攻瑪納斯南城弗勝，錦棠檄萬鵬助擊。掘隧以攻，寇死拒，矢貫萬鵬臂，拔之，更疾戰，與諸軍大破之。

三年，攻克達坂，乘勝取托克遜。至小草湖，遇伏，圍萬鵬數匝。萬鵬率隊盪決，所向披靡。錦棠軍繼至，寇大潰，詔予雲騎尉世職。是役，帕夏知不免，飲藥死，彥虎遂奔開都河西岸。七月，師至曲惠，錦棠自向開都河，而令萬鵬道烏沙塔拉傍博斯騰淖爾西行，出庫爾勒之背。彥虎懾軍威，已先期遁。詗知脅纏回走布古爾，亟行四百里追及之，戰良久，大敗其衆。九月，馳抵托和奈，再敗之，收庫車，進駐拜城。履冰夜行至銅廠，諸軍直搏之，寇愕走。

萬鵬長驅察爾齊克臺西，斬數千級。越二日，夜抵扎木臺稍憩，卽引兵阿克蘇城。未至城數里，見西南塵埃坌起，會諜報彥虎走烏什，嗾安集延走葉爾羌桂追師。錦棠迺舍安夷，而令萬鵬專追彥虎，阻河漲不能濟。時彥虎止隔河十里許造飯，掩襲可擒也，而我師遽返，錦棠大怒，責令復進。於是萬鵬渡胡馬納克河，行戈壁八十里，獲其後隊馬有才，進拔烏什，而彥虎已走喀什矣。東四城俱下，詔改騎都尉世職。

當是時，伯克胡里據喀什攻漢城，彥虎至，助之，勢益張。守備何步雲告急，錦棠檄萬鵬道布魯特與虎恩期會喀城。萬鵬倍道應赴，緣雪山千餘里，每以氈鋪地濟師。十一月，抵城北麻古木，虎恩亦抵城東牌素特。寇詗騎馳歸，曰：「大軍至矣！」於是二酋走回城北，進擣之，則又宵遁。萬鵬向西北追彥虎，至爰岌槽，與賊後隊遇，生擒僞元帥馬元，斬其副白彥龍。次日，追至恰哈瑪納，爲布魯特人所阻，彥虎遂奔俄。新疆平，改授二等輕車都尉。

四年，凱旋，乞歸省。越二年，仍赴新疆治軍。南北山邊防敉平，晉頭品秩。歷權喀什回城協副將，阿克蘇、巴里坤各鎭總兵，新疆提督。又襲其叔登和世職，併爲一等男爵。二十四年，徵入京，創發，卒於道。予建祠。子鉞，道員，襲爵。

余虎恩，湖南平江人。少孤貧，喜讀書。初從曾國藩討粵寇，積勳至副將。同治初，從劉松山征捻，蹙之沙河西，擢總兵，賜號精勇巴圖魯。張總愚與回匪合，攻破金谷、銀渠，又敗之鄜縣，晉提督。寇自宜川渡河，陷山西州縣，又從劉軍追復之，易勇號奇車博。軍獲鹿，適郭松林被圍，虎恩銳身馳救，圍解。繞道長驅，騎寇雖猋駛，遇戰輒披靡。上念陝事棘，命左宗棠舉將才，迺薦松山部將尤異者十數人，虎恩與焉，寵以頭品服，令赴陝軍。靈州旣克，松山進兵板橋、蔡家橋。有頃，回敗走，虎恩騎旅突之，驟若風雨，回不得歸，下其村寨三十餘。金積平，假歸。

十一年，命募軍赴甘。劉錦棠攻西寧，虎恩率軍至陜口，周覽形勢。寇出拒，被困，卒擊卻之。錦棠覘回勢盛，赴平戎驛造橋濟湟，自督師築壘北岸，令虎恩築南岸。未成，馬營灣寇突至，虎恩轟擊之，錦棠亦敗湟北寇，於是西寧告寧。論功，賞黃馬褂。隨攻肅州，軍南門，與諸將討平之，除陝安鎭總兵。

光緒二年，從出關。宗棠慮戈壁糧運艱阻，虎恩請身任之，迺絕幕而西。抵哈密，取餘糧，踰天山，遞逐巴里坤古城。邊旣實，襲黃田，破其卡。忽古牧寇壓師而陣，虎恩亟自山馳下，與寇騎戰良久，會董福祥軍助擊中路，寇大潰，遂合圍。帕夏遣悍黨來援，虎恩率騎旅列山岡，嚴陣以待。復麾軍截其歸路，斬關直入，城拔。度烏垣，寇且他遁，以次下烏魯木齊、迪化及僞王城，予雲騎尉世職。

明年，踰嶺而南，從錦棠趨柴窩，去達坂二十里。夜初鼓，虎恩率騎旅九營，銜枚疾走。大通哈引湖水衞城，泥深及骭。虎恩所部掠淖進，依山爲陣，斬寇諜十餘騎，回方臥，未覺也，平旦始大驚，悉衆出，據險轟拒。師屹立不動，海古拉援至，虎恩又截之隘口，援騎返奔，追逐數里，斬百餘級。虎恩策城回盼援不至，必遁，預隱兵以待，寇出悉就擒。達坂復，乘勢下托克遜，予騎都尉世職。

踰月，規南路，師次曲惠，虎恩取道烏沙塔拉入庫爾勒城，地闃無人，食且盡，乃掘窖糧數萬石濟師。遂與諸將下庫車，凡六日馳九百里。已而喀什噶爾告急，錦棠令虎恩自巴爾楚取中路爲正兵，黃萬鵬自烏什道布魯特爲奇兵，仍歸虎恩節度。師抵巴爾楚，會天寒，冰雪凝冽，而喀城警報且日至。迺兼程應赴，軍士人人自奮，各以俘白酋取首功爲利。日中，虎恩至城東牌素特，夜半時抵喀什漢城下，左右止百餘騎從，迺整兵以俟。平明，步兵至，寇騎開城出盪，虎恩率衆大戰，刺殺回酋王元林，會萬鵬亦至，復其城。虎恩西追伯克胡里，令桂錫楨率騎旅自間道疾馳，而自率步旅繼之，前後夾擊，生擒余小虎、馬元於陣。繼復獲金相印父子，相印者，引安集延侵占南路也。於是新疆南路平。降敕褒嘉，改予一等輕車都尉。歷駐烏什、葉爾羌、和闐，赴本官。

十一年，謝病歸。越六年，出統湘軍，駐岳州，以能捕盜名，併二世職爲二等男爵。二十六年，授喀什噶爾提督，未上，留統武衞中軍十營。拳亂起，諸將多崇奉之，獨虎恩則否。福祥攻使館，虎恩與論事榮祿前，謂徧觀諸軍，實不足敵外人。福祥大怒，欲殺虎恩，榮祿以身翼蔽之，迺免。令出防獲鹿，未幾，仍還湘。三十一年，創發，卒於家。卹如制，附祀宗棠、松山祠。

桂錫楨，山東曲阜人。從軍討捻，數遷至游擊。咸豐十一年，張總愚領餘衆與陳大喜合，勢張甚。錫楨追至河間，裹創力戰，寇大敗，錫楨名始著。同治七年，從左宗棠征陝回，數獲勝，檄守同官。明年，提督高連陞屯宜君，親兵丁玉龍匪首也，搆回爲亂，夜圍營帳，戕統帥。錫楨聞警，亟自同官馳援，擊却之，復追剿金鎖關、米子窰。會楚軍將丁賢發等至，拘玉龍誅之，城獲全，遷參將。從克固原三營，斬其酋楊文治，進扼中衞四百戶。回酋馬光明自固原東北入同心城，復大敗之。又降元城回海生春。

十年，規河州，錫楨自中衞、靖遠南搜會寧游匪。亡何，肅州降回叛，甘、涼戒嚴，錫楨遂還軍肅州。明年，略東關，克其大卡一，寇出拒，擊退之。先是肅回敗，倚朱家堡、黃草壩、塔爾灣、文殊山各堡，互犄角，誓死守，徐占彪攻弗克，至是誘之出，錫楨隱卒深林，俟寇過半，橫截而出，諸軍繼之，寇大潰。肅州西南墩堡悉平。進屯沙子壩，去肅城三里，肅回啓南門出盪，錫楨率騎旅突陣，回奔入城。諸軍衝殺，連克四壩、十一堡，東面寇壘亦盡，賜號精勇巴圖魯。

十二年，從出關，錫楨率四百騎歸額爾慶額節度，進古城。光緒二年，攻阜康。宗棠慮寇北竄，令錫楨扼沙山、馬橋備要擊。尋會諸軍復烏魯木齊，北路略定，唯瑪納斯南城久未下。宗棠以劉錦棠軍單，檄錫楨助擊，與諸軍轟潰之，斬其酋韓金農，更勇號業普肯，擢總兵。進規南路，三年，從錦棠攻克達坂，乘勝復吐魯番，晉提督。規喀什噶爾，錫楨統馬步二千餘人，自阿克蘇取道巴爾楚，克瑪納巴什，直抵喀城東牌素特。會黃萬鵬軍亦至麻古木，彥虎與伯克胡里潰逃，遂復西四城。論功，賞黃馬褂。回疆告寧，晉頭品秩，加賜呢鏗額勇號。五年，乞歸葬親，道陝，創發，踰歲卒。宣統改元，巡撫恩壽狀其績以上，予優卹。

方友升，湖南長沙人。咸豐末，從軍剿川寇，積勳至守備。克太平，力戰，礮彈洞脇，繇是以饒勇名。同治七年，討陝回，克鳳翔、岐山，嘗從行，有所衝陷。入關隴，隸劉松山麾下。金積堡之役，師失利。會友升購馬張家口，逮歸，無收馬者，或勸之去，弗聽。驅馬數千入左宗棠軍，宗棠大器之，迺編所購馬爲西征靖營隊，囑領之，遣赴河州，攻剿三甲集、太子寺。

十一年，會攻肅州，其關城阻壕，壕深三四丈，古所謂酒泉也。徐占彪乘回懈，踰壕進攻。友升先登，諸軍蟻附上，奪東關，回入城死守。占彪築城南二卡，回來爭，友升率騎旅下馬巷戰，彈貫脛及脊骨，創甚，猶大呼殺賊，水漿不入者七日，衆感奮，克之。捷入，晉副將，賜號哈豐阿巴圖魯。十三年，從克巴燕戎格，署鎮夷營游擊，自是別爲一軍，幟色黃。每戰從後擊殺，當者輒靡，寇見黃旗隊，輒相戒無犯云。

光緒改元，關隴平，擢總兵，從劉錦棠出關。三年，攻克達坂、托克遜，進復吐魯番，晉提督。以次下阿克蘇、烏什、庫車及天山南北二路。論功，賞黃馬褂，賜頭品秩。五年，安集延、布魯特寇邊，徑抵烏魯克恰提。友升先進烏帕爾覘虛實。越數日，報寇騎已入烏帕拉特。獲寇諜，訊知其乘夜襲營，諸軍備往擊，大破之。友升與楊金龍分左右入，軍士皆奮迅超躍，寇不能成陣，還遁俄羅斯。八年，入關，遭母憂歸。

十年，法越事起，出頓憑祥，進攻文淵，陷重圍，彈傷手斷筋，親軍五百止存二十七騎，卒潰圍出。朝廷宥其敗，且嘉勞之。復諒山、長慶，予世職，除廣東南韶連鎭總兵。十三年，入覲，上視傷痕，爲憫然。尋解任。中日失和，領三千人北上，守山海關。拳亂作，復率師入衞，駐山西固關。二十七年，調浙江衢州鎭。設講武堂，以新法訓練其衆，並修復柘水故道，民德之。三十二年，創發，卒，卹如制。

論曰：初討陝回，福祥以降軍効力，名震西域，何其悍也！運昌統卓勝軍，萬鵬領旌善營，與虎恩、錫楨、友升轉戰寧、肅，皆以驍勇名，各著奇績，其勇略亦有可傳焉。其後福祥終以驕妄敗，助亂啓釁，竟免顯戮，豈非倖歟？

清史稿卷四百五十六

列傳二百四十三

馬如龍　和耀曾　楊玉科　李惟述　蔡標　段瑞梅　夏毓秀
何秀林　楊國發　張保和

馬如龍，雲南建水人，本名現，回中世族。以勇聞。咸豐間，滇回倣擾，如龍以武生起澂江，自立爲僞帥。時杜文秀僭號大理，如龍遣使與通，授以僞職，不受，始有郄。遂據有新興、昆陽、晉寧、呈貢、嵩明、羅次、易門、富民，入寇省城，勢駸盛。同治元年，巡撫徐之銘復主撫議，提督林自清臨陣宣播朝威，招之歸款，如龍自稱三世効忠，愿反正。岑毓英單騎往諭，如龍益心折，與盟南門外，悉反侵地。朝旨破格授如龍總兵，楊振鵬等分署六營武職。

是時，臨安獨撓撫局，如龍怒，率師鼓行而南，戰失利，署臨元參將梁士美奪其旗鼓，如龍被創，仆，左右負以奔。總督潘鐸嚴檄其撤兵，如龍阻於士美軍，弗能達。明年，授鶴麗鎭。會回弁馬榮據省城，鐸被害。如龍聞警，即致書士美，約共釋私仇，雪公憤，士美許諾，期相見臨安城下。如龍貽士美洋槍，士美亦選勁勇助如龍。如龍迺星夜旋軍，與毓英共擊之，斬馬士麐、馬有才於陣，榮宵遁，遂代自清署提督。武定陷，如龍遣參將馬青雲等馳援，守備夏毓秀先登，克之，連復十餘城。文秀聞而忌之，致書馬德新，痛斥如龍自殊同教。如龍亦遍馳書迤西回民，歷數文秀狂悖及德新不諳大義，勸勿爲所惑。德新入省，申割地媾和議，如龍力止之，事遂寢。其秋，攻克尋甸，擒馬榮，解省伏誅。毓英攻曲靖，回懼，愿執馬聯升以獻，乞貸死，如龍馳至軍前，力爲請命，許之，剖榮尸祭鐸。迤東平，詔加提督銜，賜號效勇巴圖魯。

五年，命主迤西軍事，圖大理。以振鵬攻賓川，副將李惟述攻鎭南，昭通鎭總兵楊盛宗取道四川攻永北，署騰越鎭田仲興攻蒙化，護普洱鎭李錦文攻威遠，並受如龍節度。六年，如龍軍次祿豐，適大理回入前場關，遣總兵哈國安、副將楊先芝大破之。振鵬性陰鷙，不甘爲如龍下，至是聞勞崇光卒，叛志遂決；而國安、先芝亦懷二心，日與寇使往還，軍心迺解體。無何，楚雄、大姚相繼告警。時如龍駐定遠，軍數夜驚。羣目或擁兵觀望，或臨陣先奔，或竟爲寇充嚮導。如龍知勢已去，迺稱疾還省，自是文秀遂輕視如龍矣。

七年，大舉犯省城，如龍以回練不足恃，迺專倚漢兵守城，斥私財三萬金、米三千石濟軍。晨夜登陴守，擊寇梁家河，破之，寇稍卻。初，振鵬之叛也，約國安等爲內應，至是國安謀刺如龍，事覺，誘誅之。先芝等頗自危，會如龍出大西門擊寇，戰方酣，先芝等遂倒戈回刃，如龍幾不免，亟馳入益兵禦守。於是馬世德、馬文照、馬葵等相率叛歸文秀，偪南城，據江右館，人心大震。適惟逑、馬忠援師至，勸其與毓英協力，如龍然之，踵軍門上謁。毓英推誠慰勞，勗以報國，如龍益用命。俄而文秀遣悍黨數萬出賓川，如龍分部兵二千禦之。武定附省，回久閉門不戰，突出奪大虹山二壘，如龍親擊之，拔其一。毓英攻澂江，馬自新率衆往援，未至，如龍詗知之，遣馬興勤馳入澳兮，計斬自新，外援頓絕。澂江既下，又分兵攻城外賀家村、小魚村、下普坪，並克之。

八年，與毓英攻江右館，寇轟拒，洞穿如龍甲，卒大破之。先後連克武定、羅次，更勇號法什尙阿。已而澂江再陷，城外寇勢復熾。毓英攻城南巨壘，如龍方臥病，聞槍礮聲，力疾赴前敵，攻克五花寺、羊神廟，乘勝偪江右館，如龍先登，彈中腹，踣地，舁之歸。毓英上聞，賜內府丹藥，予實授。復與毓英分軍攻安寧各隘，扼寇歸路。羣回益蹙，其酋段成功、蔡廷棟先獻款。如龍扶病出城，與毓英嚴兵以待，成功等率五千人伏地請罪，南關告寧，遣兵攻克西壩。時毓英克江右館，俘虜多，如龍躬詣寇營，勸回自相斬獻，省城圍始解。

餘匪併入土堆。師攻昆陽亟，回酋赴省乞撫。振鵬畏誅，猶嵎負。如龍渡滇池至，遣將執悍目馬似良，陰散其枝黨。聲某日還，振鵬出送，捕治之，昆陽平。毓英攻土堆，如龍率師來會，縱火攻之，省城外遂無遺寇。

九年，如龍出督新興軍，田仲興戰死，如龍亦被創，斷東溝困之，拔其城，遂統全軍赴河西擊東溝。溝分大小二寨，哈國治、馬成林分居之，並背山面田，勢險奥。踰歲，先攻小東溝，盡選河西壯勇助擊。回懼，縛國治乞降，受而誅之。進取大東溝，如龍陷陣，爲槍所中，創甚，越三月小差。直抵龍門村，奮擊破之。全滇底定，賞黃馬褂。十三年，調湖南。光緒四年，創發，乞歸。

如龍性豪縱，筦雲南提篆日，惟娛聲色。巡撫賈洪詔彈之，置勿問。旣閒廢，徙居四川重慶，益不自檢。每宴客，招妓侑酒，琵琶聲中輒慷慨道少年時事云。十七年，卒，卹如制。

和耀曾，雲南麗江人。父鑑，大理城守營都司。咸豐二年，太和回謀亂，往覘之，被殺。詔贈雲騎尉世職，耀曾襲，矢復仇，毀家募士。與賓川廩生董文蘭會師洱河，兩克大理及鄧川、上關，以義勇著，遠近爭歸附。楊玉科、張潤並隸麾下，後皆爲名將。總督吳振棫薦其才，署中營守備。

十年，權維西協左營都司。明年，大理回來犯，敗之於橋頭。已而祿豐、昆陽陷，復率把總高聯甲戰石鼓，大破之。乘勝攻克麗江，留土弁王天爵駐守，而自引兵規鶴慶。寇乘隙再陷麗城，耀曾軍失利，退守石鼓。同治元年，再克之，遷參將。徙頓曲靖，夷卡郎寇巢，略昭通，戰公雞山、龍洞，師弗勝。與護昭通鎭楊盛宗往援，斬其酋所朝陞，遷副將，徙守富平。八年，城陷，褫職逮問。尋以克楚雄、祿豐，貸勿治，留軍自贖。十年，克澂江，復官。明年，攻迤西，連破蒙化、趙州、上下關，於是大理藩籬盡失。是冬，穴地道轟其城，拔之。又明年，取大小圍埂。積勳晉記名總兵，賜號達春巴圖魯。自是與玉科定錫臘，下順寧，破雲州，擢提督。進克小猛統，大吏以叛產予其殘廢部伍，固辭弗獲，迺斥家財遣之歸，而以其地佐書院餐錢及賓興費，並選開敏子弟集廨宇，延師課讀。又與李惟述克騰越。全滇平，賞黃馬褂，檄署永昌協。

永昌自遭喪亂，比戶凋殘。耀曾至，撫流亡，除苛擾，革姦暴，敎之治生，民漸復業。時烏索賊柳映蒼復叛，奉檄與總兵徐聯魁等會擊。十三年，克之，以次削平土司諸地。光緒二年，參將蘇開先誘練軍譁變，據騰越。王道士與合，順、雲豪奸悍卒乘機竊發，永昌練目李朝應之，掠施甸，迤西大擾。岑毓英以耀曾諳究邊情，奏署騰越總兵。耀曾爲固本計，先赴永昌，調團守隘，率師追討，擊潰李朝，餘黨悉平。總督劉長佑謂其不卽至，劾之，鐫二級；論克順、雲功，免議，權漢中鎭總兵。

六年，詔各省督撫舉將才，毓英以耀曾應，擢授鎭遠鎭。居鎭十六年，節虛糜，贍儲積，爲置營田，建兵房，製器械，軍政大治。復以其餘設義塾，平道路，勸農桑，士議謂有儒將風。二十三年，卒。民感其德，請附祀毓英祠，麗江亦建祠致祭焉。

楊玉科，字雲階，寄籍麗江。其先居湖南善化，旣貴，還本籍。同治初，從和耀曾討回。岑毓英征曲靖，識拔之，命領百人爲前鋒，積功至守備。四年，署維西協。李祖裕叛，殺把總陳聰。毓英慮生變，檄玉科代之。玉科至，刺殺祖裕，宣諭部衆，皆伏服，遂克麗江、鶴慶，繇是顯名。

俄而杜文秀來援，擁衆可二十萬。玉科所部止數千人，屢戰弗勝。二城復陷，玉科潰圍出走永北。六年，從克鎭雄，長驅豬供箐、海馬姑，與有功，敍游擊。七年，西寇環偪省城，玉科繞四川會理，間道襲元謀、馬街，規武祿，抄其後，克之，進平羅次。八年，平柯渡、可郎，遷副將，賜號勵勇巴圖魯。乘勝規嵩明，下尋甸。毓英奏令主三姚軍事，連復大姚、浪鄧。省城圍解，擢總兵。明年，破姚州土城，被巨創。益開地道三十餘穴，雷發，北城陷，遂拔，擒僞將馬金保、藍平貴。三姚平，擢提督，易勇號瑚松額。無何，州西警，復令主大理、麗江軍事，發全師速援賓、鄧，遂敗寇雲南驛。其冬，克長邑村，進規鍊鐵，擒僞都督楊占鵬。於是大理北路定，權開化鎮總兵。

十年春，克賓川。初，永昌之陷也，玉科爲僞將馬雙元所得，見其人可用，勸歸命，與訂交，囑異時得志相援手，縱之歸。至是約爲內應，克之，署提督。攻大理小關，邑寇詐降，設座禮拜寺，約玉科往。比入，心動，命移座；動如故，命再移，有間，地雷發，得不死。玉科怒，手刃四人，雙元銳身護之出，竟復其地。

踰歲，連下漾濞、趙州，進規大理。其地東臨洱海，西倚蒼山，自文秀竊據，內築土垣，包僞禁城其中。玉科掘隧以攻，轟潰東南城，諸軍蹈隙入。寇死拒，復窖地雷破之。頓蓮花池，益師五千環攻城。文秀開壁出盪，親擊之。敗退，飲毒不卽死，其黨蔡廷棟舁以獻，氣息僅屬，割其首解送省城。毓英至，廷棟佯乞款，陰埋地雷於行館，迎玉科。玉科諾之，潛至僞府，據礮樓大呼，兵士爭血戰。毓英隱卒城外，度玉科已達，乘夜梯登。兩軍既合，巷戰竟日，寇披卻，越數日，奪門走。克僞都，獲文秀家屬及廷棟等百三十人。捷入，賞黃馬褂，予騎都尉世職。十二年，克錫臘、順寧，移師協取雲州，再予一騎都尉。全滇告寧，改一等輕車都尉。明年，入覲，垂詢滇池戰狀，視傷痕惻然。光緒改元，還署任，賜頭品服，晉錫二等男。

是時，滇邊野夷殺英官馬嘉理，英公使訴於朝，朝旨趣捕急。玉科搜獲而通凹、臘都等十五人，鏁送省城伏誅。讞定，會鄧川羅洪昌謀亂，襲州城，遂移師馬甲邑，克東山，擒渠率。二年，移廣西右江鎭。創發，乞解職，疏甫上，適蘇開先陷騰越，勢岌岌。玉科力疾視師，不百日悉平之，被賞賚。三年，徙廣東高州鎭。六年，署陸路提督，坐其姪汝楫仇殺知府孔昭鈖，鐫三級。尋復。

十年，法越事起，率師出關，扼觀音橋，法軍至，設三伏敗之。聞谷松警，亟往援，而敵已乘虛入，數戰皆利。明年，法以重兵入關，敎民應於內。玉科曰：「吾百戰餘生，今得死所矣！」開關搦戰，中礮亡，諸軍皆潰，至無人收其尸。李秉衡蒞關，迺歸其喪，妻牛氏殉焉。追贈太子少保，謚武愍，予大理、鎭南關建祠。毓英所部多驍將，玉科外，首推李惟述。

惟述起錦江紳團，嘗與和耀曾施方略，謀所以綴寇，故省城獲保無事。逮馬榮敗，回衆走城外，猶留頓弗去，毓英患之，召惟述計誅其悍將。悍將故暱惟述，一日，天嚮明，惟述率千人入其壁，悍將方沐，詰所來。惟述曰：「奉上官檄討野夷，不識路徑，故來問。」悍將指畫以示，惟述從其背擊殺之，大呼曰：「爲兵者出前門，從逆者出後門！」回衆驚散，省城遂無寇蹤。累勳至都司，補鶴麗鎭游擊。克楚雄，遷參將，署維西協。與經歷鍾念祖分攻廣通、南安，下之，補順雲協，署開化鎭總兵，仍留駐其地。無何，寇涌至，城再陷。惟述慮殘民，佯議和，卒以計脫歸，坐免。

是時，省城復震，馬如龍專倚漢兵守城。惟述分領其衆，內詰奸宄，外禦强敵，省城復安。論功，復故官。從毓英攻楊林，寇敗潰，然猶堅守小偏橋、十里鋪，冀斷我糧餽。惟述乘勝克一撮纓、蕭家山，又與岑毓寶攻克石虎岡，運道始達。進平羅次，復楚雄，軍勢大振。已而州西又告急。毓英謂西軍弛律，咎在諸將不和，迺以大理、麗江軍事屬玉科，而屬惟述以雲、蒙、趙。惟述遂攻克鎭南，鎭南爲大理屛蔽，寇以全力死守，至是拔之，寇益蹙。上念其苦戰，賜珍物。

迤西用兵，頻歲飢嗛。先是，惟述遣軍攻雲南，久弗克，彌渡亦旋得旋失。嗣與玉科謀，迺檄諸軍毋浪戰，期秋穫整軍。屆期果大破雲南驛，分兵略彌渡，並克之。又與玉科會軍蒙、趙。杜文秀者，故永昌纍，初匿大小圍埂。其據大理也，圍埂回實助之。玉科圖取大理，惟述亦統兵克大圍埂，而小圍埂猶據壁自保。踰歲，轟克之，檄署騰越鎭，收其地。進攻烏索，未下，遭憂歸，不復出。久之，卒於家。

初，玉科嘗殺仇，持其首謁毓英，意詰責卽爲變。毓英笑勿問，且善撫之。惟述性戇直，業騾馬，初不知希榮貴。及奉上賞白玉搬指，適與指合，迺驚歎天子聖神，益效忠無貳志。所設市肆，悉以「巴圖魯」號名之，其榮幸朝命如此。平滇，楊、李功爲多，而玉科用兵，則尤神於出沒云。

蔡標，字錦堂，貴州威寧人。家貧，落魄無以自資，入滇，設湯餠肆宜良。以膽略稱。久之，充練目。從岑毓英軍克宜良、路南，補把總。同治二年，馬榮據省城，毓英堅守藩署，誓與城存亡。標領死士數十人潛至，叩門入，毓英驚喜。標問：「有軍械否？」曰：「有。」標曰：「寡不敵衆，奈何？當爲公募兵！」遂往宜良、路南鳩集舊部，得千人，毓英賴以成軍。藩署獲全，標之力也。及馬如龍至，標率衆力戰，榮敗走。從征迤東西，連下十餘城，進規曲靖。寇襲潘文元營，標率三百人頓陶家屯扼後路。張保和黶寇至海壩，標分兵要之，寇潰入城。克曲靖，遷守備，賞花翎。

五年，毓英西征，標引兵從。時鎭雄降寇復叛，滚維新據硔子山，李開甲據磺硔山。毓英策先攻角奎，令標爲前驅。抵雄塊，寇出拒，大破之，連拔二山，斬二逆。明年，從攻豬供箐，與諸將直擣中堅，下之。移師海馬姑，奪紅巖、尖山，乘勝薄其柵。標賈勇先登，諸軍鼓譟繼進，擒渠率。凱旋，擢游擊。七年，署鎭雄營參將。會杜文秀偪省垣，標出宜良、湯池，略七甸。未幾，武定、祿勸連告警，復與楊國發攻富民，綴寇勢。寇攻楊林亟，標往援，連破小街、白龍橋巨壘。壘甫得，旋復失，勢益熾。標入自長坡，寇殊死戰，不可敗。翼日，自石子河踰文筆山而下，佯北，誘寇入，攻克東山寺，盡夷楊林寇壘。八年春，援師宗，攻破洛紅甸、豆溫鄉，拔其城。於是嵩明、富民相繼收復，省城始安。

明年，威寧陳大桿據紅崖，楊紹貴等據香爐山，四出剽奪。標越境助擊，誘執陳酋，鏁送州城；吳奇忠亦破香爐山。事寧，擢標總兵。十一年，諸軍環攻大理僞城，標略其南，力戰一晝夜，克之。南門寇欲竄下關，標復自城追出截擊之，無倖免者，晉提督。十二年，移攻雲州，抵猛朗，望見寇壁堅緻，標曰：「此宜先絕外援也！」迺遣陸純綱等扼邦蓋、丙弄，而自率師克猛朗，殲其酋丁雁甲。論功，賞黃馬褂，檄署鶴麗鎮總兵。全師抵城下，標攻北門，段瑞梅等自東南梯而下，轟擊之，盡殪。又先後平永北、賓川妖匪，騰越、烏索降匪，開化、大窩子竄匪，更勇號額爾克。光緒二年，入覲，道貴州，毓英留統威寧練軍，扼守要隘。已，復平梵淨山餘匪、桐梓會匪、湖南董倒寨回匪。

七年，毓英移撫福建，標率滇軍渡臺，詔補雲南開化鎮，仍駐臺北。踰歲，赴本官。十年，法越事起，標募舊部出關，宣光、臨洮數戰皆利。其守富良江，偏掘地營，法礮不能中，岑軍駐河內者遂不爲所窺。著有地營圖說，甚明晰。十三年，署雲南提督。毓英檄治倮黑山軍事，標率師前進，併力合攻，夷緣江百數十壘，誅其魁張春發，拓地千五百里。二十年，錄平永北夷匪、廣南游匪功，賞雙眼花翎、頭品服。越六年，再入覲。會兩宮西幸，卽赴行在，隨扈入陝。抵西安，廷旨命招舊部。尋坐約束不嚴褫職，詔念前功，予留任。明年，還滇，以所部罷弱，解遣之，釋處分。三十一年，徙廣東瓊州鎮。次年，卒。附祀毓英祠，予威寧建祠。

瑞梅，字春堂，籍劍川。有勇略，年十六從軍，隸毓英麾下，戰常陷堅。攻豬供箐、柯渡、大理，並冒險進。歷龍陵營參將，維西、永昌協副將。同治十三年，入覲，賞黃馬褂，予雲騎尉世職，擢記名提督。尋署騰越鎮總兵。光緒間，以邊兵亂，城陷，隨復之。後卒於官。

夏毓秀，字琅溪，雲南昆明人。少以義勇著。滇回亂，以堡長從軍，充選鋒。昆明被圍久，糧餽阻絕，道殣相望。毓秀率團勇助擊，運道始通，補千總。師克路南、祿豐，積勳至守備。

同治二年，岑毓英引兵西，遣毓秀略富民，擒其酋馬富，富，馬榮弟也。乘勝克嵩明、陸涼、武定，署參將。毓英慮元謀回撓後路，使毓秀要之。攻克附城巨壘，偪攻縣城，截其糧路，寇患飢乏，棄城走，進復馬街。三年，回酋李芳園陷白井，擊卻之。規曲靖，師屢失利。毓秀至，寇狃數勝，易視之，且登城作謾語。毓秀憤甚，率死士先登，疾擊之，寇大潰，合兵下霑益、馬龍。明年，補提標右營游擊，統領四十八堡民兵。七年，西寇陷祿豐，毓秀敗績，退安寧，分兵扼腰站、祿脿。踰歲，寇涌至，再敗，毓秀退入省城，坐免官。已而寇大舉分道入，馬如龍出大西門禦之，參將楊先芝等倒戈相嚮，毓秀被重創。又明年，攻楊林，擊破十里鋪，復官。毓英規安寧，毓秀自篦郎繞出碧雞關下，潛師襲大小普坪，克之。進取獨樹鋪，會岑毓寶復其城。九年，論克廣通、南安功，遷副將。

十年，攻東溝，寇出拒，敗之，師深入，毓秀陷重圍，逕路危陿，棄馬步戰，身受十數刃。如龍馳救，舁歸壁，暈眩死，有間蘇，將校環泣，毓秀慨然曰：「丈夫以身許國，馬革裹尸，固大快事！奚悲爲？」聞者莫不感奮。創小差，整軍復進，卒夷寇壘，擢總兵，賜號利勇巴圖魯。移攻雲州，寇築碉環城誓死守，師久攻不下。毓秀先分兵奪碉，孤城危棘，寇無固志，遂拔之，以次復騰越及大小猛統。十三年，入覲，上垂視傷痕，慰勞備至，益感激愿用命。會創發，乞歸。

光緒二年，赴四川，統領省標十營。七年，松潘番蠢動，數擾邊，命署總兵治之。既至，擒首惡，撫良懦，番民以安。其地固荒服，設學額百餘年，多爲他邑人所占，謳誦益寂寥。毓秀方夷大難，卽選聰穎子弟入署讀書，斥私財建書院，廣延名宿，崇化勵賢，至是始聞弦歌聲。九年，實授。蒞鎮十載，培堤岸，濬溝洫，儲倉廩，士民德之，至建生祠以祀。

二十年，朝鮮亂起，日軍侵奉天。毓秀自請赴前敵，比入京而和議成。會鹿傳霖出督四川，奏毓秀自隨，於是再蒞松潘鎮任。初，甘肅循化番族拉布浪寺夙强悍，數越界侵掠。毓秀初蒞鎮，遣兵防守，安撫餘衆，而拉部擅命如故。既復任，遂率將士出關，克碉十餘，擒渠率，斬以徇諸夷。諸夷皆伏服，莫敢愓息。蜀邊寧靜，擢提督。巴塘西三巖野番數入邊，商旅苦之，號稱「夾壩」。毓秀率衆入其部落，招誘首領，宣播朝威，動以禍福利害，諸番皆束首歸命，晉頭品秩。

二十六年，授貴州提督。會拳亂作，亟統兵入衞。抵蒲州，車駕西幸，命率師駐韓侯嶺，許專摺奏事。明年，調湖北，命分所部留守太原。毓秀以三子瑞符領六營詣防，而自率全軍隨扈北上。尋移廣西。踰歲，行次廣東，總督陶模奏署陸路提督。九月，還湖北。宣統二年，創發，卒於官，謚勇恪。

毓秀性忠樸，不治家人生產。治軍數十年，布衣蔬食，見者不知其爲專閫云。

何秀林，雲南宜良人。少從岑毓英軍，攻羅川，襲定遠，略曲靖，每戰必克，累功至守備。討豬供箐，寇悉銳出，圍攻姜飛龍前營，毓英往援，令秀林策應，於是夾擊，大破虜，復進擣中堅，擒其酋陶新春，合師剿克海馬姑，遷游擊。同治七年，西寇圍省城，從毓英自宜良七甸破大小石壠、麻苴、新村，進取大樹營。運道達，移師呈貢，敗晉寧、昆陽援賊，拔其城，遷副將，賜號效勇巴圖魯。

攻澂江，迭克要隘，直薄城下，城寇遁，毓英攻西北二門，秀林助之。張元林敗入城，官軍梯而登，馬忠入西門，秀林入東門，元林懼，仰藥死。澂江平，與李廷標協守楊林。八年，寇犯邑市舊縣，防軍告亟，秀林赴之，連破馬家沖、前街、邑市。會廷標亦往援馬龍，兩軍以無主將失和，寇蹈瑕入楊林。秀林聞警馳還，勵衆堅守，而都司楊桐等先潰，秀林遂陷重圍。李惟述援軍弗能至，秀林力盡，潰圍出，被巨創，退保宜良、北屯。楊林陷，坐免。秀林營員何裔韓傷重幾死，猶攜文卷以行，與秀林收集潰兵，赴省助戰，大板橋之役，與有力焉。

其秋，攻易門，與署知縣周廷獻克西門、大小龍口及黃泥堆，斷樵汲，分兵佯攻西北，誘寇出，而遣將潛襲西南。秀林督軍衝入，寇惶恐，僞乞撫，秀林弗許，卒大破之，復故官。無何，粵寇陷祿豐，秀林約練目丁同義反正。同義倒戈以應，秀林分軍奪門入，擒渠率，城遂復，晉總兵。九年，師攻澂江，秀林破城外五山巨壘，寇掘地爲營，師久無功。秀林詐退，隱卒誘之，回酋馬斂功等墮其計，並殪於陣，館驛遂無遺寇，進克凄兮，擢提督。明年，補普洱鎮總兵。

光緒十年，法越事起，從毓英出關，統三千六百人駐興化。法軍退宣光，勒兵而進，丁槐軍西南，秀林軍東南，攻大寺、大寨，破之。城內法軍開壁出盪，秀林所部中彈數十人，戰益力。法軍馳入壁，城外壘柵林立，礮臺碁布。秀林數攻城，爲所絓，迺開地道轟潰之，於是攻城無所阻，遂偪城而軍。十一年，法軍數萬來援，劉永福軍潰。秀林遣馬維騏往救，堅守地營，敵不得逞。已而維騏亦被困，秀林至，法軍迺解去。周視各營，傷亡旣衆，不獲已，退頓城下。策敵必猛攻，豫窖地雷以待。敵果至，雷發，法軍死傷枕藉。秀林迺從容集殘軍，退保同安，圖再舉。和議成，罷戍，移臨元鎭。十六年，卒。

楊國發，雲南建水人。討雲南、貴州匪，以戰功數遷至守備。咸豐十年冬，署提督申有謀攻富民，國發長左翼，諸生張執中導之出麥廠間道，克黃土坡、永安莊。入城，圍攻之，寇棄城走，遷都司，賜號果勇巴圖魯。明年，進剿祿豐及廣通各井，皆下之。

同治二年，從岑毓英西征，連下十餘城，直趨楚雄。國發先克古山寺、雙橋巨壘，飛炬焚之，奪東門入，城克。會大姚告警，國發領兵赴救，破援賊桃花村。合城圍，知縣朱士逵舉火應，約期啓關，大姚平。移攻鎭南，以寇援大至，檄還省。三年，權元新營參將，與諸軍拔曲靖，並復霑益、馬龍，再遷至副將。四年，廣西州土寇嘯亂，殺游擊陳萃、知縣李瑞枝，國發率師討之，斬其酋張顯，境賴以安。越三年，西寇圍楚雄亟，國發從間道入，與守將李惟述日夜鏖戰，經月餘，攻不剋，糧盡援絕，城陷。國發冒圍出，仍繞道還省。

七年，寇分路大舉，一自富民據城西北，一自安寧據城西南。毓英入援，遣國發扼楊林。俄而李芳園等悉衆來犯，勢張甚。國發告亟，毓英使蔡標赴之，與國發破小街、白龍橋。旋爲寇所乘，地復失，乘勢偪城下，縛草束薪，累積如堵牆，列槍礮其上，俯擊城中，謂之「柴碼兵」，將士損折過半。國發不獲已，再告亟，請援師，毓英自將兵破之，檄國發署普洱鎮總兵，頓師桃園，接應諸路。

八年，尋甸回圍馬龍，國發至，會諸軍戰卻之。夜將半，進掩賊營，乘風縱火，熛烟張天，盡焚其壘，圍解。轉鬭逐北，連破十里鋪、小偏橋、長坡六十餘里，遷總兵。規彌勒竹園村，馬世德搆開、廣回來援，國發破之趙林寨。十年，攻雲南縣，與惟述會軍普淜，分道入，國發迭克要害。寇竄觀音寺，國發麾兵擊之，又毀七碉，直薄城下，與惟述軍合。十一年，轟裂城垣三十餘丈，相繼而登，巷戰一晝夜，拔之，留所部守其地。秋，徙鎮下關，進圍楡城，先後克大小圍埂，擢提督，賞黃馬褂，更勇號綽勒歡。

十三年，再權普洱鎮。光緒七年，毓英撫福建，國發率師駐臺北。明年，還雲南。十年，從毓英援越南宣光、臨洮，每戰皆克，予優敍。二十六年，卒，附祀毓英祠，予本籍建祠。

張保和，雲南師宗人。初從岑毓英討回寇，積功至守備。同治六年，越境討豬供箐，屢獲勝。寇竄海馬姑，復與蔡標等合擊之。攻大寨，悍酋張項七死拒，保和執矛以刺，墮馬，梟其首，寇氣懾，諸軍乘之，大捷，遷游擊。明年，西寇圍省城，毓英入自曲靖，遣保和爲前鋒，攻克石虎岡，馳救邵甸，破之。移師楊林，迭克要害，皆揮矛衝陣，所向輒靡。寇見保和旗幟卽反奔，無敢與抗者。數負重傷，裹創力戰，氣不少沮。先後攻克呈貢、晉寧、富民、嵩明，大小百餘戰，未嘗一挫。省圍解，遷副將，賜號揚勇巴圖魯，署楚雄協。

規昆陽，遣都司陳貴等自津徑取河西鄉，而自率師攻仁和街，越牆而入，手刃悍寇數人，一鼓克之，河西亦平，於是城圍合。保和揆形勢，謂宜先克海口，因勒兵以進，村民爭迎附，二十餘寨皆下，遂復州城，署開化鎭總兵。九年春，攻彌勒竹園，馬世德赴救，保和迎擊之，身先陷陣，彈貫鼻及眼，血盈面，士卒憤懣，卒大破之。連克上下壩、竹園平。赴本官，更勇號曰剛安。進取茂克，戰數捷，阿迷、大莊望風讋憚。奪後山，增築礮臺，俯瞰其寨，日夜轟擊之，汲路絕。寇駭乞降，保和許之，收器械，捕惡黨，徙降回大莊。十一年，以次復田心、日者鄉。時趙發攻漊兮未下，保和自開化馳剿。直抵馬街，破上下兩寨，徙降回新興，擢提督。十二年，論克騰越功，賞黃馬褂，授鶴麗鎮總兵。

十三年，開化大窩子土夷復叛，毓英收撫之，檄保和再莅開化鎮任，發兵二千，責千總李瑤等戍其地。瑤等縱兵凌虐，於是土夷大憤。踰歲，光緒改元，回酋馬河圖嗾與漢民鬨，保和欲樹功，與署知府姚嘉驥侈張其事，請調兵數千，發餉巨萬，剋期大舉。毓英廉得實，斥之。保和怒，迺罷戍，以失守聞。毓英遣何秀林進擊，保和詗將至，宵入燔數寨，稱克復。毓英迺罷保和。明年，調湖南永州鎮。三年，卒。

保和在滇將中以智勇著，功亦盛。其卒也，年未四十，時人惜之。

論曰：滇回初起，勢頗盛，自如龍反正，其氣始衰。然非有以善馭之，剿撫兼施，滇事亦未易定也。耀曾善于結士，玉科神于用兵，標等皆善攻堅；而毓秀忠樸，兵後能崇儒興學，尤稱知本，民建生祠以祀之，宜哉！

清史稿卷四百五十七

列傳二百四十四

蔣東才 劉廷 李承先 李南華 兄子得勝 董履高 董全勝

牛師韓 曹德慶 馬復震 程文炳

方耀 鄭紹忠 鄧安邦

蔣東才，字軼衆，安徽亳州人。咸豐初，捻酋張洛行圍城，築礮臺高阜，俯擊城中，東才兄遇害，憤甚，迺創義團，爲官軍前驅。會城中糧盡，東才殺馬饗士，與同邑劉廷、李承先夜縋城出襲，燬之，寇遁。

四年，投豫軍，英翰器其才，俾充哨長。戰亳北，被巨創，卒擒其渠。南道團練大臣毛昶熙檄領東震營，累勳至守備。商丘寇之據金樓也，東才築土爲山頓其上。寇來襲，輒敗去，縱兵乘之，遇伏，礮石雨坌。東才方解衣激戰，寇突出襲我後，東才回矛決盪，大殲其衆，寨拔。同治二年，規汝寧。夜獲邏卒，東才迺服寇裝，效口號，奪門入，諸軍踵之，夷巨壘。乘勢下南陽、息縣，又敗之商丘大周集。數遷至副將。七年，張總愚北犯，東才攻以火，殪寇千餘。又截擊任柱等黃河、徒駭間，晉總兵，賜號威勇巴圖魯，徙守運河。捻平，擢提督。明年，赴陝征甘肅竄匪，並敗退波羅營以西馬賊，更勇號額騰額。十二年，從克肅州，賞黃馬褂。事寧，假歸。

光緒初，統領豫軍。先後疏浚賈魯河、京師內外城河。除甘肅涼州鎮總兵，仍留豫。十三年，黃水暴漲，力護鄭州以下隄工，救難民二千餘。風雨罷勞，遘疾困篤，俄卒於工次。優詔賜卹，予開封、亳州建祠。

廷既解亳圍，旋奪西境兩河口，補千總，從宋慶駐守宋集。同治間，從攻懷遠，平高丘，積功至參將。任柱等掘滎澤將圖北，又從慶迎擊。夜率壯士襲其營，寇南走，廷截之光州，誅其酋張顯。復破張總愚於饒陽、臨邑，擢總兵。西捻平，晉提督，賜號額騰依巴圖魯。八年，入陝平綏德，賜秩頭品。寧夏既寧，賞黃馬褂。光緒四年，卒於洛陽，祀亳州。

承先，字光前。少英敏，好讀明戚繼光書。亳平，赴歸德擊高州匪，拔汝寧寨，與有功。同治間，攻張岡，匪首孫葵心來援，圍承先數匝，冒圍出，裹創力戰，敗之，遷都司。進解光州圍，連敗之上蔡、祥符。守黃河，降中牟寇馮增，再遷副將。張總愚竄畿南，又從慶敗之饒陽，賜號節勇巴圖魯。長驅玉林鎭，戰良久，中矛，浴血陷陣，大捷。逐北濟陽，直蹙之黃河，晉號志勇，擢總兵。錄守運河功，晉提督。

光緒十四年，河工成，遣散夫役近數萬，爲奸民所惑，嘯聚朱仙鎭。提督董明禮被圍，巡撫倪文蔚議剿，承先止之曰：「用兵必有潰擾，歸、陳各屬不能安枕矣！且河工夫役數十萬，設有牽動，患更大。」迺單騎往撫，杖其前者數人，餘皆愕錯，受部勒。十七年，署河北鎭總兵，自同治八年至是凡三攝矣。尋補歸德鎭。四月，卒。亳民感之，建祠以祀。

李南華，字孟莊，安徽蒙城人。咸豐初，粵寇陷江寧，淮北捻蠭起。南華治團衞鄉里，擊捻數獲勝，累勳至守備。捻入境，率死士百人拒之，斬悍賊百餘，進討羣捻，七戰皆捷，遷游擊，賜號猛勇巴圖魯。

同治改元，平澮北。先是，苗練沛霖跨有長淮，旣輸款髮、捻，大誅練之異己者，羣練帖伏。獨南華與抗，翦除其黨，沛霖怒，遣張建猷等圍蒙。南華破之馬家店，再至再敗之，尋就撫。明年，復叛，築壘蒙城東南，斷我糧運，南華會總兵王才秀擊卻之。沛霖深塹長濠，謀久困。南華誓死守，數出戰，負重創，力疾攻之，尸山積。會糧絕，令衆潛取之以爲食，一夕皆盡，寇大駭。出奇兵夜襲之，奪其輜重以歸，斬馘不可稱計。僧格林沁入城，見家食人肉，南華竟體創痕，深歎異之。唐訓方上其功，超擢總兵。未幾，統全軍駐守懷遠。三年，從臨淮、壽州。聞任柱入蒙境，亟還軍，而捻又竄豫，巡撫喬松年移撫陝，奏自隨。張總愚擾關中，率師馳擊之。陝事定，稱疾去。

久家居，慷慨好義，值歲飢嗛，毀家紓難，誦聲如沸焉。光緒二十四年，土寇牛世修倡亂渦陽。南華聞警，率練勇赴援，會各軍擊退之。明年，巡撫鄧華熙疏薦其才，令綜鳳、潁、六、泗團練，參皖北軍事。數獲劇盜，萑蒲斂跡。調赴豫，權河北鎭總兵，尋補福建汀州鎭。二十八年，卒。鄉人思其德，籲建蒙城專祠，報可。

其兄子得勝，佐治鄉團，亦頗力。沛霖之亂，戰常陷堅。累遷參將，賜號奮勇巴圖魯。蒙圍解，改練爲軍，俾得勝領之。轉戰直、魯、蘇、豫，頻有功。克宿遷、郯城，擢總兵，補安慶協副將。直、東平，晉提督，更勇號曰剛安。移軍江寧，平土寇胡志瑞亂，仍歸於亳。十七年，卒，卹如制，附祀英翰祠。

董履高，字仰之，安徽合肥人。咸豐末，粵寇亂，治練衞鄉里。同治元年春，李鴻章治軍上海，履高隸麾下，從援北新涇、四江口。師攻常熟弗克，履高率敢死士數百先登，拔之。連克昭文。歷遷至守備。二年，從克江陰、無錫、金匱，移師浙江。時寇麕集嘉善，江、浙道梗。西塘勢險奥，寇據爲嘉善犄角，殊死鬭。履高率衆泅濟，直薄壘下，礮彈掠肩過，弗少顧，譟而上，手刃數悍賊，奪纛而舞，氣百倍，寇驚亂，拔西塘。旋克嘉善，江、浙師始相應。四年，師復宜興、荆溪、嘉定、溧陽，履高每戰必克。追擊金壇寇，斬馘數千，餘黨星散。五年，援湖州，破廣德，晉游擊。

鴻章征捻，檄履高出淮城，次車橋鎮，遇寇，擊敗之。寇截淮關稅銀，一日夜馳數百里奪還。時捻酋張總愚竄陜西，任柱、賴文光竄山東，履高東西馳逐，夷阬谷，拔鹵莽，當者輒靡。捻集麻城、光山、固始間，編木爲城，實土其中，燃礮俯擊，衆莫敢偪。履高率千人，夜掘隧，曳木入，夷擊之，盡殪，擢副將。事寧，假歸省親。九年，募淮軍赴晉防河，以功晉總兵。

光緒三年，蒙古草地馬賊蠭起，移師防歸化、包頭。沙漠平衍，寇騎飈疾，日嘗數遇，以寡擊衆，月餘，討平之。母憂去。五年，起署潯州協副將。鬱林大竹根故盜藪，官軍莫能制。履高至，潛易裝詗其地，選勁卒數百，距寇巢十里外而軍，佯示怯，寇易之，不戒備。忽大風雨，履高銳師宵加之，擊殺數百人，寇奔遁。

九年，法越肇衅，移頓南寧、龍州備策應。明年，再署潯州協。思恩革生莫夢弼搆苗匪，廣、黔各匪，據五崗以叛。五月，深入苗疆，擒夢弼誅之，事遂定。擢提督，賜號奇車伯巴圖魯。調署新太協，仍駐龍州。十月，徙屯枚，與法軍血戰數晝夜，左足中礮幾斷，當軸遽易之，諒山遂陷。年餘，創平，除慶遠協。尋謝病歸。十五年，補廣西左江鎭總兵，嚴軍紀，能捕劇盜，鄉民感之，爲立主生祠焉。

二十五年，調直隸正定。時拳民始萌蘖，月朔望說法愚民。履高督兵擒其渠，繩以法，餘皆股栗，匪卒不敢入境。明年，畿輔大亂，獨正定晏然。歷江蘇淮揚鎭、貴州安義鎭，袁世凱疏留北洋練軍。三十一年，除壽春鎭。淮流盛漲，城不沒者數尺。履高晨夜儆循，修補救護，城得無虞。三十二年冬，巡視泗州防營，墜馬，舊創發，假歸。越二年，卒。詔優卹，予建祠。

董全勝，字凱臣，江蘇銅山人。同治初，以把總隸李鴻章軍，充馬隊官。攻無錫，全勝率敢死士爲軍先，擒僞潮王黃子隆，城遂克。復金匱、宜興、荊溪、溧陽、常州、嘉興，皆有功，累擢守備。移剿捻，賊擾福山、寧海諸地，全勝分防吳家閘，潛出賊背夾擊，斃無算。賊南竄，復敗之莒州、沭陽，追抵海州境，賊創亡略盡。贛榆六塘河之戰，斃賊尤夥。東捻平，擢遊擊，賞花翎。張總愚竄畿南，全勝敗之安平。賊偷渡滹沱河，全勝追剿僞懷王邱得才一支殆盡。賊趨天津，全勝冒雨急馳，繞截賊前。賊回竄高唐，南走陵縣、臨邑，適黃、運漲，賊既困於水，又屢受巨創，不能軍。西捻肅淸，擢升參將。駐津沽管練軍營，率所部開濬陳家溝，抵北塘鹹河百餘里，歲溉稻田無數。

光緒十四年，以塞永定河決口功，升副將。北運河紅廟漫口，全勝率軍堵塞，詔以總兵記名。二十二年，王文韶督直隸，擢充天津練軍翼長，兼帶中營礮隊。二十五年，卒，年六十，卹如例。

全勝治軍四十年，與士卒同甘苦，故臨陣咸爲効命；又善以寡擊衆，身經數百戰，未嘗一挫敗。鴻章恆稱之。

牛師韓，安徽渦陽人。父斐然，官知府，在鄉治團練。師韓隨父擊賊，數挫之，稱「牛家團練營」。咸豐八年，投皖軍，破趙家海、檀城集，收撫各圩。十一年，髮、捻各寇竄擾睢寧。師韓以少擊衆，克周堂，積勳至守備。同治二年，苗沛霖據鳳台，與捻首張洛行互犄角，數百里寇寨林立。蒙城被圍久，士卒無現糧，城幾潰。英翰方牧宿州，亟赴援，而悍黨斜趨西南，將襲我後。適師韓率騎旅至，戰卻之，又出奇兵通運道。已而英翰以鳳潁道統蒙、亳諸軍，與捻相持數月。師韓常以騎兵摧寇鋒，援師續至，復選卒潰圍會援軍，躪寇壘數十，飛彈傷額，裹創力戰，寇黨殲焉，圍解。

先是，英翰計擒洛行，及其子喜、義子王宛兒，夜獻僧格林沁軍，先遣師韓單騎詣大營，乞兵迎解，穿寇壘而過。比寇覺，馳刼之，不及，張酋竟駢誅，時師韓年甫冠也，再遷至游擊。嗣從英翰剿髮寇，戰霍山黑石渡，大敗之。未幾，陳得才、藍長春等搆黨號十萬，游弋英、霍、潛、太間。師韓請英翰剿撫兼施，不及旬日，降者踵接。得才窮蹙自裁，而長春猶嵎負。師韓苦戰，嬰十餘創，屹不動。旋藍逆伏誅，餘衆悉平。張總愚合賴文光、任柱窺蒙、亳，圍雉河集。師韓聞警，率師直薄寇營，內外夾擊，遂解重圍，擢參將，賜號信勇巴圖魯。

六年，任柱竄山東，截之於郯城，又擊退宿遷、運河悍賊。東捻平，超擢總兵，更勇號曰達春。七年，西捻竄直、豫間，英翰請馳兵汴梁，入衞畿輔，檄師韓率騎旅三千會援。尋命駐黃河以南備守禦。師韓日與豫捻鏖戰，所向輒捷，長驅山東境，復與諸軍截之恩縣。捻驚走，躡至鹽山、海豐，馳四晝夜抵高唐。捻湧至，將犯運河。會天大風，師韓趨上風邀擊，寇大潰。西捻平，賞黃馬褂。英翰疏稱其好謀能斷，堪勝提鎮任。捻酋宋景詩逋誅，復以計擒僇之，晉提督，賜秩頭品。

光緒元年，授河南歸德鎮總兵。十五年，調河北鎮，遭父憂去。二十年，日韓搆衅，授甘肅寧夏鎮，命入衞，駐軍榆關。事定，還本官。二十一年，河湟回蠢動，師韓赴之。次西寧，聞平戎驛被圍久，亟入。大峽距驛四十里，悍回數千恃險負命。師韓以四百人制之，血戰竟日，賊敗潰，復大峽，其小峽寇亦遁。旋創發，卒於軍。當其赴援時，陰雨彌旬，山逕聳巇，行帳無所用，士卒有假居旅舍者。提督董福祥劾之，議奪職，師韓未及知而已疾終。事聞，詔復故官。總督周馥狀其績以上，予原籍建祠。

曹德慶，安徽廬江人。粵寇蹂皖，練團保境。嗣從官軍克柘臯、三河，被重創。改隸淮軍吳長慶麾下。同治改元，李鴻章督兵上海，檄德慶探賊，盡得其虛實，大破賊新橋。時總兵程學啓被圍，復從長慶疾擊之，圍解。自是官軍連下十餘城。德慶戰常陷堅，積勳至守備。水陸軍規蘇州，德慶一軍爲游兵。蘇城既下，從克無錫、金匱，移師援浙，助擊平湖、乍浦、海鹽，據寇棄城走。璵城寇來犯，迎擊敗之，彈貫右臂，裹創克嘉善，攻嘉興。從劉銘傳克常州，徇下宜、荆、溧、太、嘉諸邑，晉參將。再從郭松林援浙，克湖州；援閩，克漳、浦。東捻平，擢總兵。防直、東運河，銘傳困西捻黃、運間，德慶領所部橫擊之。西捻平，晉提督，賜號烈勇巴圖魯。師旋，駐守江蘇，歷揚州，徙浦口。會天旱，天長、盱眙鹽梟煽亂，擒其渠陳紅慶誅之，解遣脅從數萬人，發粟賑飢。駐江陰，建議築鵝鼻嘴及下關礮臺。

光緒二年，統淮揚水師，疏濬赤山湖埂，蕩金陵諸河道。十年，法越衅起，移軍防吳淞，增築南石塘、獅子林礮臺。曾國藩疏薦其設防要隘，不避艱險，授狼山鎮總兵，留防如故。

皖北飢，輸巨金助賑，詔旌之。十六年，罷戍，赴本官。時通海裏下河縱橫數百里，梟寇出沒，民苦之。德慶盡法懲治，姦宄寖息。二十七年，卒，卹如制，從祀長慶祠。

馬復震，字心楷，安徽桐城人。曾祖宗槤、祖瑞辰、父三俊，均見儒林傳。復震年十六，襲雲騎尉。以祖若父均死于賊，誓欲殺寇，投詩曾國藩行營。國藩奇其才，遂檄令增募兵，號淮勇。初，國藩治團練長沙，號湘勇。李鴻章募兵皖北，以淮勇繼之，然初不稱淮勇。淮勇之名，實自復震始。

國藩困祁門，復震扼祁門欅根嶺。次年，會軍禦寇石門橋。又從攻徽州，拔統領唐義訓於重圍。迭克黟縣、徽郡，又大捷屯溪、巖市，以解徽州圍；大捷孔靈，以克績溪、祁門。復震性剛，不能下人，人或讒之國藩，國藩稍稍戒飭之。復震頗責望國藩，謂：「不當用人言戒我，迺不我知也。」會左宗棠率師征浙，調復震從攻餘杭，比戰皆捷。餘杭既克，追寇至遂安、開化、馬金。湖州既克，追寇至鉛山縣坊湖鎮。常爲諸軍選鋒，積功至副將。宗棠奏其血性過人，膽識堅定，又好學知書，請改文職，格於例，以總兵隨宗棠剿捻陝西。

復震自初入軍，卽誓死滅賊，捻平，年三十，始歸娶。事母孝，友愛諸弟甚至。生有奇姿，骯髒不平，往往至於大醉泣下，輒歌詩以自遣。海疆日益多事，朝廷圖自强，創造火輪兵船。鴻章任湖廣總督，遂委復震管帶操江船，則益研求西國水師兵法。鴻章督直隸，調巡北洋，時國藩爲兩江總督，仍令往來南北，且合疏薦復震沉毅有爲，足勝海疆專閫。光緒三年，簡授陽江鎮總兵，已前卒月餘，年未四十。於是鴻章念其積勞久，且與淮軍及海上兵船，復震皆首其事，迺奏請優卹。著有莪園詩鈔；又嘗從寇中攜父殘稿出，展轉兵間，卒請宗棠序而刊之，爲馬徵君遺集。

程文炳，字從周，安徽阜陽人。初結鄉團自衞。年十八，投袁甲三軍，領馬隊爲選鋒，戰輒冠其曹，洊升至守備。從克定遠，破湖溝寇圩，補潛山營游擊。同治二年，率所部二千人駐蒙城。會苗沛霖搆捻來犯，相持八閱月，大小百十戰，數獲勝。已而捻酋葛小年擁衆可數萬，殊死鬭，蒙圍益急，與布政使英翰內外夾擊，大敗之。僧格林沁軍至，誅沛霖。文炳會諸軍擒小年等駢僇之，皖北始稍靖。

四年夏，任柱、賴文光復入皖。英翰頓雉河集，與寇相持五十餘日，餉糈不繼，兵疲饉，文炳邀擊之，軍士戰稍卻，語所部曰：「此生死呼吸之際，汝輩尙不力耶？軍令在，不汝恕！」策馬陷陣，將弁繼之，呼聲震天，寇披靡。追戰至夜分，左臂中矛傷，裹創力戰，寇憚之。援至，因大破虜。論功，擢總兵。五年，補貴州清江協副將，駐軍皖北。

朝命英翰撫皖。初，文炳以軍事與英翰不相能，至是稱疾不出。英翰之母賢，諸將自史念祖以下均母事之。英翰以母命召文炳，至則拜牀下，誓捐前隙共生死。比出，卽檄統前敵師干。是時，捻騎飄忽成流寇，李鴻章旣定圈河策，文炳統皖軍萬五千人，與總兵張得勝等進擊。東捻勢蹙，任柱死，其黨四散，大呼文炳名求降。鴻章逮降卒問故，僉曰：「昔皖北善後，程公以身家保鄉人。今我輩窮而乞憐，必能拯我。」其信義孚人如此。英翰上其功，擢提督。

六年，西捻張總愚北犯，詔文炳率師入直會剿。逾歲，敗之滹沱河。各軍至，捻狂奔，爭先渡河，棄騾馬貲糧河干。文炳下令軍中曰：「速濟追賊，敢取物者斬！」於是皖軍先渡，躡賊而南，斬馘無算。西捻平，賞黃馬褂，還駐亳。十二年，授江西九江鎭總兵。光緒二年，移疾去。明年，秦、晉大饑，捐巨貲佐袁保恆辦賑濟，民獲甦。五年，起署壽春鎭，旋補官南贛。九年，擢湖北提督。綠營廢弛久，文炳旣受事，實行加餉抽練法，軍容一振。蒞官十載，遭本生繼母憂，終喪。會中日戰事起，詔趣赴京。至則命統皖軍駐守張家灣，尋授福建提督。

二十五年，入覲，假歸。明年，拳亂作，詔福建、江南、浙江、安徽、江西勤王軍受節度，赴彰、衞、懷備守禦。又明年，提督長江水師，目睹船械窳敝，迺牒商劉坤一、張之洞改用快槍;調師船二百,編爲游擊備策應。又以師船舊礮不能擊遠,與緣江各省籌易快礮,增餉益師,軍威始壯。宣統二年,卒,年七十有七。先是,詔疆圉諸臣條陳時政,文炳洞見新軍熾結,具疏未上。俄病篤,命繕入遺摺中,分編兵籍、節餉糈、增額缺、造器械、變操法五事。上嘉其老成謀國,下所司行。優詔褒卹,予本籍及立功省分建祠,諡壯勤。

方耀,字照軒,廣東普寧人。咸豐初,隨其父原治鄉團,所部多悍勇。嗣投官軍,征土匪有功,補把總。自是連克清遠、廣寧、德慶,截擊連州竄匪。總督黃宗漢疏薦謀勇冠軍,敍都司,賜號展勇巴圖魯。九年,髮寇陳四虎侵廣寧,土匪四應。耀入自英德,會水師抵三峽,沉賊船,水路始通。進解陽山圍,擊退婆逕、黃陂各匪,匪奔韶州,復大破之。十年,從克仁化、南雄。總督勞崇光倚以破賊,令援贛,連下安遠、平遠。十一年,援閩疆,下武平、永定。時僞興王陳金缸陷信宜,數犯高州。耀還軍助擊,大敗之。

同治二年,肇、羅寇氛熾,客匪衆至十餘萬。耀與副將卓興以所部八千人夾擊之,迭破巨壘,焚其屯糧。其黨鄭金斬金缸以降,鄭金卽鄭紹忠也。高州平,晉副將。三年,赴平遠八尺墟,坐縣城失守、進兵遲誤,暫褫職。時髮寇丁太陽分據武平,耀自平遠進逼,奮擊退之。又設伏誘敵,乘勝徑斫賊營,大潰,城賊亦驚走,遂克武平;而丁賊猶據永定,負固不下，耀進圍之，詗知賊將赴金砂，隱卒以待。賊至，伏起，賊返奔，追襲之，奪城外礮樓土壘，俯瞰城中，日夜下擊，賊尸山積，啓東門遁，復故官。四年，僞康王汪海洋竄大埔，耀還軍扼守，遇僞侍王李世賢，血戰三晝夜，以少擊衆，大敗之。復與紹忠會師入閩，連克平和、詔安、長樂、鎭平，而餘匪嘯聚和平者勢猶盛。耀以無備，再褫職。旋收嘉應，復官。

七年，授南韶連鎭總兵，調署潮州。潮俗故悍，械鬭奪敓以爲常，甚且負嵎築寨，拒兵抗糧。耀以爲積匪不除，民患不息，迺創爲選舉清鄉法，先辦陸豐鬭案，明正其罪。潮人始知有官法。陳獨目結會戕官，謝奉章恃險擅命，並捕治之，潮民遂安堵。暇輒釐占產，征逋賦，丈沙田，潮稅歲增鉅萬。又禦水患以保農田，建書院以育俊秀，士民頌之。總督瑞麟狀其績以上，賞黃馬褂。

光緒三年，調署陸路提督。五年，還本官，治潮州、南澳、碣石軍事。九年，法越搆兵，充海防全軍翼長，改署水師提督。越二年，實授。嘗率師出擣盜穴，廣、惠安謐。十七年，卒，卹如制。

耀身矯捷，履山險若平地，眼有異光，暮夜擊槍靡弗中，以故粵中諸匪咸憚之。

紹忠，籍三水。始隨金缸爲寇，旣自贖，提督崑壽許領其衆爲一營，號安勇。克廣西岑溪，賞都司銜，始更名。永定、大埔之役，與有功。數遷至副將，權羅定協。寇據嘉應，其黨譚光明等殊死戰。紹忠扼守長沙墟，寇至，擊卻之。城寇悉衆出，併力追擊，擒渠卒，城拔。以次征肇慶、思平諸匪，賜號敢勇巴圖魯。平五坑客匪，更勇號額騰伊。自是察匪所向，捕之。不二年，擢提督，補潮州鎮總兵。光緒二年，搜治欽州、靈山積匪，晉秩頭品。五年，攻克瓊州、儋臨，賞黃馬褂。十年，權陸路提督。粵故多匪，紹忠頗善治之。攻剿徧粵境，轉戰閩、桂，匪爲斂跡。十五年，授湖南提督。十七年，還綜廣東水師。二十年，加尚書銜。越二年，卒，卹如制。

鄧安邦，廣東東莞人。以勇目積功至守備。同治三年，從耀等克武平。四年，汪海洋陷鎮平，圍平遠。安邦赴援，抵城下，飢疲甚，雜食薯芋，卒解城圍。再敗賊大柘、超竹。嘉應陷，與諸軍截殲之，晉游擊，賜號銳勇巴圖魯，遷參將。光緒三年，補清遠營游擊。明年，匪首歐就起襲據佛岡廳，安邦約紹忠內外合攻，復其城，獲就起，置之法。十二年，授湖州鎮總兵。十四年，卒。

論曰：自髮、捻起，各省興團練，淮、皖爲盛，實淮勇之始也。東才以下諸人，初皆起鄉團，其後或隸豫軍，或隸淮軍，皆先後著戰績，爲時所稱。方耀以粵團歸官軍，善戰兼謀勇，尤善治盜，民多感頌，茲故並著之。